青春放歌

2020年江苏省国家奖学金获奖学生风采录

《青春放歌》编委会 编

编委会成员（按姓氏笔画排序）

卫 艳	王 华	王启松	朱 敏	朱国军
朱媛媛	任 燕	华凌志	孙茂华	李新路
吴彦宁	张 芬	张亚丽	张晓宁	陈 平
范晴岚	周亚君	施 杰	姜俊玲	姚春雷
袁旭元	徐 嘉	盛 波	蒋云涛	谢 芳

南京师范大学出版社

图书在版编目（CIP）数据

青春放歌：2020年江苏省国家奖学金获奖学生风采录 /《青春放歌》编委会编. — 南京：南京师范大学出版社，2021.10

ISBN 978-7-5651-4941-2

Ⅰ. ①青… Ⅱ. ①青… Ⅲ. ①大学生 – 模范学生 – 先进事迹 – 江苏 –2020 Ⅳ. ① K828.4

中国版本图书馆 CIP 数据核字 (2021) 第 155977 号

书　　名	青春放歌：2020年江苏省国家奖学金获奖学生风采录
编　　者	《青春放歌》编委会
责任编辑	秦　月
出版发行	南京师范大学出版社
地　　址	江苏省南京市玄武区后宰门西村9号（邮编：210016）
电　　话	（025）83598919（总编办）　83598412（营销部）　83373872（邮购部）
网　　址	http://press.njnu.edu.cn
电子信箱	nspzbb@njnu.edu.cn
照　　排	南京凯建文化发展有限公司
印　　刷	兴化印刷有限责任公司
开　　本	787毫米×1092毫米　1/16
印　　张	20
字　　数	399千
版　　次	2021年10月第1版　2021年10月第1次印刷
书　　号	ISBN 978-7-5651-4941-2
定　　价	100.00元
出 版 人	张志刚

南京师大版图书若有印装问题请与销售商调换
版权所有　侵犯必究

序言

　　奖优助学工作体现了政府的关爱、社会的温暖、学校的初心，对激发青年学子成长成才发挥着显著作用。长期以来，国家奖学金是学生资助政策体系的重要组成部分，是政府面向在校学生设立的国家级最高荣誉奖励项目。每年，全国仅6万名特别优秀的在校本专科生、4.5万名特别优秀的在校研究生可获此殊荣。对于青年学子而言，获得国家奖学金既是对他们各方面优异表现的充分肯定，又能极大地激励他们发奋学习、阳光助人、热忱服务社会。

　　资助是手段，育人是目的，国家奖学金作为一种奖励性资助，完善了资助育人模式，健全了教育资助政策体系，推动了校园形成浓厚的学习研究、互帮互助氛围，有效地在本专科生、研究生中树立了道德风尚、学术研究、学科竞赛、创新发明、社会实践、社会工作等方面的标兵，对于激发广大学生勤奋学习、奋发进取的热情，坚定报效祖国、服务社会的信念起到了重要作用。我以为宣传以国家奖助学金为主体的资助育人政策，是促进教育事业和谐发展、保障教育公平的重要内容。

　　大学生承载着民族发展、国家繁荣的时代使命，优秀学子更是未来建设祖国的栋梁。获国家奖学金的学子们在各个方面严于律己，推介他们的激情和执着、经历和事迹，肯定他们的优异表现，能引导更多学生朝更大、更高的目标奋进。

　　我高兴地看到，江苏省学生资助管理中心专门组织力量，精心遴选本专科生和研究生国家奖学金获得者典型事迹材料，编成了这本《青春放歌：2020年江苏省国家奖学金获奖学生风采录》。书中以众多新时代大学生的典型故事，详细记录了优秀学子的成长心得，形象地再现了江苏省国家奖学金获得者钻研知识、潜心科研、投身公益、服务社会的多彩历程，生动地展现了江苏高校学生志存高远、奋发向上、勇攀高峰的精神风貌。本书期望通过让更多的学生鲜明地感受到这些可亲、可信、可学的榜样，从而行有楷模、赶有目标，为青年学子的成长引领航向、提供能量，同时也充分彰显江苏省资助育人工作的影响力。

习近平总书记强调，青年最富有朝气、最富有梦想。青年兴则国家兴，青年强则国家强。面向未来，我期待青年人既胸怀梦想，又脚踏实地，自觉地为实现"中国梦"而矢志奋斗，成为有理想、有担当的一代新青年，成为建设祖国的栋梁。

中国科学院院士，南京大学物理学院教授、博士生导师
2021 年 9 月

目录

南京大学
自立自强守初心，心怀感恩担使命
高 政 / 001

南京航空航天大学
磨剑励"心"，任重道远　　汪 勇 / 004
科创党建双带头，心系航空勇担当
李奕星 / 006
求真力行，逐梦航天　　仲启贤 / 009

南京农业大学
坚守信念，强农兴农　　李同浦 / 012
"头雁"奋飞求真知，人工智能惠"三农"
李璋浔 / 015

中国药科大学
使命驱动，全面发展　　李 琦 / 017
心之所向，书写华章　　裴 雷 / 020
"药"青春不凡，展"魔"力无限
张赟量 / 023

南京邮电大学
不忘初心，方得始终　　张晶晶 / 026

南京林业大学
从专科生到博士生的逆袭之路　孔维亮 / 028

扎根大山的土木学子　　邸少宁 / 031

南京信息工程大学
星光不问赶路人，天空海阔任鸟飞
袁 丽 / 034
"智能车少年"的故事　　王越峰 / 038

南京工业大学
十年南工，感恩一生　　陶 平 / 041
科研忘我无止境，创新报国有担当
王子杰 / 044

南京师范大学
做自己的光　　　　　　殷 悦 / 047

南京财经大学
认真学习，专心生活　　韩 冬 / 050
拾往昔，忆成长　　　　任雨洁 / 052

南京医科大学
做一名德才兼备的儿科医学博士
王儒法 / 055
只争朝夕，不负韶华　　陈婧璇 / 058

南京中医药大学
"男"丁格尔，须眉不让巾帼　余 成 / 061

南京艺术学院
不忘初心，志存高远　　　　刘紫娴 / 064

南京工程学院
求真创新，绘就青春真底色　　纪　宇 / 067

南京晓庄学院
用努力绘就蓝图　　　　　　　潘静怡 / 070

江苏警官学院
恪守藏蓝初心，走好从警之路　王玉良 / 073

三江学院
宝剑锋从磨砺出，梅花香自苦寒来
　　　　　　　　　　　　　　张宇亭 / 076

江苏第二师范学院
愿化雨露润春林　　　　　　　陈　楠 / 079

南京特殊教育师范学院
用指尖"仰望"星空　　　　　周文晴 / 082
心之所向，身之所往　　　　　梁如雪 / 085

南京工业职业技术大学
赤诚服务他人，播种创新种苗　刘汉平 / 087

南京交通职业技术学院
心怀故园情，志报家国恩　　　衡思江 / 089

南京科技职业学院
不经历雷雨，怎能见晴天　　　雷　晴 / 092

江苏经贸职业技术学院
困苦为梯，勤奋为翼　　　　　朱可欣 / 095

南京信息职业技术学院
旭日辉耀，青春无悔　　　　　张　旭 / 098

江苏海事职业技术学院
心怀热爱，奔赴浩瀚星辰　　　尹子悦 / 100

南京机电职业技术学院
立志善成，致知于行　　　　　叶华澳 / 103

南京旅游职业学院
以进取之心谱写平凡中的"不平凡"
　　　　　　　　　　　　　　伏静轩 / 105

江苏卫生健康职业学院
逐梦"男"天使迎难而上　　　刘子凡 / 107

中共江苏省委党校
行远自迩，踔厉奋发　　　　　陈　钢 / 110

无锡学院
时光巷陌，彼岸花开　　　　　李欣雨 / 113

无锡太湖学院
往者已矣，来者可追　　　　　沈　阳 / 116

无锡职业技术学院
道阻且长，行则将至　　　　　张　宇 / 118

中国矿业大学
方向、信念与坚持　　　　　　吕培召 / 121
不驰于空想，不骛于虚声　　　文梓棋 / 123

江苏师范大学
以学术为志业，书人生之芳华　赵小丽 / 126
将幼师梦想进行到底　　　　　朱笑语 / 129

徐州医科大学
志存高远，驰而不息　　　　　程　晨 / 132
勤学笃行，蓄志成器　　　　　马　赫 / 134

江苏建筑职业技术学院
红色文化浸润青春的底色　　马玉龙 / 137

徐州工业职业技术学院
恰逢青春年少，最是赤子热忱　侍会声 / 140

江苏理工学院
"艺术扶贫"，创新创业　　　汪海荣 / 143

常州大学
环保"小绿箱"的发明故事　　肖费雨 / 145
心有所向，志在远方　　　　　赵　景 / 147

常州工学院
深学细练，成就最好的自己　　石朗杰 / 150

常州纺织服装职业技术学院
饮其流者怀其源，行远自迩当自强
　　　　　　　　　　　　　　纪厚安 / 153

常州工业职业技术学院
励志之路，繁花似锦　　　　　万世豪 / 156

常州机电职业技术学院
勤学苦练精技艺，钻研奉献筑匠心
　　　　　　　　　　　　　　倪　慧 / 158

苏州大学
只争耕耘日，亦有收获时　　　卜鹏程 / 161
抗疫卫戍健康，医者初心不辍　刘婕妤 / 164
砥砺求真，勇攀数理高峰　　　马越纪 / 167

苏州科技大学
风雨过后，苦尽甘来　　　　　查振龙 / 170
静守初心，奔赴暖阳　　　　　田　甜 / 173

常熟理工学院
甘做求学奋进柔波里的水草　　杨大伟 / 176

苏州城市学院
做一个安静而丰富的人　　　　席学志 / 179

西交利物浦大学
"笨小孩"的大学逆袭之旅　　郑梦瑶 / 182

苏州市职业大学
以红色基因铸就青春底色　　　李　康 / 184

沙洲职业工学院
向阳而生，逐光而行　　　　　冉东东 / 187

苏州经贸职业技术学院
青春不迷茫，且思且前行　　　胡　越 / 190

苏州健雄职业技术学院
奋斗是青春的源代码　　　　　付彬泉 / 193

南通大学
不为良相，便为良医　　　　　孙　杰 / 196
生命路上的"追光者"　　　　　吴英成 / 199

江苏工程职业技术学院
走在梦想的花路上　　　　　　肖　瑶 / 202

江苏商贸职业学院
以梦为马，诗书趁年华　　　　王雨晨 / 205

江苏海洋大学
时不我待，只争朝夕　　　　　吴雨含 / 208

江苏财会职业学院
台上十分钟，台下十年功　　　孙嘉慧 / 211

淮阴师范学院
在青春最好处翩然起舞　　陈可莹 / 213

淮阴工学院
逐梦"领头蚁"　　安少珂 / 215

江苏电子信息职业学院
从山里娃到国赛冠军　　王琛强 / 218

江苏食品药品职业技术学院
理想三旬，道是滇西寻淮阴　　李雪儿 / 220

盐城师范学院
每一个定位上的自我都在砥砺前行
　　毛小丫 / 223

盐城工学院
"机械人"的工匠精神　　吴玉森 / 225

江苏医药职业学院
涅槃重生的医学追梦人　　胥姝雯 / 227

扬州大学
到祖国最需要的地方去　　孙津 / 230
以梦为马，行远自迩　　吴慧敏 / 233

扬州工业职业技术学院
承重，方可出众　　徐雨歌 / 236

江苏大学
脚踏实地，终会出彩　　罗莉君 / 239
全心奔赴，不负韶华　　杜甜 / 242

江苏科技大学
经世致用，实干求真　　王浩陈 / 245
梦溪旗手，扬帆致远　　蒋华明 / 248

镇江市高等专科学校
谢庭兰玉修自身，甘之如饴不言弃
　　谢修之 / 251

江苏农林职业技术学院
向阳而生，从"欣"出发　　方欣烨 / 253

江苏农牧科技职业学院
报国兴渔，振兴乡村　　张济安 / 256

南京大学金陵学院
乘着光影去旅行　　杜雨轩 / 259

东南大学成贤学院
让优秀成为一种习惯　　王聃 / 262

南京航空航天大学金城学院
向下生长，向上成长　　孙怡佳 / 265

南京理工大学紫金学院
青春紫金，融理于实　　刘寅飞 / 268

江苏师范大学科文学院
行走在通往山峰的路上　　由佳 / 271

江苏科技大学苏州理工学院
红枫经霜赤，蜡梅沐雪馨　　费宗岳 / 274

南京财经大学红山学院
一颗星的闪耀　　吴星星 / 276

2019—2020学年度江苏省国家奖学金获奖
　　学生名单 / 279

人物简介

高 政

中共党员，南京大学医学院临床医学专业2016级本科生。曾获国家奖学金、国家励志奖学金、栋梁奖学金特等奖等，被评为中国大学生"自强之星"、江苏省"三好学生"、江苏省"优秀共青团员"、江苏省"社会实践先进个人"、江苏省"青春助力健康江苏"专项优秀志愿者等。主持国家级大学生创新训练项目1项，在国家期刊上发表论文1篇，发表SCI论文1篇。

自立自强守初心，心怀感恩担使命

来自苏北农村的高政，家境贫苦，年过半百的父母常年多病，他从小立志成为一名妙手仁心的优秀医生，救死扶伤，治病救人。

直面逆境，自立自强

2016年，他以专业第一的成绩被南京大学医学院录取，成为当年村子里唯一的大学生，在生源地助学贷款、国家助学金的帮助下，他得以继续学业，进入大学追逐医学梦想。

入学后，他勤俭自律，利用课余时间积极参加校内外的勤工助学活动，减轻家庭经济负担，以优异的成绩取得多项奖助学金。学习上，他刻苦钻研，追求上进，专业成绩名列前茅，荣获国家奖学金、国家励志奖学金、栋梁奖学金特等奖、唐仲英德育奖学金、河仁奖学金和瑞华圆梦奖学金；入选香港大学暑期交流项目，获得"A+"的最高成绩，参加西安交通大学暑期学校，获评"优秀营员"。在科研方面，他主持1项国家级大学生创新训练项目，跟随导师进行动脉粥样硬化的基础医学研究，已在国家期刊《中华血管外科杂志》上发表论文1篇，以第一作者发表SCI论文1篇。

在追梦的道路上，因多方的帮助，高政走得更加坚定和自信。他常怀感恩之心，并立志做一名爱心的传承者。五年来，他组织参加志愿活动70余项，累计志愿时长1 500

余小时，志愿献血4 600毫升，所捐献的血液总量约为一个成年人的全身血量，现为江苏省血液中心固定献血者、造血干细胞捐献志愿者、器官遗体捐献志愿者，获得江苏省"'青春助力健康江苏'专项优秀志愿者"、南京大学"十佳志愿者"等20余项志愿服务类表彰。

返乡支教，健康扶贫

在外求学的高政，一直难忘养育了他的家乡，他多次回到家乡开展志愿服务和社会实践，助力家乡建设和发展。为了更好地关爱家乡的留守儿童，更加全面地助力"健康中国"战略的实施，高政将健康扶贫与乡村支教有机结合，创建了生命健康教育服务团"南悦乡村支教团"。他带领支教团回到江苏省委"五方挂钩"帮扶工作对象——沭阳县的贫困乡镇，开展乡村支教，为教育和健康扶贫事业贡献青春力量。他利用自己的医学知识和专业技能，为家乡600余名贫困学生和留守儿童开展心肺复苏、创伤包扎等健康知识课程，提高了孩子们的急救意识和自我保护能力。两年来，他共带领52名南大青年志愿者，开设2 000多节精彩课程，累计服务时长达7 000余小时，支教事迹被人民网、中国青年网、江苏公共新闻频道等数十家媒体报道。他带领的团队获评"'七彩假期'志愿服务全国示范团队"、"知行计划"立邦中国大学生农村支教奖全国金奖、"'青春助力健康江苏'专项优秀志愿服务团队"等，个人被授予江苏省"大中专学生志愿者暑期文化科技卫生'三下乡'社会实践活动先进个人"等称号。

党员先锋，抗击疫情

新冠疫情暴发后，作为学生党员的高政，主动向村支部请缨参加基层的疫情防控工作，摸排统计社区内受疫情影响的贫困户信息，勇敢站在抗击疫情的基层一线，成为疫情防控工作中的新生力量。为关爱和帮扶家乡受疫情影响而耽误学业的初高中学生，他又毫不犹豫地扛起守护者的责任，在村支部和村委会的支持下，为近20名学生开展线下学业辅导，帮助初三、高三学生调整学习心态，缓解焦躁情绪，备战中考和高考。为让助学活动惠及更多的家乡学子，他又组建战"疫"专项实践团，以队长的身份带领十余名志愿者，通过直播授课和在线答疑的形式，为家乡的贫困学子提供一对一的"云辅导"，带领团队拍摄制作疫情防护知识的科普视频，撰写科普文章，引导居民正确防疫。

他还参加了南京大学等六校联合的"春霖"抗疫助学行动，担任小组长，为国家重点贫困地区高三学子提供学业辅导、政策解答等服务；疫情期间，在血库血源紧张的情况下，他多次撸起袖子，参加"抗击疫情，为爱逆行"无偿献血活动，累计献血3 600毫升（含血小板16个治疗量），挽救病人生命；他还第一时间报名参加宿迁团市委组织的线上疫情防控志愿服务，宣传疫情防护知识和政策。他的抗疫事迹得到中国青年网、教育部中国大学生在线网站等媒体报道，因表现突出，他被评为2020年江苏省"优秀共青团员"（抗疫志愿者类）。

作为新时代青年大学生，高政始终牢记"健康所系，性命相托"的医学初心和责任担当，他珍惜学习时光，打牢临床专业基础，练就过硬的医学本领；他投身健康扶贫行动，返乡支教，让青春之花在祖国和人民最需要的地方绚丽绽放。

他是高政，是一名心怀感恩、自立自强的励志榜样，是不忘初心、勇于担当的自强之星！

人物简介

汪 勇

南京航空航天大学能源与动力学院航空宇航推进理论与工程专业2018级博士研究生。曾获国家奖学金、第三届"航空强国中国心"创新奖学金、校"航心"奖学金特等奖等，连续两年被评为校"三好研究生标兵"。在国内外核心期刊发表学术论文17篇，申请并获8项发明专利授权，主持江苏省科研与实践创新计划1项。

磨剑励"心"，任重道远

"纵有千古，横有八荒；前途似海，来日方长。"肩负使命、正心明德、胸怀家国是每一位航空人毕生的信念与追求，汪勇以自身经历诠释着新时代航空人的脚踏实地与锐意进取。成功的花，从来不仅仅只有现时的明艳，芽儿也一定浸透了奋斗与拼搏的汗水。

厚积薄发，求索学术真理

在自由包容、多元开放的学习环境中，如果不自律，就容易在不经意间浪费时间，养成懒散、拖延的习惯，逐渐迷失自我。为了防止自己在思想上松懈，汪勇在读博入学之初，便对自己未来的学习、生活进行了规划，以高标准严格要求自己，确保把时间合理地投入到学习与科研中。他每天上午8点到教研室开始科研工作，晚上9点之后才能娱乐放松。身体是革命的本钱，为了保持健康的体魄，汪勇坚持一周运动三次，在球场上挥洒汗水、释放科研压力，保持更好的精神状态。

在学习习惯方面，汪勇细致入微、精益求精，要求自己对阅读过的学术文献做好批注、分类；每次交流会，他详细记录问题，做到多询问、多思考，不轻易放过任何一个疑惑；"凡事不患难而患无备"，他会提前对课题研究任务做好安排，按部就班地开展工作。

与此同时，汪勇积极参与导师的科研项目，勤奋刻苦的学习精神、严谨踏实的工作态度，求真务实的科研作风，以及对待学术问题的认真执着，获得了导师张海波教授的认可与赞赏。正是坚持严于律己，汪勇在广泛阅读国内外文献的基础上，发现了既有技术的不足，从多学科角度看待问题，拓宽解决问题的思路，在科学理论研究工作中培养出了较强的逻辑思维和创新能力。

在博士研究生阶段，汪勇取得了众多成果：以第一作者在国内外 SCI 期刊上发表学术论文 13 篇，国际学术会议 1 篇；以第一作者在国内 EI 期刊上发表学术论文 3 篇。2019—2020 年，他获得国家公派出国留学资格、校"航心"奖学金特等奖及第三届"航空强国中国心"创新奖学金，连续两年被评为校"三好研究生标兵"。

扶弱济困，肩负使命担当

作为一名博士生党员，除了有专业的学术素养外，心中也应当时刻心系家国，担当新时代青年的责任和使命。作为能源与动力学院 2018 级春博党支部的纪检委员，汪勇以身作则，团结同学，扶弱济困。

2020 年新冠疫情暴发，学校推迟了博士春季入学时间。入学后恰逢"六一"儿童节，汪勇在党支部会议上积极支持组织开展爱心捐赠活动，关爱安徽六安留守儿童。在汪勇的提议下，爱心捐赠活动的主题正式确定为"爱心异地传，千里共小康"。汪勇协助党支部书记积极联系单平乡妇女联合会，联合开展爱心捐赠活动，以确保捐赠物资顺利到达孩子们手中。汪勇主动承担起活动的策划工作，明确了活动目的、流程与整体方案。策划书得到了支部委员会的一致认同，也获得了上级党组织的认可，保证了捐赠活动有条不紊地进行。

活动开展期间，汪勇带头捐赠了书籍、笔记本及铅笔等学习用品，并积极号召教研室同学献爱心。募捐完成后，汪勇组织支部成员汇总、登记捐赠物资，分类、装箱，短短几天时间，共收到衣物、文具、生活用品等捐赠物资 11 箱。单平乡党委在收到爱心捐赠物资后也发来感谢信，感谢能源与动力学院 2018 级春博党支部的无私善举。2020 年的南京航空航天大学"七一"表彰中，汪勇所在的党支部也被学校授予 2018—2020 年度"先进基层党支部"荣誉称号。

汪勇说："家事国事天下事，事事关心。作为一名'航空人'，我将继承前辈们的意志与精神，为祖国的航空事业奋斗终身，为祖国的国防事业添砖加瓦。作为一名博士生党员，除了有过硬的专业素养外，还应有家国情怀，勇于担负家国责任和使命。"

人物简介

李奕星

南京航空航天大学机电学院飞行器制造工程专业2017级本科生。曾获国家奖学金、海拉奖学金、校优秀学生奖学金一等奖、校学业奖学金一等奖，被评为江苏省"优秀学生干部"、校"优秀共产党员""三好学生标兵""优秀志愿者"等，获全国机械产品数字化设计大赛一等奖、达索系统大学生创新设计大赛二等奖。

科创党建双带头，心系航空勇担当

从小怀揣航空报国梦想的李奕星在高考填报志愿时毫不犹豫地选择了南京航空航天大学。在大学学习期间，他勤学修身、勇于创造，为实现梦想而担当有为、不懈奋斗。作为共产党员，他始终牢记"为中国人民谋幸福，为中华民族谋复兴"的初心和使命；作为南航学子，他始终追求"效法羲和驭天马，志在长空牧群星"的情怀和理想。

学业精进，成就自我担当

李奕星在大一入学后考入了机电培优班，面对快节奏、高难度的课程，他迎难而上，坚持每天早上7点到晚上11点的学习时间，最终大一下学期成绩位列机电培优班第一名。大二培优班结业后，他选择了与航空航天相关的飞行器制造工程专业继续学习，向着航空报国的梦想不断前行。大学四年，他共有50门课程成绩在90分以上，学期最高绩点4.4，课程设计全部优秀。除了努力让自己变得更加优秀之外，他还竭尽所能帮助他人。在校期间，他累计为两校区、四个年级的近两千名同学开展过学业指导讲座。在抗疫期间，他主动担任年级的"学风引领小先锋"，利用腾讯会议等平台开设飞机装配、冲压工艺等多门线上辅导课程，为全专业同学答疑解惑。

科研探索，彰显团队担当

在学好专业知识的同时，他也积极投身科创实践。在 2019 年 Workforce of the Future 大学生创新设计大赛中，他主持陆海空三栖轮胎的设计制造工作，作品获得了决赛第二名和达索公司颁发的 15 000 元奖金。在 2020 年全国机械产品数字化设计大赛中，他参与设计的面向残疾人的"灵巧手"，取得了一等奖的好成绩。除此之外，他还获得软件著作权和实用新型专利各 1 项。

在参与科创实践竞赛和项目的过程中，他逐渐认识到"众人拾柴火焰高"，科创实践不能靠单打独斗，更要靠团队作战。于是在 2019 年初他开始寻找志同道合的小伙伴组建科创实践团队，最终与五名来自不同专业的同学组成了"智汇 AR 创新团队"。团队参与学校和成飞公司的校企合作创新项目，主攻"面向飞机装配的 AR 平台验证方法研究"课题，由李奕星作为负责人带领团队开发面向飞机装配的 AR 辅助引导系统。

经过半年多的学习与探索，在他的协调分工下，项目进展顺利，开发出的软件模块可以很好地利用增强现实技术进行飞机总装和机翼装配的演示，中期答辩时就被评委老师认为可以提前以优秀结题。团队成员的共同努力取得了巨大的成果，就在大家都沉浸在成功的喜悦中时，李奕星却并没有选择提前结题，一些成员对此不解："我们现在就能取得项目的最好结果，况且接下来大家的学业任务也都很重，为什么不提前结题呢？"李奕星对他们说："学校让我们负责的每一个创新实践项目，都是一次难得的锻炼机会，需要我们倍加珍惜。现在我们在科技领域与美国等发达国家的差距还很大，要想在重要的技术领域不再受制于人，就需要从大学生到科研人员都认真对待手中的每一项工作，无论事情大小都一丝不苟。我们手中的科研项目虽小，但不积跬步无以至千里，就从现在做起吧。"队员们听了这番话都点头称赞。于是他继续带领团队突破美国波音公司的 AR 辅助线缆装配技术，开始时他们仅有的资料就是波音公司的几分钟宣传视频，历时三个月的攻坚克难，最终他们大致成功地复刻出该项技术，420 次线缆识别实验无 1 次出错，并在此基础上优化了抖动问题、添加了语音识别算法，获得成飞专家的高度赞赏，并提出了进一步加强产学研合作的意愿。最终此项目以优秀结题，李奕星所在团队作为学院唯一的本科生团队获"群星"创新奖，奖金 3 万元。

在队长李奕星的带领下，"智汇 AR 创新团队"已逐渐形成一种"勇挑重担，集智攻关"的团队文化理念。团队六人保研至南京航空航天大学、上海交通大学等高校，其中有两人获得国家奖学金，他们正努力修炼，为我国建设制造强国贡献自己的青春力量。

牢记使命，诠释家国担当

李奕星在党员转正答辩时引用了一段古文："桂生高岭，云露方得泫其花；莲出绿波，飞尘不能污其叶……"比喻一个优秀的集体对个人的促进作用，个人以小我融入大我，二者方能相互促进，共同进步。

进入大学后，李奕星就意识到自己不仅要练就过硬本领，更要坚定理想信念，在集体中担当责任、发光发热。于是，他选择加入中国共产党，并成功当选为机电学院2017级本科生党支部书记。他为党支部建设发展付出了很多心血，如牺牲自己的学习和休息时间帮助新的入党积极分子修改材料，逐字逐句地阅读他们的思想汇报，和党支部同志逐一交流谈心等。他担任了19名发展对象和预备党员的入党介绍人，为吸纳新鲜血液进入党支部做出了贡献。他主持开展"我眼中的两会""讲述抗疫故事""抗美援朝，立国之战"等党课和主题教育活动，带领同学们回顾革命历史、了解时政热点、弘扬正能量。党支部在他的带领下争先创优，在校党委两年一度的党内表彰中，他所负责的支部荣获"先进基层党支部"荣誉，他个人也被授予"优秀共产党员"荣誉称号。

2019年暑假，为了迎接新中国成立70周年，他组织党支部赴西柏坡开展暑期社会实践，航拍红色革命圣地，同时进行扶贫调研，并为当地小学生上了一堂生动的航空科普课和历史课，为孩子们讲述了新中国成立70年来我国航空航天事业的沧桑剧变。接着，他让孩子们体验了操控无人机飞行，使他们在实践玩耍中学到知识。活动结束的时候，孩子们同实践队员依依不舍地道别，一位小朋友说："我长大了也要为祖国造更大更强的飞机！"小学的老师也表示："我们以前也不太清楚该如何教授孩子们课本以外的知识，这次活动你们南航的大学生们使他们在做游戏中学到了航空航天知识，更加热爱祖国，我要给你们点赞！"2020年暑假，他作为队长带领来自20余个不同省市的同学们进行"弘扬中国战'疫'精神"主题的线上实践活动，编制《抗疫情——家乡英雄人物故事集》向战"疫"英雄们致敬。在校期间，他还多次往返于两个校区为低年级的同学们分享学习和入党经历，体现了一名共产党员的担当。

保研后，他提前进入导师的课题组，从事数字孪生平台的搭建工作，力争为我国的航空宇航智能制造技术添砖加瓦，展现新时代青年学子的担当。

人物简介

仲启贤

中共党员，南京航空航天大学航天学院飞行器设计与工程（航天）专业2017级本科生。曾获国家奖学金、国际大学生工程力学竞赛亚洲区个人一等奖（团队二等奖）、全国周培源大学生力学竞赛个人三等奖等，被评为江苏省"三好学生"、校"十大杰出青年学生"等。以第一发明人申请发明专利1项（已公开），以第一申请人申请实用新型专利1项（已授权）。

求真力行，逐梦航天

他是潜心钻研、追求卓越的笃学榜样，7门课程满分、38门课程得分95分以上，以学业成绩、综评双第一的成绩获清华大学直博资格。他是勇于创新、知行合一的航天学子，获国际大学生工程力学竞赛亚洲赛一等奖等19次竞赛奖励、2项国家专利，主持国家级大学生创新训练重点项目。他是牢记使命、矢志担当的党员先锋，坚持党员"一对一"帮扶累计100多个小时，带领集体获评"标兵宿舍""优秀班级"；战"疫"时主动投身社区防疫一线，获评"最美抗疫志愿者"。他就是求真力行、逐梦航天的南航学子仲启贤。

科创研修，航天学子精益求精

"追求卓越、精益求精"是航天人不变的追求，进入航天专业学习后，仲启贤勤学笃志，不断夯实专业基础。从新生入学考试的第一名，到7门课程满分、半数以上课程95分以上，再到学业成绩和学年综评三年均位列专业第一，优异成绩的背后是他求知若渴的勤奋和追逐梦想的执着。

逐梦的道路并非一马平川，航天人追求的卓越就是要战胜困难、做到最好。从开始的高数竞赛全校第八，到后来的国际工程力学竞赛校赛第二、力学竞赛全校第一，尽管在校内的科创竞赛中仲启贤成绩优异，但当他作为唯一的非培优班学生加入学校国际大学生工程力学竞赛亚洲赛备赛团队，面对全英文答题模式、更高难度的专业知识和许多优秀的队友时，他感到了压力。但航天人从不畏惧挑战，而是化压力为动力，迎难而上、勇往直前。带着这样的信念，他每天坚持8小时英文答题专项训练、每月在两校区间来回奔波20余次、自学网课拓展知识面，最终功夫不负有心人，他荣获亚洲赛个人一等奖、团队二等奖。此后，每当他在科创竞赛中遇到技术难点、设备问题、数据有误等困难时刻，他总会想起叶培建院士"搞航天一定要安下心来，一门心思安下心来干一件事情"，"不害怕困难，要让困难怕你。认准的事情，就一定坚持下去"的教导，并从中汲取战胜困难、继续前进的勇气和力量，这也使得他在科创实践的道路上行稳致远。他说："早日突破卡脖子技术，我也应该奉献自己的一份力量。"

学业帮扶，身边榜样助人引航

一人行得快，众人行得远。只要班内同学有困难，作为党员的他总是第一时间伸出援手。仲启贤作为同学们"身边的榜样"，不仅能自己学好，还能主动带动其他同学一起学好。他连续三期"一对一"帮扶其他同学达100多个小时，东区D1自习室成了他们共学不倦的主战场。帮扶对象从开始的被动接受、不愿自习，到后面积极性逐渐被带动起来、主动在宿舍求教学习问题，他倾注了许多心血。在他的悉心帮助下，他的帮扶对象有的将欠下的10余个学分全部补齐，有的顺利完成学业并找到了心仪的工作。在学院学习支持辅导中心担任教员期间，他整理的"学霸笔记"有200余人受惠。他说："每个人都会有遇到困难的时候，帮助同学走出困境既是我作为党员的责任，又是我作为同窗的心愿。"

作为团支书，他与班长首创了"飞设天地"制度，自己作为"学霸团"一员在期中考前授课。两年运营下来，班级成绩整体稳步提升。在他的影响下，他所在宿舍学风也明显改善，其他三人学年成绩位列专业前7.5%，全员获一等学业奖学金，获评校"标兵宿舍"。

服务奉献，志愿青年奋勇当先

新时代青年在学好知识、练就本领的同时，更要学以致用、勇于担当。从中科院暑期科研实习获得优秀等级到社会实践带队斩获10余项表彰，他努力带领自己与同学们更好地了解社会、反哺社会。回访汶川、溯源嘉兴、寻根沂蒙……慢慢地，他不再是同学们口中那个只会学习的"书呆子"，用足迹丈量祖国大地，用心感受实践的意义，他做到了。

新冠疫情暴发以来，他主动请缨作抗疫一线志愿者、为1 000余名社区人员消杀测温30天，获县"最美抗疫志愿者"表彰。在此期间，他也曾遇到居民不愿配合、工作受到质疑等情况，但这反而更加激发了他的工作热情。"虽然不能做出像钟南山院士那样的贡献,但我希望尽自己最大的努力,为抗疫做出自己的一份贡献。"

有些人将绩点和奖项作为自己的筹码,有些人将部门社团两开花作为自己的成就。如果你要问他,他的荣耀是什么?他会坚定地说:"是在奖项与职位的背后,能够坚守逐梦航天的初心与坚持每天将每件事情做到100%的航天精神。"

争做有责任意识、创新精神、国际视野、人文情怀的新时代航天青年,仲启贤,一直在路上。

人物简介

李同浦

南京农业大学植物保护学院农业昆虫与害虫防治专业2018级博士研究生。曾获研究生国家奖学金、校研究生学业奖学金一等奖，申请发明专利2项，参与国家自然科学基金项目1项，发表期刊论文4篇。

坚守信念，强农兴农

在南京农业大学植物保护学院昆虫分子生态与进化实验室，博士三年级的李同浦还在匆匆忙碌着。对于他来说，每一个细节都关系着实验的成败，每一次实验都关系着能否为农作物增收做出贡献。他坚信自己选择农业科研的道路是正确的。如今，他正秉持着投身农业科研事业的信念，以强农兴农为己任，不断地奉献自己的青春年华。

农村娃的农业梦

作为一名农业昆虫与害虫防治专业的博士研究生，李同浦的研究对象是农业昆虫。当问及他为什么会选择这个专业时，他说这一切源于他儿时的经历。作为一个在农村长大的孩子，他从小就吃苦耐劳。十几年前，农业机械化程度不够，农作物的播种、灌溉、打药、施肥和收割靠的都是人力劳作。每到农忙时节，他都积极地帮助父母打理农活，切身感受到了农民耕作的辛苦。这激发了他努力学习改变命运的决心，渐渐地也树立了投身农业事业的人生理想，他盼望着不久的将来，耕作可以不再那么辛苦。

上中学时，李同浦家所在的村镇为了提高百姓收入，鼓励广大村民搭建冬暖式蔬菜大棚。村民们都积极响应，李同浦家里也建了一座蔬菜大棚，自此走上了蔬菜种植的道路。这件事也为他日后决定学习农业昆虫与害虫防治专业埋下了伏笔。蔬菜大棚种植刚刚开始的前两三年，村民们种植的蔬菜长势尚可。然而好景不长，接下来的很长一段时间，很多蔬菜大棚连年遭受病虫害侵扰，这不仅大大降低了蔬菜产量，也影响了村民们的主要经济来源，大家只能选择喷洒农药来进行防治。李同浦看着发生的一切，心急如焚。他深刻认识到植物保护尤其是病虫害综合治理对于农业生产的重要性。

进入大学后，他如愿以偿选择了植物保护专业，开始了系统的专业学习。大学期间他努力学习专业知识，并于2016年成功考取了南京农业大学植物保护学院硕士研究生，师从洪晓月教授。求学路上，他深切感受到洪教授不仅仅是他学术上的导师，更是他的人生导师。洪教授的谆谆教诲让他更加坚定了投身农业科研事业的信念，并不断地为实现这一理想努力奋斗。因综合表现良好，2018年，李同浦被推选硕博连读，在植物保护的科研道路上继续稳步前行。

科研人的探索路

进入实验室后，他在努力学好基础课程的同时，也积极地探索如何做好科研。在导师的耐心引导下，他对水稻飞虱（一种对我国农业生产造成重要危害的害虫）的相关研究产生了浓厚兴趣。从硕士二年级到博士期间，他先后与两名硕士生搭档，深入探究共生菌、稻飞虱和微生物之间的相互作用及关联。研究过程并非一帆风顺，做人工转染的共生菌在新宿主褐飞虱中的定位实验时，他们遇到了重重困难。为什么定位不到该共生菌？为什么会有强烈的背景色？是设计的探针的问题还是实验方法的问题？经过不断地查阅文献、实验推测和思考总结，终于，李同浦和他的搭档攻克了这些难题，顺利完成了后续实验。

实验成功了，如何根据实验结果撰写出逻辑清晰、语言流畅的文章并将其发表以供他人参考，是他要面对的又一艰巨任务。"多查阅文献，多向他人请教，没有什么困难是克服不了的。"他常常这样鼓励自己。语言的打磨、逻辑的梳理、重点的推敲，让他在初次写作论文时倍感煎熬。在他最迷茫的时候，导师一针见血地指出问题，并给予耐心引导。根据导师的指引，他查阅大量参考文献，学习他人的写作方法，并努力开拓思维，深入思考，历经数十次的修改，终于完成了文章的撰写并成功发表。经历了无数次的实验、撰写论文以及投稿，李同浦发现问题、思考问题和解决问题的能力有了很大提升，写出的科技论文的质量也有了显著提高。他感慨，遇到问题不退缩、不气馁，多思考、多实践，脚踏实地方能成长。

问及李同浦未来的职业规划，他坦言，先努力完成当前的课题，将来还想继续从事农业科研相关工作，专注于农业昆虫的研究，为我国的农业发展做出点贡献。他深知自己的使命——强农兴农，为提升我国农业科研水平做贡献。

新农人的兴农行

　　李同浦还承担了实验室的试剂与耗材采购工作，实验室缺少哪些试剂，每一种试剂的价格是多少，能够供实验室使用多久，每次采购的数量是多少，等等，这些事项他都牢记于心。这是一项义务劳动，细致琐碎，但他认为，能够为大家服务就是非常开心的事情。前不久，他不顾自己科研任务的繁重，又承担了仪器管理与维护的工作。在他心中永远紧绷着一根弦，要尽自己所能帮助师弟师妹解决问题，要拼尽全力帮助实验室提升整体科研水平。

　　实践是检验真理的唯一标准，农业科研要与生产实践相结合。平时在学校，他天天与虫子打交道，放假一回到家，他就又钻进蔬菜大棚观察害虫对蔬菜造成的危害，有时看到不认识的害虫会立即拍照并捕捉回去，带回学校实验室进行鉴定与研究。他认为，参与生产实践有助于提升自己的科研水平，检验专业知识，拓宽知识面。

　　一路走来，他投身于农业科研事业的信念更加坚定了。他希望未来能够凭借自己的努力，用科技守护农田，保卫每一粒粮食的安全。"我研究的稻飞虱虽然是一种比较小的昆虫，但每年危害的良田面积非常大，很容易爆发成灾，严重影响水稻产量。"李同浦说，"我的研究不是为了发表几篇论文，而是为了保住咱们自己的粮食生产，为乡村振兴做出应有的贡献。"

人物简介

李璋浔

南京农业大学人工智能学院电子信息科学与技术专业2018级本科生。曾获数字中国智能系统与机器人大赛全国一等奖、江苏省虚拟仪器大赛一等奖、2020中国机器人大赛二等奖、全国大学生高等数学竞赛三等奖等,被评为校"优秀共青团员"等。

"头雁"奋飞求真知,人工智能惠"三农"

我的家乡在素有"物华天宝,人杰地灵"美誉的革命老区——江西,但是,在我年少时的记忆中,"红土地"既代表着家乡所传承的红色基因,也意味着土地的贫瘠与地理的局限。父辈乡亲辛勤的劳作却难以换来稳定的丰收,这让我深刻地意识到:少年的眼中不能只有草长莺飞和清风明月,脚还要跨过山河,迈过田野,在为国为民的伟大事业中磨炼更好的自己。

习近平总书记曾在中央政治局集体学习时高屋建瓴地指出:人工智能是引领这一轮科技革命和产业变革的战略性技术,具有溢出带动性很强的"头雁"效应。习总书记的话让当时的我振奋不已,"在学习中奋发向上争做'头雁',以专业所学惠及'三农'"的决心愈发坚定。

一串串代码打造蓄力的双翅

两年前,我满怀期待地踏进南京农业大学的校园,开始属于自己的大学生活。第一次离家如此之远,心中难免有些失落和不舍。幸运的是,我遇到了学院科技创新协会一群志同道合的朋友们,在那里接触学习C语言和单片机编程后,我迅速找到了大学努力的方向。屏幕上一行行代码、电路板上一条条线路蕴含着程序化的美感,令我着迷。

经过层层选拔,我加入了卢伟教授的智能机器人实验室,在那里我开始了第一个大型

的农业机器人项目——"移动式双臂协作蘑菇采摘机器人",因项目开展需要,我开始接触和学习 ROS 机器人操作系统,为我的大学生活翻开了崭新的一页。课余时间,我要来回奔波于实验室和图书馆,尽管每天的生活都很忙碌,但总会有新的收获,学到新的知识,这让我觉得十分充实。正所谓"实践出真知",在调试蘑菇采摘机器人测控系统的过程中,各部分传感器模块的接线、代码编写、硬件调试、线路排错等等我都有涉及,比如根据通信协议让电机正反转,再到后来不断优化代码完成对电机的闭环 PID 控制。完成这些事情需要付出许多时间和努力,每完成一个模块的功能调试都让我非常有成就感。完成一个复杂的机器人系统并不是一蹴而就的,只有不断付出,才会有所回报。

一场场比赛成就云间的振翅

我从大一暑假开始留校学习 STM32 单片机,调试机器人的各部分传感器模块,经过近一年的知识积累,我得到了参加大学生涯中第一个国家级比赛——2019 年全国大学生智能农业装备创新大赛的机会,并在大赛中崭露头角。2020 年,我们的队伍再次"拔营出征",前往青岛参加 2020 年中国机器人大赛暨 RoboCup 机器人世界杯中国赛的农业机器人项目。备赛期间状况频出:主控 PCB 板短路、传感器受损、模块故障等,为此团队急中生智,集体攻关,经过整整四个通宵,最终依靠顽强的意志力和优秀的团队协作能力,化险为夷,获得佳绩。科研、备赛是一场漫长的修行,有赛场上的无尽风光,也有平时一次次失败的灰心丧气,但所有的一切都在丰富着自己的阅历,给自己以生命的启迪——做科研要有工匠精神,失败虽不比成功那样光鲜,但它能改变一个人心浮气躁、心高气傲的状态,它比成功还要令人印象深刻;同时细节也决定了成败,做事情一定要注重细节。

对待学习和比赛,我始终严于律己、讲求效率、勤学多练,功夫不负有心人,我的大一学年绩点位列专业第二,大二学年绩点位列专业第一,并成功一次通过英语四、六级考试。

一次次激励厚植"新农人"的底色

习总书记殷切勉励我们涉农高校师生:"中国现代化离不开农业农村现代化,农业农村现代化关键在科技、在人才。新时代,农村是充满希望的田野,是干事创业的广阔舞台。"习总书记一次次的指引,每一次都好似在浓墨重彩地绘就我们涉农学子的"新农人"底色。我相信,只要一代代"新农人"遵照习总书记的指引投身"三农",在不远的未来,农民将彻底告别是"面朝黄土背朝天";而我也必将一直追随我所热爱的,所追求的,为祖国农业智能化发展与乡村的全面振兴贡献自己的一份力量。

人物简介

李 琦

中共党员，中国药科大学药学院药物化学专业2018级博士研究生。曾获研究生国家奖学金、校学业奖学金特等奖、校优秀博士奖学金，被评为江苏省"优秀学生干部"、校"三好学生""优秀学生干部"等。以第一作者发表SCI论文5篇，申请PCT与国内专利共4项。参与国家自然科学基金面上项目2项、江苏省自然科学基金面上项目1项，主持2020年江苏省研究生科研创新计划项目1项。

使命驱动，全面发展

活着就是一种修行，既是修身，也是修心。坚韧的毅力、沉着的心态、踏实的态度，造就了醉心科学研究、坚持全面发展的李琦。

兴趣，是梦想的开始

高中时，李琦开始接触化学竞赛，通过对结构化学、无机化学、有机化学的学习，她见识到了广阔的化学天地，对化学产生了浓厚兴趣，获得了山东省化学竞赛一等奖。高考时，她毅然选择了药界翘楚中国药科大学，就读于药学专业基础药学理科基地班。为了了解更加多元化的药学知识，她在忙碌的课业之余辅修了工商管理专业。"祖国负我重托，人民健康所系"，怀揣着这样的药学人使命，她从大二开始就进入多个实验室实习，参加开放实验，全方位了解了药物化学、药理学、分子生物学、微生物学等学科内涵，此时，注重新药发现的药物化学专业引起了她的浓厚兴趣。

大三伊始，她便联系药学院药物化学系的孙昊鹏老师，在他的带领下参与药物化学研究工作。为了自己能快速跟上研究生的科研进度，她查阅文献，以最快的速度了解了课题，每周多次往返于两个校区进行实验，将自己之前在各实验室学到的实验技能运用到课题研究中，这个不怕苦不怕累的女生获得了实验室师生的一致好评。渐渐地，她开始独自

设计实验、操作实验、处理结果，每一项工作她都付诸了大量的心血。随着课题研究的不断深入，她对药物化学的兴趣与好奇心越来越强烈，2016 年，她获得了推免硕士研究生的机会，便毫不犹豫地选择了药学院药物化学专业，跟随孙昊鹏老师继续深造。

在孙老师课题组学习与工作的日子是愉快而美好的。这里平等且热烈的思想交流、简单而纯粹的学术氛围、温暖而宽厚的人文环境，为她提供了施展才华的舞台与茁壮成长的土壤。在与导师讨论以后，李琦开始了对于"新型选择性丁酰胆碱酯酶抑制剂的发现、合成与评价"的课题研究。她深知新的研究方向与本科时的实验工作完全不同，也明白自己作为一名研究生需要变得更加独立。从了解、认识到熟知，一个新课题对她来说并不是件难事。她查阅了大量的文献，对所有的文献进行了信息学分析，汇总并撰写了她的第一篇论文。经过三个月的撰写、两个月的修改，文章被药物化学专业一区杂志 European Journal of Medicinal Chemistry 接收，这对于她来说是一种鼓励，也更加激发了她的科研兴趣。

使命，是坚持的动力

随着科研的深入，药物化学专业的辛苦也渐渐体现了出来，但她牢记着药学人的使命，全身心投入科学实验，每天坚持保持有效工作 10 小时以上，经常是实验室最后一个离开的人。虽然课题组处于刚刚起步的阶段，但导师在学术思想上的引导与鼓励，在实验条件上的支持与保障，成了李琦在科研道路上的坚强后盾。神经退行性疾病是目前的难愈之症，为了寻求新的治疗策略，她通过计算机模拟和验证生物活性，发现了具有全新骨架的先导化合物，并合成了 70 多个衍生物，完成了从设计到合成、从靶标到细胞再到动物、从药效到药代动力学等各个环节的研究，并完成了百克级规模的合成工艺摸索，为后续的药物开发打下了坚实的基础。作为实验室的大师姐，她勇于开拓，常常率先摸索课题组此前并未涉足的领域，成功构建了多个细胞与动物模型。每当课题取得点滴进步，她都会开心地与导师和实验室同学分享，毫无保留地将自己新学会的技能教给大家，推动了课题组研究的不断深入，也使得课题组的实验体系日趋完善。

有了第一篇文章的撰写和投稿经验，后续的投稿顺畅许多，她认真研究杂志要求，撰写时展现实验亮点、融合创新观点、将平常看文献时积累的专业用语融入自己的文章，先后以第一作者发表 SCI 文章 5 篇，其中 4 篇发表于专业一区。

除了实验技能的不断提升，李琦也不忘强化自己的理论知识。硕士博士的课程学习她从不懈怠，加权成绩均在 90 分以上，综合排名一直位居专业第一，先后获得了学业奖学金特等奖、优秀博士奖学金、企业奖学金、2020 年研究生国家奖学金，并被评为 2021 届"优秀毕业生"。这些荣誉肯定了她一直以来的努力与付出，也更加坚定了她继续逐梦科研的心。

全面，是青春的追求

　　作为一名党员，李琦认真学习党纪党章，听好每一节党课，积极参加组织活动，增强为人民服务的自觉性，增强党性修养，努力成为一名合格的党员。博士班的同学来自不同的课题组，繁忙的科研工作让大家聚少离多。作为班长，她多次将班级同学集合起来，开展英语沙龙和科研讨论。这些活动活跃了气氛，增进了感情，让同学们的心贴得更近。另外，身为药学院的安全联络员，李琦不仅关注平日里自身所在实验室与班级同学的安全情况，在疫情期间也作为志愿者，宣传普及防疫知识，维持学生就餐秩序，为维护校园环境稳定做出了自己的贡献。

　　除了组织班级工作之外，在课题组内，李琦是导师的得力帮手。读研期间她一直担任课题组的科研秘书，协助导师参与课题组的日常管理工作，并一直担任课题组研究生与本科生的论文答辩助理。作为师姐，她不但严格要求自己，发挥榜样模范作用，还协助导师推动实验室共同进步、共同向上、共同发展。在她的影响与帮助下，与她共同开展课题的两名师弟与师妹也获得了 2020 年研究生国家奖学金；课题组"拔尖计划"的大三师弟荣获 2020 年 iGEM 的金奖和单项提名。

　　基于党组织、班级和实验室对她的认可，她先后获得了校"优秀共青团员"和"优秀学生干部"称号，并被评为江苏省"优秀学生干部"。作为博士研究生，这些荣誉既是大家对她的认可，也鞭策着她不断前进。

　　时光易逝，转眼间 2020 年已是李琦在中国药科大学求学的第九个年头。耕耘与收获，成功与失败，欣喜与怅然，在这九载光阴里默默交织，渐渐汇聚成溪，静静流淌在药大的校园间。蓦然回首，情不知所起，一往而深；极目远眺，路不知所终，一望无尽。未来不管选择为何，她都会坚持在药学科研之路上走下去，向药学前辈学习，秉承"精业济群、兴药为民、尚德修身、鼎新弘药"的信念，牢记药学人的使命，为祖国的医药事业贡献自己的力量，书写自己的绚烂人生。

人物简介

裴 雷

中国药科大学理学院信息管理与信息系统专业2018级本科生。曾获国家奖学金、校优秀学生奖学金二等奖、第十一届"蓝桥杯"全国软件和信息技术专业人才大赛江苏省二等奖等，被评为校"三好学生标兵"，持软件设计师技术资格证书。

心之所向，书写华章

科比曾经说过这样一句话："Somebody has to win, so why not be me?"（总有人要赢，为什么不能是我？）当裴雷第一次读到这句话的时候，他未曾想过这句充满对冠军渴望的话语，会一直伴随他这么多年。在中国药科大学的两年里，每当裴雷为了自己所向往的东西去拼搏，他就会说：总会有人成功的，其中为什么不能有我？

不破楼兰终不还

两年前，裴雷被药大的生物制药专业录取，仅超过录取分数线一分使他决心要在大学四年证明自己。大一下学期，一门名为"程序设计语言"的计算机通识课程使他从中体会到了信息科学、计算机科学充满逻辑性的魅力，于是裴雷便下定决心要转专业到信息管理与信息系统专业。既然做出了决定，那就要拿出"不破楼兰终不还"的努力来，终于在大一快结束时，他凭借生物制药专业前10名的成绩，经过面试考核，以第一名的成绩成功转入信管专业。

转专业成功并不代表他的目标已经实现，相反，在之后的一年中，转专业的后续步骤才是压力所在——他需要补修多门必修课。不过，压力也是动力。大一暑假，裴雷将大部分时间都花在信管的专业课学习上。大二整整一年，他几乎失去了所有的课外时间，不是在忙着补修课程，就是在自学感兴趣的理论与技术。最终，他的努力没有白费，大二一整年他的加权平均成绩位于专业第一名，同时补修的五门课程中有三门都达到了95分及以上,还获得了校"优秀共青团员"和"三好学生标兵"称号。他始终坚信,只要定下了目标,为之努力奋斗,拿出"不破楼兰终不还"的决心,也许就能成为那个唯一。

长风破浪会有时

  大二对裴雷来说是一个新的开始,他第一次接触到"数据结构"这门课程,虽然这门课难度很高,但他相信自己有能力可以学好,最终这门课程他拿到了 98 分。之后他也未停下脚步,而是选择继续深入学习数据结构与算法。他每天坚持练习算法,在疫情期间拿到了蓝桥杯 A 组的省二等奖。他想通过这个来证明,药大信管学生的计算机能力并不逊色于其他高校计算机专业的学生。

  将理论落于实处是学习中最重要的一个环节。在自学了软件开发之后,裴雷和几位同学一起参加了药大的信息技术设计大赛。他们设计了一款考试练习的软件,将自己平时学习的计算机知识加以实现,也为了能够开发出一个实用的软件去有效减轻同学们期末考试的负担。他们的努力也获得了老师的认可,获得了校二等奖的好成绩。对当时仅仅大二的裴雷来说,这是一件令他满足的事情,他也体会到了努力是有意义的。

  大一时想要往信管专业发展,但裴雷基础薄弱,就没有去参加大创项目。到了大二,通过不断的努力,他也有了一定的底气,和几位同学一起申报了自拟课题"基于移动端的居家康复体系构建与实践"。作为一个药大人,裴雷还是想着要为医药行业贡献自己的一份力量,而他也始终相信信管的学生就应该拿出应有的本事——医药与信息技术结合正是他们最大的优势,也是大家的使命。虽然当时他的能力还差很多,但是他有着一颗追求突破的心。又是一个寒假加上一个暑假,从磕磕绊绊到逐渐熟练,最终他们成功将这个课题完成。大二这一年,是裴雷遇到最多困难的一年,也是他成长最快的一年。

衣带渐宽终不悔

  如果拿一个成语形容裴雷的做事风格,"从一而终"最为贴切。他秉持着"衣带渐宽终不悔"的态度,任何一件事只要开始了,就一定会坚持到它完成。

  大一、大二裴雷连续参加了两年"鹿鸣计划",每个月要阅读几本书并完成一定量的跑步锻炼,他一次都没有落下,圆满完成。大一时他曾在学校新媒体中心任职,负责官方微博的相关工作。虽然到了大三没有继续任职,但是他始终没有放弃热爱观察、享受思考、勤于记录的习惯。他将这种习惯坚持了下来,任何值得思考的东西他都会去记录,或发布在网上,因为与他人进行思想的碰撞对他来说弥足珍贵。大二疫情期间,为了帮助同学减轻自学的压力,裴雷便想将自己的学习笔记分享给更多人。年初,经过刻苦的钻研,他成功实现了个人博客网站的构建,并且将自己十万余字的学习笔记与心得全部发布在网

站上。在裴雷看来，学习不仅是为了提高自己，带动身边的同学一起进步，也是他人生价值的一种体现。有位同学被他的一腔热血所感染，裴雷便更加觉得自己做的一切都很值得。

浩渺行无极，扬帆但信风。不管是继续在专业学习上有所突破，还是在社会实践、科研创新上有所建树，裴雷都一定会坚持心之所向，书写青春最华丽的篇章。

人物简介

张赟量

中国药科大学生命科学与技术学院药学专业（国家生命科学与技术人才培养基地）2018级本科生。曾获国家奖学金、世界魔方锦标赛五魔方季军、中国魔方锦标赛五魔方中华组冠军、江苏省高等学校第十六届高等数学竞赛本科一级B组一等奖等，被评为校"大学生年度人物""三好学生标兵""暑期社会实践优秀学生"等。

"药"青春不凡，展"魔"力无限

2016年的一次机缘巧合，张赟量偶然来到药大，了解到了药大浓厚的学术氛围和强劲的学科实力，便被深深吸引。2018年高考结束，怀着对药学的浓厚兴趣，以及"兴药为民"的崇高理想，他毫不犹豫填报了中国药科大学，并顺利被药学专业录取。转眼之间，已过去两年时光。在药大的两年，他从懵懂迷茫到逐渐找到了自己的目标，努力成了一名全面发展的药学生。

砥砺奋进，练就过硬本领

初进校园，他也曾经历过一小段时间的放松期，依靠高中积累下来的竞赛基础，他在学习上并不吃力，甚至还取得了不错的成绩。然而，随着学习的深入和专业课难度的提升，看着身边每日忙碌奔波于教室、图书馆的同学，他认识到必须对未来有所计划，必须努力起来了。

大一下学期，出于对生命科学的兴趣，同时了解到生科基地班独特的政策，他报名参加了生科基地班分流选拔，最终以第一名的成绩进入生科基地班学习。进入基地班以来，在科研的道路上，他积极探索，报名参加大学生创新创业项目，参与课题"cereblon配体介导的新型KRAS G12C蛋白"。他认真查阅文献资料，学习科研相关知识和技能，在实验室里投入了大量的时间，经过接近一年的努力，项目顺利结题。

他养成了独特的学习习惯，除了每节课认真听讲、课后按时整理笔记、习题外，他还积极为同学答疑。很多知识要想教授给别人，首先自己必须对知识理解透彻。在这一过程中，同学们学习上的疑问得到了解答，而他也对所学的知识有了进一步的巩固。在大一、大二学年，他的成绩均排名专业第一，其中95分以上学科11门，90分以上学科24门，他因此被评为校"三好学生标兵"等，连续两年获得国家奖学金，这是对他过去两年努力学习的肯定，也是对他未来学习生活的一种激励。

兴趣专精，展现"魔"力无限

小小方块，指尖转动，变幻无穷。魔方，几乎占据了他课余生活的全部。在国内外的多场魔方比赛中，都有他的身影。2019—2020年，21场魔方比赛，他创下6个中国纪录，摘得18金、19银、12铜，世界季军、中国冠军都是他的头衔。相比结果，他更看重这一过程，比如比赛前的每一天他是如何练习的，比赛时他是如何克服自己的紧张心态的，这比他拿了第几名更有意义。"我们获奖与否，主要取决于我们和别人的差距；然而我们进步与否，取决于我们自己的努力。"他时常这样勉励自己。

现在的魔方比赛都有着轻松的氛围，他更愿意把比赛当作一场大型聚会，一次说走就走的旅行。如今，他去过近20个国家，也走过大半个中国。在外参加比赛，闲暇时间去游玩一些景点，体验风土人情，别有趣味。

致力推广，争做"魔"范先锋

近年来魔方作为智力运动逐渐兴起，它不仅能够锻炼人的记忆力和空间想象力，更能提高人的专注力。他致力于推广和普及魔方运动，让更多人了解魔方，对魔方产生兴趣。2019—2020年，他担任校凌速魔方社社长，这也让他有了更多机会去组织活动，去宣传他所热爱的项目。

任职期间，他积极配合体育部，认真开展社团内部训练，通过内部的密切交流学习，让不会玩魔方的人"圆了童年的梦"，也满足了更多想提高速度和学习异形魔方的社员的需要。同时，他还开展了面向全校的教学活动和零基础的趣味活动，让更多人参与进来，去接触和学习魔方。在校外，他多次担任魔方赛事的志愿者，兼任场务、裁判等，为每场比赛的顺利进行出力。2020年，由于新冠疫情防控，很多大型赛事无法举办，他便参与协办了多场非官方的小型魔方比赛，助力国内比赛秩序的有序恢复。能够把自己热爱的事做到最好，是一种成功，而能够把自己所热爱的事分享给大家，是更重要也是更有意义的。在魔方这条路上，他会一直走下去，争做"魔"范先锋。

习近平总书记在给复旦大学师生党员的回信中强调,"心有所信,方能远行"。张赟量作为一名药大学子,必将树立远大理想,努力学习、躬身实践、精业济群、承重而上、荣校报国,做奔涌前进的后浪。

人物简介

张晶晶

中共党员，南京邮电大学材料科学与工程学院生物电子学专业 2018 级博士研究生。曾获国家奖学金，连续两年获学校奖学金一等奖，被评为校"优秀研究生""优秀学生干部""优秀共产党员"等。主持江苏省研究生科研创新计划 1 项，参与国家自然科学基金及国家重点研发计划等多项科研项目，已发表 SCI 论文 9 篇，申请国家发明专利 6 项。

不忘初心，方得始终

"不忘初心，方得始终。"一个人做事情，只有始终如一地保持最初的信念，才能成功。投身科研迄今已四载，热情与失落，挫败与成功，这些起伏的心态变化始终伴随着张晶晶，但只要忆起那份初心，一切的困难都会变成她前进路上的垫脚石。

行远自迩，踔厉奋发

2013 年结束本科阶段学习之后，张晶晶进入了信息材料与纳米技术研究院，加入汪联辉教授的课题组，并在汪联辉教授与宋春元副教授的带领下开始了全新的硕士研究生学习生活。虽然本科期间参与过一些简单的实验，但也只停留在"知其然而不知其所以然"的阶段。在研一正式进入实验室后，她满怀热情，对科研工作充满了好奇与期待，一面在导师的指导下对未来的研究方向进行调研，另一面跟随学长学姐学习实验的基本操作，就是这些简单的科研入门工作，让她对科研有了全新的认识，在硕士入学的第三个月她萌生了读博的想法，在导师的支持与鼓舞下，她递交了硕博连读的申请书，之后顺利从一名硕士生转变为博士生。

在导师的谆谆教诲和悉心关怀下，她从初始的科研小白只"知其然"慢慢能够"知其所以然"了。

精勤求学，不负初心

张晶晶在研一开展了疾病相关核酸标志物检测的课题，有了组内相关课题经验的加持、导师的指点、学长学姐的耐心指导，第一个课题实验较为顺利地完成了，但是接下来面临的巨大挑战是如何将实验数据形成结论，并撰写文章。这项工作历经一年的时间才完成，从英文表述不清到行文格式不规范，从实验叙述不清楚到文章没有逻辑性，期间，她对自己产生很大的怀疑，怀疑自己阅读文献的能力、理解能力以及文字表述能力，但她没有退缩，而是花费了更多的时间去琢磨文献，并多次与导师沟通交流，在导师的悉心指导下，她发表了入学以来的第一篇 SCI 论文，内心获得了极大的自信与成就感，科研状态渐入佳境。为了进行更深入的科学研究并充实博士的科研体系，接下来她的课题是尝试在单颗粒/单分子检测的方向摸索，然而知识储备、实践经验不足都为后期的课题研究带来了巨大阻碍。文献调研只需花费大量的时间与精力就可以完成，但实验操作及仪器使用是真正阻碍课题开展的拦路虎，因为没有经验，盲目尝试也花费了较多时间与心力，她厚着脸皮反复询问同学，多次尝试后得到的结果也不尽人意，每每在内心极度挣扎想放弃时，导师的开导与指引，自己的激励与打气，又让沮丧的她坚持下来。随着课题的进展，她积累了深厚的理论知识，逻辑思维与意志力也得到了提高。

高效统筹，只争朝夕

课业科研与课余生活如何平衡？"高效统筹，只争朝夕"，但能够做到并不容易，起初她既不能保质保量地完成实验，又无法毫无顾虑地开展课余生活，总是在权衡之间花费很多的时间，但是随着年龄的增长，当知识储备与实践经验积累到一定程度时，统筹时间与精力便变得相对容易且高效了。在文化课与科研生活的多重压力下，张晶晶仍在党员、班长等多重角色里发光发热。她积极参加院校活动，指导本科生开展大学生科技创新训练计划，参加学术会议并做口头汇报等等，她认为，做好这些最重要的是合理分配时间和在工作中的协调及沟通。

除了要高效统筹学习与生活，思想方面也要追求进步。本科期间张晶晶成了一名党员，她始终将优秀党员作为学习标杆，积极向党组织靠拢，对自己有着高标准、严要求。在思想上，她认真、自觉地学习党的规章制度、文件政策，学习党的先进理论；在行动上，她努力向优秀党员看齐，发挥先锋模范作用，为同学们树立了一个良好的榜样。

要想成功就得凭着勇气和努力，不断地超越自己。经历了近四年的科研生活，张晶晶已经对自己在学业与科研方面有了清晰的认知与规划，未来也会以耐心、恒心与信心去面对困难与挑战，不骄不躁，多看多问，多多思考，为成为优秀的有志青年而努力拼搏！

人物简介

孔维亮

中共党员，南京林业大学林学院森林保护学专业2019级博士研究生。曾获国家奖学金、国家励志奖学金、一等学业奖学金、第七届中国林业学术大会优秀论文二等奖、全国森林保护青年云学术论坛优秀报告二等奖等，被评为校"三好学生"等。发表SCI论文4篇，CSCD论文1篇，主持省级课题1项，申请发明专利1项。

从专科生到博士生的逆袭之路

他虽出身贫困，但志存高远。他一路踏过坎坷荆棘，从泥泞走向美景，正如他自己所说：你若精彩，天自安排。

自律和努力是唯一法宝

2012年，来自南京高淳的孔维亮带着高考失利的痛楚被江苏农林职业技术学院林业技术专业录取。

"我是我们班的学习委员，我完全没有想到我会考这么差。"家庭条件的困苦难以支撑孔维亮复读一年，不甘与遗憾从此深埋在他的心底，也成为日后他动力的来源。

"我当时想既然高考我没有再来一次的机会，那就慢慢积累等大学再来一次。"抱着这个想法，孔维亮选择了江苏农林职业技术学院的"3+2"培养模式。三年在江苏农林职业技术学院学习，两年在南京林业大学学习。

在江苏农林三年的学习时间里，孔维亮书包比别人大，走路比别人快，睡觉时间比别人少，学得比别人多。技术学院重视对学生动手能力和实践能力的培养，嫁接、扦插、压条……孔维亮摒弃了高中的浮躁，沉下心来慢慢积累。

2015年，孔维亮来到了南京林业大学进一步学习。专科学习重实践，相对而言有些轻理论，而本科阶段的学习则既重理论又重实践。大一、大二没有打下扎实的理论基础，孔维亮一时难以适应紧张的学习节奏。"不懂就一直抓着老师问，比别人差就要比别人努力嘛！"虽说基础差，但孔维亮自律性强，图书馆、实验室一待就是一天，眼睛看到发酸才舍得合上书本。一年后，基础差的孔维亮后来居上，绩点4.06，取得了专业第一的好成绩。"我觉得自律和努力就是法宝，任何时候都是这样。"

不轻言放弃，科研取得丰硕成果

2017年，仅仅复习三个月的孔维亮以406分的高分通过南京林业大学森林保护学专业的硕士研究生考试初试，并在复试中以优异的表现被学校录取。

"硕士生和本科生又差别很大，硕士生重视创新能力。"艰难的科研工作令孔维亮一时陷入了迷茫，甚至一度怀疑自己的能力。自律和努力再次成为孔维亮的法宝。天道酬勤，坚持半年学习文献、厚积薄发的孔维亮取得了惊人的成绩。

香樟作为城市园林的常见树种，对城市绿化与环保起着重要作用。但香樟根部生长在碱性土壤中容易发生缺铁黄化现象，造成梢头枯死，整株死亡，如果人工施铁又极易造成环境污染。如何解决这个难题呢？孔维亮通过查阅文献和实验提出了自己的猜想：能否运用能够产生嗜铁素的细菌来进行香樟黄化病的生物防治呢？有了靠谱的想法，孔维亮立刻行动。他委托同学帮忙从全国各地采集土壤样本，然后从中分离出上千株能够产生嗜铁素的细菌，并对这上千株细菌逐一进行筛查，最终确定了具有防治香樟黄化病作用的生防菌。"上千株！你有想过会失败吗？""努力可能得到失败的结果，但不努力连结果都没有。"孔维亮十分坚定。

他的这一实验成果在全国范围内被广泛尝试应用，获得了多个奖项。

知恩图报，热心帮助学弟学妹

运用生防菌防治香樟黄化病的实验增强了孔维亮的科研信心，他将该生防菌运用到了其他领域，如防治鹅掌楸的黑斑病，并取得可喜的成果，相关文章发表于SCI二区期刊。如今他正在进行更深一步的探索——研究生防菌产生嗜铁素的具体基因。"我希望我的研究能为解决社会实际问题做出贡献。"

孔维亮非常懂得感恩，考研路上得到一些学长学姐的帮助令他至今记忆犹新。考研成功后，他特地免费开设辅导班为本专业的学弟学妹解答疑惑，为外校报考南林的同学提供考研复习资料，在他的帮助下，十余人考研成功。"有七八个同学考完研都特地请我吃饭，对我非常感激。"他开心地说道。如今在实验室，孔维亮则经常帮助新进实验室的学弟学妹，教会他们实验技能，解答他们的疑惑，帮助他们尽早地度过迷茫期，少走弯路。

孔维亮说："导师吴小芹教授是我人生路上的恩人，她始终指引着我前进的方向，每次晚上10点我从实验室回宿舍的路上，总会看到导师办公室的灯依旧亮着，这始终激励着我。"

人物简介

邱少宁

中共预备党员，南京林业大学土木工程学院测绘工程专业2017级本科生。曾获第十一届全国测绘论文大赛特等奖、第九届MathorCup大学生数学建模挑战赛三等奖、第十届MathorCup大学生数学建模挑战赛二等奖、第六届江苏省"互联网+"创新创业大赛二等奖等，被评为校"十佳大学生"等。以第一作者获得3项软件著作权、发表1篇中文核心论文，参与创作2篇SCI论文。

扎根大山的土木学子

"学霸""邱老板""邱老师"……这些都是邱少宁获得的称号。

大学四年，邱少宁收获颇丰。全国测绘论文大赛特等奖、校"十佳大学生"、校思政课优秀讲师……都是他的"囊中之物"。除此之外，作为南京林业大学水杉支教团队的一分子，邱少宁和他的团队远赴四川大凉山支教，帮助当地人推销农产品，被40多家媒体报道。

"我一直想做纯粹的事情，学习也是，在大学里的活动也是。"谈及过去的四年，邱少宁淡淡地说道。

"我不想比别人差"

2017年，来自河北的邱少宁被南京林业大学土木工程学院测绘工程专业录取。和许多从高中条条框框的拘束中猝然离开的孩子一样，大学自由松弛的学习节奏与学习氛围让这个一直很优秀的少年感到有些无所适从。大一上学期高等数学A的期中考试，就给了邱少宁一个下马威。

"我怎么也想不到自己才70多分，而班里有三位同学100分。"于是，邱少宁给自己定下了每天必须学习三个小时的任务。以高等数学为例，他花费了大量的时间琢磨书中的每个定理，不仅认真预习，做好笔记，更积极思索，钻研每一个逻辑关系。到了期末，邸少宁实现了逆袭，他的高数获得了99分的成绩，学期绩点也位列班级第二。

凭着大一上学期的优异成绩，大一下学期，邸少宁成功申请到了南京林业大学土木工程学院为培养全方位人才而开设的"虚拟实验班"的资格，这也让邸少宁的求学之路愈加如虎添翼。"学习如果不能争第一，那动力在哪呢？"

2018年邸少宁报名参加了全国大学生测绘大赛，赛事评委由测绘领域的多位权威专家组成。邸少宁报名参赛的项目是"基于出租车轨迹数据的南京市人群出行模式发掘"，该项目通过运用大数据分析出租车的行车轨迹，从而推断不同地区的人群密集程度。空间分析操作、Python语言、机器学习算法……这些都是项目必需的方法与工具，但刚刚涉足测绘专业不到一年的邸少宁对此一窍不通。

没有条件，创造条件也要迎难而上！邸少宁一边学习一边实验，凌晨2点睡觉早上7点起床几乎成了他那段时间的常态。从2月到5月，三个月的持续实验让这个男孩几乎瘦了一圈。功夫不负有心人，邸少宁的项目获得了比赛的特等奖，成了南京林业大学土木学院第二位在这项赛事中获得特等奖的学生。他的比赛论文还被中文核心期刊《测绘科学》所收录。谈及过往，邸少宁表示："我不想比别人差。"

这几个简单的词语，道不尽"学霸"背后的努力。

"我想成为帮他们走出大山的一束光"

"支教的初心也很简单，只是想看看大山。"怀着这样单纯的想法，华北娃子邸少宁加入了南京林业大学水杉支教协会。南京林业大学水杉支教协会成立于2013年，多年来一直定点支教大凉山树河镇。

2019年7月，经过层层选拔，邸少宁作为水杉支教的领队带领52名青年志愿者踏上了去往四川省凉山彝族自治州盐源县树河镇的支教旅程。

"满眼都是山，山的那头还是山。"在邸少宁看来，这层峦叠嶂的大山压在当地人身上，压垮了经济、教育，也压垮了当地人的精气神。"我想成为帮他们走出大山的一束光。"邸少宁想帮当地人走出大山，走出贫困。

扶贫先扶智，水杉支教的初心也正是如此。53名志愿者满怀着理想与激情，为当地教育、脱贫贡献大学生的力量。初来盐源，满眼都是青山绿水，让这群从城里来的孩子满心欣喜，但每天土豆白菜的吃食、露天的厕所、蚊虫的叮咬、大山中孩子独特的野性……这些让队员眼里的青山绿水逐渐不那么美好了，更是让不少志愿者产生一种无力感和失落感，消极情绪在团队中蔓延。作为团队负责人的邸少宁敏锐地察觉到了，为了鼓励支教队员们继续坚守，邸少宁写下《传承的力量》一文，和队员们进行交流。

"村民们都说我们太伟大，而我们心里明白其实我们能做的很少……对于志愿者来说一个月时间很短，但六年来水杉支教扎根同一个地方，传递的是比知识更重要的信念和关怀，支教不仅传递知识，也是在传递志愿者精神……"

他的努力也获得了大家积极的回应。队员们的抱怨少了，反思与进取多了，也更深刻地体会到支教的意义和价值。

"想将水杉支教力量传承下去"

水杉支教团队驻扎的树河镇，主要种植核桃。在水杉支教团队的成员眼里，他们来到当地，既要扶智也要扶贫。近年来核桃收购价格持续走低，农户的收入十分有限。为了帮农户打开核桃销售渠道、提高收入，邱少宁带领团队成员创办了淘宝店。

为了提高淘宝店收益，团队创新销售方式，开启了线上直播带货。坐在直播镜头前，表现稳重而不失幽默的邱少宁，业务相当"娴熟"，他也因此被同学们戏称为"邱老板"。

"我们收购的核桃属于'三无'产品，无化肥、无农药、无催熟剂。"在这样的话语中，水杉支教团队的线上销售带动了农户增收。当地的核桃价格从每斤3元跃升到每斤9元，单日销售额最高达3万余元。

支教团队的帮扶让树河镇的乡亲们感动不已。"山里人不擅长表达，但每当我们去他们家里做客，都是杀鸡宰羊来款待我们。"邱少宁回忆起来，至今十分感动。

出色的支教表现，让邱少宁带领的支教团队获评2019年江苏省"大中专学生暑期文化科技卫生'三下乡'优秀团队"。2019年水杉支教活动获评南林"校园十佳活动"，他们的事迹被江苏教育报、凉山新闻等多家媒体报道。

"我想让更多人帮助凉山儿童，也想将水杉支教传承下去。"回到学校的邱少宁，与8名水杉支教团队员组成"水杉支教走进思政课堂讲师团"。他们将水杉支教故事带到了6 500多名南林学子的思政课堂上，用自身生动鲜活的经历让思政教育更深入人心。

在三尺讲台上，邱少宁将水杉支教"志愿、传承"的精神传递给更多的人。一名同学在听过一次宣讲后表示：她曾以为水杉是南林的"幸运树"，却不知水杉也是南林学子的精魂。由于邱少宁的出色演讲，南林马克思主义学院授予邱少宁"支教走进思政课堂大学生优秀讲师"的荣誉称号。

这个一直追求简单纯粹的华北男孩，在南林的四年里，用自己的汗水与热忱，塑造了属于他的"水杉魂"。

人物简介

袁 丽

南京信息工程大学马克思主义学院马克思主义理论专业2018级硕士研究生。曾获国家奖学金、校研究生一等奖学金等，发表学术论文10篇，主持科研项目1项，被评为校"优秀研究生干部""优秀共青团干部""三好研究生"等，已被苏州大学录取攻读博士学位。

星光不问赶路人，天空海阔任鸟飞

凭借优异成绩获得研究生国家奖学金的袁丽，在回忆起刚刚入学的时候，总是笑着形容自己是一只"拙笨的小鸟"。她谦虚地说，自己并不是特别聪明的学生，但她坚信勤能补拙、厚积薄发，她的内心一直渴望着有一天能在科研的广阔天地中翱翔。

以梦为马，不负时光

2018年，袁丽凭借总分第一的优异成绩顺利考入南京信息工程大学马克思主义学院，但她本科阶段读的是市场营销专业，是个名副其实的"跨专业"考生，这让刚入学的她十分担心。如何强化马克思主义理论方面的知识基础，如何尽快运用理论知识分析现实社会问题，如何尽快进入科研的快车道……这些问题萦绕在袁丽心头，同时也鞭策着她不断前行。

"导师周显信教授是我学术道路上的一盏明灯，指引着我前进的方向。"研一阶段的学业较为繁重，周老师经常关心袁丽的学习进展，为她答疑解惑，引导她进行课题研究；师母冯老师总是第一个点赞评论袁丽的生活动态，常常和师母聊天谈心让她感受到家的温暖；同学们也常与她交流生活、探讨学术。袁丽深刻记得周老师经常教导同学们的话："幸福都是奋斗出来的，要多读书、多思考、勤交流"，正是导师的鼓励与帮助和师门愉快而严谨的学术研讨氛围，给了袁丽在科研道路上的勇气和信念，让她得以快速适应硕士阶段的学习生活，投入到科研的状态中去。

在周老师的帮助下，研一阶段成为袁丽汲取专业知识、吸收科研养分的大好时光。制定适合自己的小目标和长远规划，是她提高学习积极性和学习效率的"秘密武器"。为了尽快丰富专业理论知识，在课堂上，她认真聆听、仔细思考老师提出的每一个问题；在课后，她踏踏实实地完成老师布置的任务，遇到疑惑的问题，主动与老师和同学积极交流。课余时间，她经常赶往学术报告厅，在与研究方向相关的各类学术会议上，了解国内外前沿的研究热点和研究方法……匆忙又充实的研一生活，为袁丽进入"科研快速路"打牢了基础。

心之所向，前路有光

自习室安静得只能听到打字的声音，每个人都在埋头写作，电脑上突然弹出一封来自杂志社的邮件，袁丽的心突然变得期待而又忐忑。她紧张地点开邮件，原来是来自杂志社的用稿通知。终于，袁丽的论文《毛泽东家国情怀的丰富内涵、当代形态与发展逻辑》在《湖南科技大学学报（社会科学版）》发表，她至今记得这一篇科研"处女作"的来之不易。

那时正逢学校即将举办江苏省研究生"习近平新时代治国理政思想"学术创新论坛，袁丽借此机会开始了她第一篇学术论文的撰写。每天早出晚归，"常驻"逸夫楼啃学术"硬骨头"，成了她的日常。清晨阳光洒落，方寸书桌前日复一日地阅读、思考、奋笔疾书，勾勒着她简单、平凡且充实的论文写作生活。

"有时会因某个问题想不明白而焦虑苦闷，有时也会因为想一口气写完一个部分而忙到后半夜甚至通宵。"撰写这篇论文时，袁丽时常感叹科研不易。这篇稿件在与导师的邮件沟通中往返了数十次，这其中是一次又一次地字斟句酌，也是一遍又一遍地修改打磨。有好几次，袁丽在深夜将论文修改版发到导师的邮箱，在清晨便得到了导师详尽的修改意见。"周老师严谨高效的科研习惯，让我受到莫大的鼓舞"，袁丽说。

最终，这篇文章投稿参加了由中共江苏省委宣传部、江苏省中国特色社会主义理论体系研究中心联合主办的"江苏省解放思想大讨论活动——人民高质量主题论坛"，袁丽第一次以参会人员的身份参加了高级别的学术会议："回过头来看，第一篇论文的创作过程奠定了我科研之路的基调，至今我仍记得那种在大量阅读文献、反复多次修改后获得导师认可时的喜悦感与成就感。"

行远自迩，踔厉奋发

其实，袁丽的论文发表之路也并非一帆风顺。去年的暑假酷暑难耐，袁丽却自主选择

留校"封闭",利用这段宝贵的假期时光集中攻克科研选题"习近平家国情怀的时代意蕴与实践逻辑"。

一天,在马院自习室,她盯着退稿的意见反复考量思索,眉头紧皱,这已经是她收到的第三封退稿通知了。室外潮湿闷热,袁丽的心也有些沮丧失落,但她明白,这是科研路上必经的考验和磨炼。在导师和家人的支持与鼓励下,她振作精神,再次沉下心来,对论文的框架重新进行调整。经过几番打磨,这篇论文终于发表在期刊《理论探讨》上。

即便在新冠疫情暴发期间,袁丽的科研也没有一丝停滞。虽然只能"宅"在家里,但她每天关注疫情发展情况和防控工作,试图从学理上构筑抗疫的精神力量。2020年4月,袁丽以第一作者在"学习强国"平台发表了理论文章《在战"疫"中淬炼伟大的家国情怀》,旨在从思想上提高大家对疫情防控的认识。该篇文章获赞和阅读量已过万次,收获了读者们的一致好评,并荣获了南京信息工程大学"逆境携行,你我同心"心理征文比赛一等奖。在"新时代的青春模样——青年的信仰与担当"2020校级信仰公开课上,袁丽作为青年讲师团的一员,以"传承家国情怀"为主题,做了题为《在战"疫"中淬炼伟大的家国情怀》的主题演讲。

"一分耕耘,一分收获",正是始终保持着高效的学习和科研习惯,坚持不懈打磨科研论文,袁丽才迎来了累累硕果。

循梦而行,向阳而生

除了在科研上"高产",袁丽在学生工作中同样十分活跃。无论是在院研会还是校研会,她一直是研究生干部中的骨干力量。"仰望星空、脚踏实地"是她参与学校工作和社会公益的信条,将自己所学回馈社会是她的初心。

作为院研究生会的副主席,她曾以主讲人身份策划组织了学校马克思主义学院的"乐知沙龙"活动,公众号很多优秀的文章也是出自她手;在校学术与科创中心任职副主任期间,她参与了校研究生会组织的"世界气象日——太阳、地球、天气"宣传活动,并开展一系列主题调研、科普宣讲等社会实践活动,赢得了师生的广泛好评。此外,她还积极参与社会实践活动,她组织并参与的"施河小分队"在南京信息工程大学2020年大学生志愿者暑期文化科技卫生"三下乡"社会实践活动中荣获一等奖。

如今,袁丽已在南信大度过了七年的学习时光。在老师和同学眼中,她是虚心请教的"小师妹",也是别人口中的"大师姐";她是满载收获的"大学霸",也是乐于助人、热心公益的"小可爱"。"丽丽在经验的分享上从来都是毫无保留。"每当学弟学妹们向她提出科研上的疑惑,袁丽总是有问必答;每当她搜集到优质的素材和资料,她总是整理分类,第一时间和同学们分享;面对一些烦琐的信息统计和材料整理工作,她也总是主动多承担一些，默默做事，从不抱怨。

　　回顾在南信大的奋斗青春，袁丽感慨道，人生就是一个不断"升级打怪"的过程，从初出茅庐的"笨拙小鸟"，一路成长至羽翼渐丰，她更加明白，要直面困难、挫折与失败，只要心无杂念，不忘初心，定能海阔天空，展翅翱翔。

人物简介

王越峰

中共预备党员，南京信息工程大学自动化学院 2017 级本科生。曾获校一等奖学金、全国大学生智能汽车竞赛全国总决赛双车接力组一等奖、全国大学生智能汽车竞赛全国总决赛百度深度学习创意组一等奖、江苏省 TI 杯大学生电子设计竞赛一等奖等，被评为校"三好学生""优秀学生干部"等。

"智能车少年"的故事

2017 年，王越峰在高考作文中，写下自己对车和时代变迁的感知和理解。三年后，他成为"智能车少年"，在实验室里穿梭，调试小车，和这个形影不离的伙伴一起书写着他的青春。

启程，遇见智能车

"生活离不开车。车，种类繁多，形态各异。车来车往，见证着时代的发展，承载了世间的真情；车来车往，折射出观念的变迁，蕴含着人生的哲理。"2017 年 6 月 7 日，王越峰在考场中答题的时候，并未想到，"车"会伴随他接下来的整个大学生活。

新生入学报到那天，一位学长来到新生宿舍向他们介绍大学生活，其中就谈到了智能车。之后，在学校学科 3 号楼智能车实验室，学长带领他们参观并示范了智能车的操作流程。当王越峰得知这位学长参加过多次智能车竞赛，毕业设计做的也是智能车，还曾带着自己的队伍冲进了国赛，他就被智能车深深吸引了。"在他的介绍下，我第一次了解到了智能车，并开始对它产生了兴趣。"就这样，智能车第一次正式进入了王越峰的视野，也丰富和点亮了他之后的大学生活。

如果说王越峰和智能车的不期而遇是靠运气，那么他从技术"小白"到"智能车少年"的成长之路，靠的一定是实力。打牢专业基础是参与竞赛的前提，王越峰深知这一点。大一、大三学年，他综测排名均位列专业第一，优秀的成绩成了他参与各种学科竞赛的入场券，并先后获得了校级高等数学竞赛二等奖和物理力学竞赛三等奖。他的竞赛生涯由此开启。

蓄力，拿下"拦路虎"

大二下学期开学，王越峰正式进入实验室，开始准备参加第十四届全国大学生智能汽车竞赛。和其他人一样，第一次参加智能车比赛的他很紧张——实验室和现场的赛道情况不同，他没有任何经验，不知道该如何处理。当时的他一味想着让小车跑得更快，对于减速的操作十分不解："为什么要减速？我们调一调参数，让小车跑得更快一点，不是更好吗？"然而，一味加速，智能车跑得并不好。后来，他们意识到遇到状况要减速，先取得一个保守的成绩，再去考虑加速。"速度快，熄灭小灯的时间不一定就是短的，某种程度上减速可以把问题处理得更好。"

要看摄像头采集的图像，就不能让小车跑起来，小车运动时得到的屏幕显示图像会影响到小车的运算速率，于是王越峰便用手推着小车前进来采集数据，经过数据分析，最终找到赛道的中线区域。代码写好了，而各种问题也随之而来：小车跑起来的轨迹会呈蛇形；不同赛道小车与地面的摩擦力不同；同一个赛道还可能出现"隔夜车"现象——前一天小车在赛道上能够很好地行驶，隔了一个晚上，小车跑起来完全变了样；当阳光照在赛道上时，小车摄像头反馈得到的图像是一片空白……要解决这些问题，他必须尝试很多控制算法，比如模糊控制，当前位置和目标位置会有一个误差，他要不断改写代码纠正它，使其达到目标，让小车具有普适性，"要让小车在任何地方都能跑，这是最难的"。解决这些问题后，他们最终获得了华东赛区信标组二等奖。

进发，使出"杀手锏"

比赛一个接一个，考验着王越峰的耐力，也激发了他更多的潜力。2020年4月一开学，王越峰所在团队就正式进入备赛状态。7月份，第十五届全国大学生智能汽车竞赛组委会公布了赛道。在智能车双车接力组中，花时间最多、失败最多的是让小车选择路线进入两个圆环。小车进入圆环失败，会被加罚30秒，对于一场毫秒必争的比赛而言，这是致命的。所以在处理圆环问题的同时，王越峰把直道元素做特殊处理，做到速度翻倍，节省了时间。"我们既然知道了赛道是怎样的，就可以多练习一下。"

8月26日，第十五届全国大学生智能汽车双车接力组决赛现场，在交接机构的设计中，王越峰他们拿出了"杀手锏"。发球装置使用电磁铁，接球装置使用粘鼠板，小球外面用海绵包裹——该方案具有交接快速、高稳定性、高接球率的优点。车库出发、直行进

环、绕弯环岛、冲上坡道、停车入库，在 50 米长的赛道中，长 25 厘米、宽 24 厘米、高 20 厘米的三轮车带着小球到达接力区，推动并把球传给长 28 厘米、宽 24 厘米、高 20 厘米的四轮车，与此同时三轮车接收信号，电磁铁松掉，并且停车。"总用时 16.8 秒！"王越峰所在团队击败了 40 多支参赛队伍，获得第二名！最后团队在全国总决赛上成功击败清华、上海交大等强校，获得全国一等奖。这三年间，王越峰跟着智能车一起历练，一起成长。

如今，王越峰是学校智能车实验室负责人，并担任实验室单片机的教学工作。他还是学术科技类社团——智能车社团的第一任社长。从受益者到见证者，再到传承人，他觉得自己很幸运。王越峰说："智能车成了我大学生活中最重要的元素，是我的知心伙伴，看着小车在赛场上奔跑，就像我自己在奔跑。"

人生如赛场，即使要熬到凌晨五点，他也依旧乐此不疲；赛场如人生，不确定性永远都有，难的是有跑完全程的心。王越峰和车的故事还没有结束，学科 3 号楼 80 平方米的智能车实验室里，王越峰还在不断测试电路板，处理摄影图像，编写控制算法，调试智能车……

人物简介

陶 平

南京工业大学机械与动力工程学院化工过程机械专业2017级博士研究生。曾两次获研究生国家奖学金，参加第十六届研究生支教团项目，担任校学生会副主席、党支部书记，被评为校"优秀学生共产党员""优秀学生干部"。以第一作者发表SCI论文5篇、EI论文1篇，申请公开发明专利2项，获2项实用新型专利授权。2019年参与国家建设高水平大学公派研究生项目（CSC）。

十年南工，感恩一生

支教一年，不忘初心

2014年7月，陶平同学顺利通过了第十六届研究生支教团的选拔，带着学校、老师和家人的嘱托，到祖国的西部去奉献自己的青春。短时间内从一名大学生到走上讲台以一名教师的身份向学生们传道授业解惑，虽然这对当时的他来说是一个巨大的挑战，但他一直认为，这一年的经历是他人生中最为宝贵的财富。

时隔多年，他依然清晰记得2014年8月25日，这一天是那年支教地宁洱镇第一初级中学开学的日子。初为人师，陶平思绪万千，他们的到来是否会给这里带来些许改变呢？虽然不知道答案，但在这一年的时间里，他积极主动承担工作，在担任校长办公室助理的同时，还申请了担任初二年级助理班主任。同时，他每天利用中午休息时间，找学生聊天谈心，尽可能地与当地学生有更多的接触，深入了解他们的学习生活情况。此外，针对部分学生偏科的现象，他和支教伙伴们为初一、初二年级的同学开办了数学和英语周末辅导班，为偏科学生查漏补缺。在不懈努力下，他们所带班级学生的学习状态和学习习惯越来越好，期末考试班上有8位同学考进了年级前10名，各科优秀率和及格率都远超其他班级。

"用一年不长的时间，做一件让自己终生难忘的事情"是研究生支教团每个成员坚守的信念。回望当初，陶平同学万分感慨，一年的时间太短，美好的时光一下子就变成了回忆。为了将这份情谊和缘分延续下去，也为了激励孩子们走向外面的世界，他与学生定下五年之约：待孩子们高考结束后，相约在南京工业大学重逢。

坚守承诺，期待重逢

为了突破自我，也为了激励他在云南的学生坚守他们的约定，深思熟虑后，他决定申请硕博连读，继续在南京工业大学攻读博士学位。虽然读研已是很多人的必然选择，但是踏上读博的道路，却需要很大的决心和毅力。

从本科机械工程及自动化专业转到化工过程机械专业读研，他在专业知识上就欠缺了一大截。理论知识的缺乏加上实验设备操作经验的不足，导致他刚进入团队实验室的时候状态非常不理想。"看着别的同学每天忙碌奔波，钻研科研项目，我却无所事事，不知所措，找不到自己的方向。"陶平坦言，这样的日子让他深感焦虑。导师巩建鸣教授找到他并告诉他，"世界上每个人都有自己的发展时区，在自己的时区有着自己的步程，生命就是在属于自己的时区里寻找正确的行动时机。科研，亦是如此。既然选择硕博连读，应当不忘初心，以勤补拙，找到自己的时区，找准自己的步伐，提高自己的能力。"导师贴心的话语，给了陶平莫大的鼓励。

在导师的引导下，他认真梳理与学习化工过程机械专业本科课程的知识，通过制订详细的学习计划，充分利用空闲的时间查漏补缺，一边自学相关的本科教材，一边向老师和同学虚心请教，填补理论知识的空缺，熟悉仪器设备操作流程与原理。通过一段时间的辛苦努力，他终于融入了研究团队，也逐渐踏上了属于自己的科研之路。

调整心态，量变到质变

研二时，在导师的指导下，他确定了自己的博士研究课题。面对一个全新的课题，刚开始时他一头雾水，为了厘清课题相关的研究进展，他查找了近十年的相关文献，仔细阅读和梳理，一遍遍打磨实验方案。到如今，他浏览阅读过的文献已经超过1 000篇，整理了近10本笔记。临渊羡鱼，不如退而结网，踏实认真的学习工作态度，让他收获了研究生国家奖学金，并于2019年获得国家公派留学资格。他也是近年来学院中唯一同时获得这几项荣誉的学生。与此同时，他对科研的信心也在被认可、被欣赏中逐渐树立并提升。除此之外，他还担任学院研究生第一党支部书记，认真高效地完成学校和学院安排的每一项工作，在全面发展自身能力的同时积极发挥优秀学生党员的模范带头作用。他努力踏实的工作态度也受到了老师和同学的认可，多次被评为校"优秀学生共产党员""优秀学生干部"。

  时间如白驹过隙，转眼间，已经是陶平在南京工业大学学习生活的第十年。他说，能够加入高温装备技术研究室开展课题研究是他的幸运，导师严谨的治学态度和实验室良好的科研氛围使他受益良多。与南工结缘的十年，让他感恩一生，梦想在这里起航，在这里实现并绽放。在这十年里，尽管每一步都走得十分不易，但他还是坚持下来了。回想起刚刚踏入大学的那一刻，如果不是自己的坚持，就不会有现在的成绩。宽敞的梧桐大道，闪烁的阳光，和十年前几乎一样，他也将会用自己的执着与毅力继续前行，谱写更加精彩的青春乐章！

人物简介

王子杰

中共预备党员，南京工业大学计算机科学与技术学院计算机科学与技术专业 2017 级本科生。曾获美国大学生数学建模竞赛二等奖、全国大学生英语竞赛二等奖、第 10 届全国大学生数学竞赛二等奖、第 12 届中国大学生计算机设计大赛三等奖、江苏省普通高校第 15 届高等数学竞赛一等奖等荣誉。

科研忘我无止境，创新报国有担当

科研是漫长而枯燥的，常常面临着高风险、高成本、低回报的困境。但王子杰却坚定不移地选择了科研这条道路，努力展现新时代青年的责任与担当。

初遇科研，他想试一试

机遇只留给有准备的人，用这句话来形容王子杰再合适不过了。大一、大二的时候他就自主学完了《统计学习方法》中的所有算法，并参加了 ACM 算法的集训和比赛。对学科的热爱以及扎实的算法功底都为王子杰今后的科研之路打好了基础。

一次偶然的机会，王子杰到教师办公室帮忙配置一台新的服务器，他熟练的操作和对软件的了解程度当时就给朱艾春老师留下了深刻印象。朱老师在经过简单了解之后，便邀请王子杰加入了自己的科研队伍。一进入课题组，王子杰就被科研的魅力深深吸引，那时他还是一个对科研一无所知的普通学生。然而科研不是仅凭热情就行的，初涉新领域，王子杰难免疑惑重重、不知所措，但是他凭借自己阅读英文文献的良好功底，主动加强阅读、学习大量文献，跟随老师、学长学姐们一同做实验，就这样，他成功打开了计算机视觉领域的大门。

越努力，越幸运。2019 年 5 月到 8 月期间，王子杰组队参与了 ICCV（IEEE International Conference on Computer Vision，国际计算机视觉大会）主办的 WIDER Face & Person Challenge

2019 — Track 4: Person Search by Language 赛事。通过大量文献研究与团队合作讨论，在导师的指导下，王子杰团队设计并构建了基于 Pose 信息的多粒度跨模态匹配模型，对图像与文本模态分别提取多粒度的特征向量进行相似度匹配。王子杰承担了大部分的实验代码编写与调试工作，最终在 Final Test 中获得第 6 名的优秀成绩。

深入科研，他想拼一拼

  科研的道路并不轻松，浸透了奋斗的泪泉，洒遍了付出的血雨。选择科研这条路，王子杰从没后悔过。大二暑假，对于其他学生来说，是一段难得的长假，而王子杰却毫不犹豫地留在学校继续为竞赛做准备。在准备竞赛这两三个月的时间里，他看了 180 多篇论文，做了 200 多组实验。他说："有时候也会觉得这很枯燥，但是我更希望能够做出一些成果，我想拼一拼！"那段时间，他经常为修改、完善论文和导师讨论至深夜。"王子杰那种渴望找到解决办法的迫切心情让我很震惊。"朱老师说道。到底是多大的吸引力才使王子杰甘愿日复一日地孜孜以求呢？王子杰说："一方面，从课题本身来说，实验成果的可视化和直观性直接吸引了我的注意力；另一方面，学校的计算机视觉研究从 2013 年起步到现在一步步接近核心，本身就有很强的探索意义。"

  王子杰看论文有边看边写笔记的习惯，这种高效的阅读习惯提高了他获取信息的能力，同时也节省了他的时间。在准备投稿计算机视觉顶级会议 CVPR 2020 的三个多月时间里，王子杰每天只要一有时间，就在实验室里读文献、改模型、写代码。期间他看了 200 篇论文，其中精读过的就有 120 多篇，实验也做了近 200 组，很多时候甚至连晚上做梦梦到的，都是自己在设计模型和调试代码。凭着这种不言放弃的信念，王子杰大学四年中有三年都醉心于科研，这三年，是他最繁忙也是收获最多的三年。

决心钻研，他想定一定

  如果说初遇科研是偶然，那么沉迷科研、决心钻研一定是王子杰努力后的必然。为什么拒绝哈工大、华师大？五个月前，王子杰正准备着夏令营简历，抱着试一试的态度，他投递了哈尔滨工业大学、华东师范大学、上海科技大学等多所高校的夏令营项目，最后收到了前两所学校的推免资格。王子杰陷入了矛盾和纠结：一边是未完成的课题，另一边是充满各种不确定性的未来，到底该如何选择？他辗转反侧、彻夜难眠。朱老师得知情况后，跟王子杰进行了一段推心置腹的谈话，结合他的实际情况将保研外校和保研本校的优势和劣势都进行了客观分析。

  王子杰最终还是选择留在本校，进行计算机视觉跨模态检索领域的科学研究。他说："做科研，重钻研，我想定一定。"这也意味着，王子杰比考研的同学多出了半年的时间，

他的团队计划利用这段时间在研究本课题的同时，建立有关计算机视觉方向的网络学习平台，致力于为更多对计算机视觉感兴趣的同学提供入门资料。见证学校实现CPU、GPU服务器从无到有、从一到多的突破，王子杰是同届学生中唯一坚持到现在的。目前，平台已经初步投入使用。"王子杰是一个不可多得的优秀学生。"王子杰的辅导员何潇老师如是说。"无论是作为班长还是科研人、院科协主席，他都能认真负责地完成自己的工作。他也经常给学弟学妹解答专业知识，特别有担当。"

　　回望走过的科研之路，王子杰说："从开始系统性、专业性地研究计算机视觉的那一刻起，我就已经确定了自己未来的发展方向。"他也希望，同学们不论是选择升学还是就业都能够找到自己真正感兴趣的事情，并且一直坚持下去。

人物简介

殷 悦

中共党员，南京师范大学地理科学学院人文地理与城乡规划专业 2017 级本科生。曾获苏交科创新奖学金、冯茹尔奖学金、亚东涵田奖学金、校优秀学生一等奖学金、全国大学生土地利用规划技能大赛一等奖、"共享杯"大学生科技资源共享服务创新大赛三等奖等，被评为校"优秀团干部""优秀学生干部""三好学生""暑期社会实践活动先进个人"等。以第一作者在中文核心期刊发表论文 1 篇。

做自己的光

2017 年 9 月，殷悦踏入南京师范大学，成为地理科学学院人文地理与城乡规划专业的一员。从刚刚进入大学的懵懂，到逐渐明了前方的路途，她懂得了，别人给不了永恒的光，要努力做自己的光。

用心去做，才能出色

初入大学，对于地理，她有一些陌生却充满了好奇。每天认真地听课，课后积极向老师提问，周围不乏许多喜欢地理的同学，这样的学习氛围让她很享受。她常常会把老师在课上偶然提到的书籍或是前沿研究记录下来，课下去了解，时间久了，对于地理也有了自己的认识。她一直坚信"用力去做，只能及格；用心去做，才能出色"，对于老师布置的任务她总是思考怎么才能做得更完美，每周她都会对一周的课进行思考与总结，以此对知识进行巩固。就这样，自入学以来，她保持着连续 6 个学期综测成绩和专业成绩第一名，获得苏交科创新奖学金、冯茹尔奖学金和校优秀学生一等奖学金等。

竞赛科研上，她积极和各个专业的老师交流，能运用 ArcGis、ArcView、CAD、PS 等软件处理数据与制图，自学 Python 语言，并通过阅读文献提高自己的科研水平，主持的院级大创课题"基于缓冲区与窗口分析技术的南京公共设施空间布局研究"以优秀结

项，主持的校级大创课题"南京市公共设施空间分布合理性评价——以南京市医疗服务设施为例"也在结项中。她积极参与学科竞赛，获得全国大学生土地利用规划技能大赛一等奖、全国大学生土地国情调查大赛和"共享杯"服务创新大赛三等奖、校节能减排大赛一等奖等。大三期间她参与到导师的国家自然科学基金重点项目中，跟随参与南京市政府参事会议，并以第一作者在核心期刊发表论文 1 篇。

与此同时，她深知要想提升自己的专业能力，仅仅在国内学习知识是不够的，需要接触吸收更多的前沿知识。大二暑假她通过江苏省境外奖学金项目的机会，前往美国圣路易斯大学学习地理信息系统专业。在学习交流的日子里，她每天读一篇国外的研究文献，充分利用学习资源，和教授交流自己的想法。这样的学习让她的思维更加发散，也对地理有了更多的想法。

用爱发电，温暖他人

殷悦入校以来就以加入中国共产党为自己的目标，早早地递交了入党申请书。大二时，她有幸成了校第十一期青马工程培训班和第七期先锋党校的一员，她意识到作为本科生党员，不仅要在学习上督促自己，而且在思想和行为上也得不断提升，要努力成为勇于承担新时代重任的青年。2020 年 6 月，她顺利成为一名光荣的正式党员，并且当选为本科生地理科学学院党支部书记。在班级中她还担任班级团支书，积极开展班级团党工作，组织各类团党活动，多次获评院"优秀团日活动"，所在团支部于 2019 年被评为"优秀团支部"。她脚踏实地做事，为学院学生团党建设献出自己的力量，也收获了校"优秀学生团员""优秀学生干部""优秀团干部"等荣誉。她积极参加志愿服务活动，如明心幼儿园志愿活动，为星星儿童带去自己的温暖；参与栖霞山志愿讲解，为游客带去贴心的服务；跟随先锋党校的小伙伴们前往八卦洲基层实习，感受基层工作者的辛劳。2020 年寒假，新冠疫情打乱了大家平静的生活。作为一名党员，她除了自愿捐出特殊党费以外，还积极参与"先锋之声——战'疫'当前"的制作与推送，开展线上普及抗疫知识活动，参加"信仰公开课——战'疫'云演讲"，用自己的声音给大家带去温暖。作为一名学生党员，她争做青年中的第一缕晨光。

用力奔跑，启航未来

她向往的大学生活是丰富多彩的，她希望在大学尝试更多东西，于是在对学习不懈怠的同时，更努力充实课余生活，将运动、主持等爱好和特长进一步发展培养，积极参加校内外的各类文艺活动。院十佳歌手大赛、迎新晚会、毕业晚会、科技节开闭幕仪式等等舞台上，都留下了她主持的身影。在院里她曾担任学生会副主席，参与组织了大大小小的活动，努力让学生会真正成为为同学服务的组织，她还带领学生会成员参加校星级学生会评选并获得四星级的成绩。大三时，她成了先锋导员，协助新生辅导员处理新生事宜，为老师排忧解难，也为新生提供最及时便利的帮助。大四的她，成了南师大第十五届优秀学子宣讲团团长，与小伙伴们给学弟学妹带去励志热血的大学故事。种种的收获装点了她的大学生活，也让她成为一个"发光"的人。

南师三年的生活，她在学习上孜孜不倦、勇敢前行；在工作中脚踏实地、力争上游；在活动里勇于尝试、发现新的自己……她始终以共产党员的标准严格要求着自己，在接下来的路途中，她也会继续坚持信念，更加努力成长，温暖他人也照亮自己。

人物简介

韩 冬

南京财经大学粮食与物资学院应用经济学专业 2018 级博士研究生。曾多次获校学业奖学金一等奖。主持江苏省研究生科研与实践创新计划 1 项、校 2018 年度博士生专项课题 1 项。以第一作者或第二作者（导师第一作者）发表 CSSCI 期刊论文 4 篇。

认真学习，专心生活

"自谦、自信、务实、超越"是南京财经大学的校训，也是韩冬在日常学习与生活中谨遵的行为准则。回顾在南财度过的求学生涯，"自谦"鼓励韩冬虚心求教，"自信"鼓励韩冬不断追求进步，"务实"教给韩冬专心与认真，"超越"则激励她勇于突破自我。

虚心求教，认真钻研

2018 年 9 月，韩冬成为南京财经大学粮食和物资学院应用经济学专业的一名博士研究生。在此之前，韩冬并未学习过粮食经济学，在入学之初，对粮食行业专业知识了解较少。为弥补自身在专业课上的不足，韩冬从入学开始就主动学习粮食行业相关知识，不断提升专业学识掌握程度。此外，她还积极参与粮食和物资学院组织的实地调研活动，在 2019—2020 年期间，先后赴江苏省粮食集团公司、江苏省沿海农业发展有限公司射阳金海岛基地、南通季和米业、三零面粉海安公司、吴淞江粮食物流产业园等地深入了解我国当前粮食加工企业生存、经营现状和粮食产业园运营情况。在调研过程中，韩冬积极向粮食企业负责人进行询问，了解粮食企业在粮食生产加工过程中存在哪些问题、面临的困境是什么、如何提供高质量的产品等实际问题，调研结束后，主动撰写调查研究报告，提出推动我国粮食产业发展的相关建议。

劳其心志，追求进步

博士入学后，韩冬对如何做科研和写文章一度非常迷茫，找不到研究方向。在导师李光泗教授的指导下，韩冬逐步进入了科研状态，踏入了新的研究领域。在写文章的过程中，韩冬尝试打开视野，大量阅读国内外文献，掌握科研动态与发展方向，熟悉研究方向的现状、方法，积极与导师进行交流，仔细梳理前人的研究成果，并争取在前人的基础上不断创新。同时，她还注重了解当前粮食经济领域出现的新问题与交叉学科的联系，拓展自身的研究方向。其间，韩冬始终保持良好的学习状态，为自己制订了详细的科研工作计划，每天保证8个小时以上地读书、写作，每个学期打磨出一篇较高质量的文章。在博士研究生的第四个学期，韩冬就达到了博士毕业要求，并主持江苏省研究生科研与实践创新计划"中国大豆进口市场的竞争结构分析：基于市场势力视角"，主持校2018年度博士生专项课题"主粮进口替代对国内外粮食供需格局的影响"。

乐于奉献，心有大爱

2020年初，新冠疫情来势汹汹，一时间，口罩、消毒液成为生活的必需品，甚至部分医院也没有足够的口罩。面对这种情况，韩冬觉得自己应该做些力所能及的事。从1月28日起，韩冬就联系亲朋好友争分夺秒地寻找合格的口罩货源，从韩国药店以及官方网站Gmarket上购买了近5 000片合格的KF94防疫口罩进行捐赠，随后还帮助了70余名买不到口罩的人分文不加地用快递国际直邮给他们。疫情当前，韩冬贡献了自己的一份力量，虽然微不足道，但若每一个人都可以发出荧荧之光，这微光必将聚成星河，照亮我们前行的路。

没有一个冬天不会过去，没有一个春天不会到来。

人物简介

任雨洁

南京财经大学会计学院会计学专业 2018 级本科生。曾获国家奖学金、校学习优秀奖学金一等奖、素质拓展奖学金、"普译奖"全国大学生英语写作大赛一等奖等,被评为校"抗疫先进个人"等。

拾往昔,忆成长

时间如白驹过隙,两年的时间悄然而逝,我从初入大学时的懵懂,到慢慢体会到生活之道,大学带给我的改变是潜移默化的,拾起过去的记忆碎片,每一片都是我一生的珍贵财富。

立心于简,生活不负

我是一个平凡的学生,没有过人的聪明才智,但有着一份认真踏实的生活态度。我认为自己是幸运的,但这份幸运也绝非偶然,我始终相信"越努力,越幸运",因此我一直默默地努力着,期待生活中的一切美好。

"每一个优秀的人,都有一段沉默的时光。那段时光,我们把它叫作'扎根'。"我们都一样,心中怀有高大的梦想,对未来迷茫,踌躇不定。大一时,我面对转专业的选择,因绩点不够差点望而却步,始终无法确定自己是否足够强大,最后我选择抛开一切杂念,遵循内心深处最纯粹的想法,连续两个月每天晚上跑图书馆,学习到接近 11 点。支撑我的仅仅是那一句很简单的话:"我要悄悄拔尖,然后惊艳所有人!"那段时光,我忍受孤独寂寞,遭遇怀疑否定,但不抱怨不哭诉,立心于简,默默付出,坚信生活定不负有心人!最后,我以原专业第一名的成绩转入了会计学院会计学专业。

守心于笃，毅然前行

大二是最忙碌的一年，作业、课程都很多，对于转专业的我，会计专业课是一个很大的挑战。那时的我身兼数职，是一名学生，也是班级团支部书记和学生事务中心权益部部长。白天我四处跑教室上课，晚上处理团组织的工作和部长事务，将双休日的娱乐时间挪给专业学习，挤出时间参与各类学科竞赛和志愿活动。我用自己的切身实践证明了工作、学习的事务是可以多方面兼顾的。现在回想起那段穿梭在校园中的时光，面对着学习与工作的压力，我选择了咬牙坚持，毅然前行，沉浸于自己的努力，满足于生活的充实。经过大二一年的努力，我获得了学习优秀奖学金一等奖、素质拓展奖学金，获评"优秀学生干部"等。

我深知全面发展的重要性，主动参与各类学科竞赛和校园活动，让自己了解更多的知识、拥有不同的经历、接触更多的伙伴，启发自己主动去思考、发现、觉悟，重新认识自己，锻炼自己的综合能力，幸运的是还获得了"普译奖"全国英语写作大赛一等奖、校运动会团体操第一名、校书法大赛二等奖等多个奖项。

心怀感恩，得心于真

大二上学期，我有幸加入了校青年志愿者协会的红十字会，此后，我参与了"希望之星"志愿服务、新生体检维持秩序、驻村宣传垃圾分类、院学业帮扶、龙潭残疾人之家等多项活动，我也因此荣获院"优秀志愿者"、校"优秀青年志愿者"称号以及志愿者服务证书。

2020年疫情期间，我在做好自身防护的同时，积极投身到为期三周的"友爱港城"志愿活动中。我每天上午随同父亲一起去小区定点巡逻，宣传疫情防控知识，上门排查近百户人家，及时制止聚众打牌、亲友聚会，走访超市门店，对公共场所进行消杀。每天中午12点到下午3点，我在小区唯一的出入口协助社区工作人员登记返乡人员信息，检查进出车辆通行证及测量来往人员体温。夜晚是防控疫情的重要时段，我经常和母亲一起前往防控点位陪父亲站岗，为社区工作人员分担工作。

2月15日那天傍晚，受强冷空气影响，气温骤降12度，还下起了大雪。风雪中，我依然坚守在防控点位上。当我转身时，一位居民递上一杯冒着热气的姜茶，那一刻，指尖的暖意直戳我心，他郑重地拍拍我的肩，说："小姑娘，辛苦了！"虽是简单的一句话，但让我更加坚定了内心的想法，坚持就是胜利！我们并不因严寒而懈怠，相反正因凛冬已至才更让人感到暖春可期！3月5日学雷锋日，在社区开展的"守望相助，感恩有你"活动中，我收到了一封感谢信、一张志愿者证书和一朵鲜花作为参与抗疫志愿服务的纪念。雷

锋精神于我有了更为特别的意义，它永不过时，永不褪色。此外，我撰写的抗疫故事被学院评为"优秀宅家故事"，先后在社区、学院、学校微信公众号上发表，我被评为校"抗疫先进个人"，并获得了苏州市颁发的抗疫志愿者服务证书。不少人问我为什么会在疫情如此严峻的时刻选择成为志愿者，我想是因为心中的那份笃定、那份坚持，更是因为对脚下这片土地的热爱。

未来，我将依旧坚守内心的纯粹，坚持做真实的自我，牢记新时代青年的使命，笃定从容，脚步铿锵。

人物简介

王儒法

南京医科大学儿科学院儿科学专业 2019 级博士研究生。2019 年获江苏省卫生健康委医学新技术引进二等奖和江苏省妇幼健康引进新技术二等奖，2020 年获南京医科大学附属儿童医院"优秀教学秘书"和"优秀带教老师"称号。

做一名德才兼备的儿科医学博士

儿科俗称"哑科"，这得名于低龄儿童无法主诉病情，医生只能倾听父母叙述。因此，儿科医生首先一定要静下心来听家长讲述，不可先入为主，因为家长的观察有时比医生更为细致；其次就是要仔细查体，孩子虽然哭闹，但查体的体征能帮助医生做出合理正确的判断。选择儿科专业的王儒法坚持着"做一名有医德的、专业技术过硬的医生，将孩子的健康放在第一位，不辜负家长的期待与信任"的信念。

做一名专业过硬品德高尚的医学博士

专业实践中，王儒法阅读了大量小儿外科和小儿骨科的经典书籍、文献，理论知识过硬。书本上写的是基本的原则，临床工作中面对的是真实病人，他学会把书本知识灵活运用于临床实践。他认为病人的命运取决于遇见什么样的医生，如果是符合自己病情的专科医生，就容易得到合理有效的治疗。反之，则厄运不断，病情延误，得不到恰当的治疗，甚至受到伤害。所以他除了让自己的专业知识更加丰富以外，还学会了做一名有医德的医学博士，对病人常存关爱之心。

2020 年 8 月 14 日下午，他在骨科门诊接到南京市儿童医院医联体负责人梁主任的电话，说是一名 1 个月大的宝宝从高淳赶过来，左拇指赘生指发生了蒂扭转，问能不能紧急处理。按照疫情期间的住院要求，要孩子及父母完善核酸检测，才能办理住院，然后要完善所有的术前检查，才能安排手术，估计前后要 6—8 小时。但对于这名宝宝，时间就是生命，每耽误 1 分钟，坏死的风险就增加一分，后期伤口感染的风险就增大一分。其实赘生指切除的手术操作并不难，但有技巧，赘生指的蒂中间是一根很粗的营养血管，切除的瞬间会飙血，关键就是如何做到有效切除，同时减少出血。他在以往的临床工作中总结了一条经验就是切之前，在蒂周围预先缝两针不打结，切除后迅速打结，可有效减少出血。而 1 个月的宝宝要经受全麻手术，麻醉风险也比较大。综合以上情况，他在征得患儿家属同意的前提下，完善核酸检测，做好防护，在门诊为患儿实施局部麻醉下进行了赘生指切除，在最短的时间内解决了这一难题，把医疗风险降到最低，同时也减少了患儿的住院费用。临床工作中，他把病人的利益放在第一位的事情还有很多很多。

做一名敢于创新善于创新的医学博士

对临床工作中遇到的新事物，要不受惯性思维的桎梏，他学会了思考、总结，创作属于自己的东西。除了研读书本知识以外，他更多的是通过阅读文献及开会交流获得本专业的前沿动态，对新事物、新技术充满兴趣，不局限于原有的工作方式。他认为不能一味地重复机械劳动，有时间还是要多看书，多思考，多写文章。迄今为止他发表各类文章近 20 篇，其中 2019 年发表在《中华外科杂志》上的一篇文章《髋关节前侧短切口治疗儿童 Delbet Ⅱ型股骨颈骨折》是他的代表作。儿童股骨颈骨折的切开复位通常采用前侧 Smith-Petersen 入路或前外侧 Watson-Jones 入路，但针对 Delbet Ⅱ 型股骨颈骨折，这两种切口长，利用率低，创伤大，瘢痕影响美观。有没有一种既能完成手术又美观的切口呢？他根据 Delbet Ⅱ 型股骨颈骨折的解剖学特点、股三角区的重要血管神经及肌肉的解剖学关系，设计出以髂前下棘为中点的髋关节前侧短切口入路。该技术由他及他的骨科同事首创及首用，与国内外同类技术相比具有以下技术水平与优点：一是切口短小，长 3—4 厘米，有利于减少软组织损伤；二是沿腹股沟方向走行，与皮纹方向一致，张力小，术后形成瘢痕小，美观且隐蔽；三是对股外侧皮神经的暴露良好，有利于保护该神经，降低术后痛性神经瘤的形成和股外侧感觉减退的发生。该技术获得同行的一致认可，先后获得江苏省卫生健康委医学新技术引进二等奖和江苏省妇幼健康引进新技术二等奖。

做一名热爱教学言传身教的临床带教老师

医学博士不仅要救死扶伤，还要承担教学工作。他负责所在科室的教学任务，这对他来说是一种荣誉，更是一种责任。作为一名临床带教老师，既要有热爱教学的情怀，专业知识也要过硬，他给学生讲课之前，会将所有的教材、病例吃透。他认为，做一名好老师，前提是做一个善良的人，一个高尚的人。疫情期间的线上教学，对他也是一个挑战，作为一名小儿外科的助教，他要在手机及电脑客户端上第一时间为学生答疑，并在儿科学院组织的小儿外科答疑师生见面会上，对大家线上学习中存在的困惑及专业问题一一进行解答。2020年教师节他获得南京医科大学附属儿童医院"优秀教学秘书"和"优秀带教老师"的荣誉称号。他自己既是老师又是学生，这也让他把教学工作做得更加出色。

做一名对国家进步社会发展有用的医学博士

2020年8月6日至9日，儿科学院赴青海开展"南京医科大学儿科学院博士团健康义诊西部行"活动。他积极要求参加，此行旨在积极贯彻落实习近平总书记关于研究生教育重要指示精神、党中央国务院关于决战决胜脱贫攻坚的决策部署，健康扶贫，对口支援，为西部儿科事业发展贡献一份力量。他在青海省妇女儿童医院骨科病区，为正在接受住院治疗的患儿查房，与小儿骨科医务人员深入交流临床诊疗、教学、科研经验，为当地医务人员解决新问题，提供新方法。在本次活动中，他还在青海省妇女儿童医院、湟中区第一人民医院开展健康义诊，发挥自己的专业特色，有针对性地普及小儿多发疾病的预防和保健知识，服务西部患儿，让西北偏远地区儿童在家门口就能享受到优质医疗服务。他坚持把自己所学的专业知识毫无保留地与同行分享，并努力与当地医院建立长期合作关系，为国家健康扶贫的伟大事业贡献自己的微弱力量。

王儒法用美好心灵和精湛医术呵护每一位病人，他选择了从医，更选择了奉献。

人物简介

陈婧璇

中共预备党员，南京医科大学基础医学院基础医学专业2016级本科生。曾获费孝通立德奖学金、陈家震—蒋慧权校友奖学金、创新奖学金一等奖、"挑战杯"江苏省三等奖、江苏省大艺展合唱一等奖等。在SCIE收录刊物上发表文章1篇。

只争朝夕，不负韶华

"学医很苦，你，准备好了吗？"对医学生来说，进入医学院学习，不是"解放"了，而是面对更大的艰辛和挑战。

投身基础科研，信念不能舍弃

选择基础医学专业，是因为看到临床上有太多只能治疗而非治愈的慢性疾病影响着人类的身心健康，陈婧璇希望有能力去摸索这些疾病背后的环路机制，并进一步找到特定的分子靶点和临床转化的方法。"曾有人跟我说，基础医学这个专业太年轻了，没有前人经验会很难走，不如去学临床吧。"陈婧璇回忆入学前，和前辈们交流时说的话。"但是我不怕，没有经验就自己摸索经验，没有前人我就做第一个人。国家需要基础科研，就是需要有人敢于去做这个选择的。"

从走进南京医科大学起，陈婧璇就抱着摸石头过河的信念，希望用自己的五年学习时间，告诉后面的学弟学妹们，基础医学的道路可以大胆走，不要怕科研苦，不要怕摔跟头，"我能走出来，你们都能走出来。"大二的时候，陈婧璇接手了她的第一个课题"心脏先天发育"，她跟随老师完成了两个基因在心脏发育中的机制研究。"单纯的基因层面研究，是不是太过局限了呢？"陈婧璇提出这样的疑惑。"目前的基因编辑技术受到脱靶率和随机性的限制，并不能够运用于人类。基因层面的研究成果对临床的帮助，更多在于孕检基因检测上面，这是个很无奈的结果，如果检出先天发育缺陷，只能舍弃胎儿，很难干预。"

幸运的是，陈婧璇当时所在的实验室正是研究公共卫生对人类健康干预的，后期他们课题组将视角转向脂代谢，进一步摸索高胆固醇饮食对心脏发育的影响。"我们目前能做的，是给出科学的论证结果，让妈妈们去理解胎儿的健康，能够通过调节自己的孕期饮食来最大限度地保证胎儿的健康，至少不要因为可以规避的错误留下遗憾。"走进实验室，进一步让陈婧璇意识到，基础科研应该以临床需求为导向。

经历过失败的无奈，也经历过成功的喜悦，陈婧璇用三年的时间参与到六个方向的十余个课题中，独立完成了一篇中文综述，以第一作者在 SCIE 收录刊物上发表一篇科研论文。她还参加挑战杯比赛获得省级三等奖，参加创新杯比赛获得校赛银奖。"路都是自己走的。"陈婧璇提起过往的选择毫不后悔。2020 年夏天，陈婧璇收到了北京大学医学部直博生的拟录取通知书，也有幸获得北京大学拔尖人才奖励计划奖学金，她坚信，自己能够带着使命和初心，为基础科研奋斗终身。

从事社会工作，热情不会磨灭

"我是陈婧璇，大家都认识我吧，跳过自我介绍的环节啦！"在奖学金获得者经验交流会上，陈婧璇看向台下四个年级的学弟学妹们，玩笑着说。她的这股底气，不仅来源于平常随时随地为同学们答疑解惑，更来源于四年中几乎没有中断过的学生工作。

陈婧璇曾任基础专业团总支学生会副主席，经历第九届、第十届、第十一届主席团，32 个月的时间，主席轮流转，她这位分管宣传的副主席却一直没变过。出身文娱部副部长的她，在学院的期待下，接手了新闻宣传工作。"这是一面旗帜，是学院的门面，不能丢。"在此前几乎是零基础的情况下，陈婧璇从建立平台到技术培训，从策划思路到执行速度，培养出四届优秀的接班人。宣传部门，也由零散的科技、通讯、宣传整合成有统一领导架构的新闻宣传中心。"最难的不是技能培训，想学什么我都能找到老师教他们。但是对工作保持热情和对宣传思路的创新，是要在一次次历练中慢慢打磨的。"陈婧璇最骄傲的是，每一届的干事们都能给出很好的策划方案，在一次又一次的专栏改版、底栏调整、方案更新后，如今学院的宣传工作蓬勃发展。

"见证"专栏是第一届干事们拿出来的方案，以采访学院优秀学子、见证学院校友风采为宗旨，用推送的方式留下"大佬"们的多彩印记。随后，为了更好地服务同学，陈婧璇利用"见证"专栏搭建导师和学生交流的平台，依托学院丰富的博导资源，对本科生开放实验室招募要求，从教授、小老师、实验室研究生的不同视角，讲述每个实验室的独一无二，建议同学们按照自己的脾性喜好主动和老师们匹配，进入实验室学习基础科研技能。

"我做学生工作,没什么功利心,就是喜欢而已。"提到对工作的热情,陈婧璇十分纯粹地表达。"我希望能给别人带来快乐,他们需要什么,我们就给出什么。"大学期间,她还担任学校"天元之声"合唱团女高声部首席,积极报名参加第五届江苏省大学生艺术展演,也曾站上江苏大剧院紫金合唱节的舞台,用声音传递医学的温度和幸福。

陈婧璇选择了医学,选择了温度、情怀和责任;选择了基础科研,选择了卓越、奋斗和奉献。这一路,她不忘初心,砥砺前行,只争朝夕,不负韶华。

人物简介

余 成

中共预备党员，南京中医药大学护理学院护理专业2018级本科生。曾获国家奖学金、费孝通立德奖学金、校人民奖学金一等奖、朱敬文特别奖学金等，被评为校"抗疫先进个人""优秀学生干部""红十字会大学生分会优秀志愿者"等。主持省级大学生创新创业训练项目1项。

"男"丁格尔，须眉不让巾帼

展卷临风欲自强

余成来自江西南昌一个四口人的农村家庭，自小便深知生活的不易，在进入大学前就树立了"男儿当自强"的信念。

假期生活伊始，他便开始做大量的兼职工作：家教、学校本科招办助理、学院实验室助理……他记得在做健身卡推销时，38℃的高温天气，一出门就裹挟在热浪里，太阳晒得人睁不开眼睛，但为了能够自食其力，减轻家庭负担，他依然坚持每天跑8个小区，日常步数两三万，却连续几天绩效为零。所幸学习是一件付出努力就一定能获得回报的事情，每天7点的闹钟是他当天学习生活的开始，夜晚露重月色浓是他学习结束后常常看见的美景。这种生活被同学们戏称为"白加黑"，但摞起来有13厘米厚的笔记搭建了他成绩进步的阶梯，他实现了绩点由3到4的突破，并揽获校内外多项奖学金，科创项目获省级立项，还在江苏省"互联网+"大赛中获得三等奖。

他体会过煎熬，也获得过满足，当初烈日寒冬的煎熬与痛苦，随着时间的推移慢慢淡了下去，而坚韧的品性却被打磨得熠熠生辉。

……"男"丁格尔，须眉不让巾帼　　余　成

长风破浪会有时

当班长两年多，班长这个称呼，他被喊了无数次。

"如果你都不能让班上同学有归属感，再多的努力，班级也不能算是一个真正的集体。"这是他在竞选班长时说的话。他明白如果不能有共同语言，班级就无法拥有活力，为了让班级同学有归属感，他举办各种文体活动，如紫金山净山活动、国悦养老院敬老活动、读书分享会等，更是通过班徽设计大赛，投票选出了大家心仪的班徽，让大家拥有了仪式感。如果仅仅是玩乐，没有共同奋斗目标，大家的归属感也仅仅停留在表面，所以他将学习作为班级的共同奋斗目标，同学习委员一起积极带动学风建设，坚持以课上听讲为核心、课下巩固为基础创立了各项制度。班级绩点从大一下至大二下连续三学期稳居年级第一，成了"学霸班"，更是在2020年获得了南中医"十佳班级"的称号，让班级归属感既有了活泼欢乐的外表，也有了坚实可靠的内在。"班长"一词虽轻，责任与担子实则千斤重。

愿以无私付青春

想到家乡有许多人因不了解急救知识而错过挽救生命的机会，他在刚开学便加入了南京中医药大学红十字会大学生分会，以应急救护宣传为他志愿工作的起点。

从2018年到2020年他始终走在普及应急救护知识第一线，先后进入社区高校，与护理学院一同完成了约700名救护员的培训工作。在2019年10月的南京马拉松活动中，他及时发现并预判一位用力不当的外国友人可能发生了左腿内踝骨损伤，及时呼叫最近的救护员后，由于此处赛道偏窄处于紫金山上坡路段，选手在此速度渐渐放缓，数量也渐渐增多，救护车无法进入，医疗点医生也不能立马赶到，他边安慰伤者，边为她做了拉伸，并向其他参赛者要了冰块，做了冰敷等简单处理。这时，他看见不远处有一辆武警的安保车辆停在那儿，便上前与武警战士协商，得到允许后，他和蓝天救援队的急救员一起将这位外国友人扶上车，送至医院妥善处理。此次事件被栖霞区红十字会表彰，他所在的团队也被评为"南京马拉松优秀志愿者团队"。

新冠肆虐人情暖

2020年初，新冠疫情来袭，他汇聚了自己能集合的力量，上不了前线就做好后勤工作，呼吁班级同学、社团伙伴一起为打败新冠肺炎做出努力。

"您好，我是咱们村的，请您戴好口罩，我来检测一下您的体温。"这是他在家乡村口检查通行者体温时说得最多的一句话，为守好疫情防控第一道关口，他细致摸排，不漏一

人,为村子里的居民筑起了阻断疫情传播的牢固防线。他积极参与学校组织的"子女守护计划",为前去一线的医护人员做好后勤工作。他以"你画我猜"的形式趣味性地为医护人员子女讲解古文的奥妙,在课余时间与孩子们连线聊天,分享自己在大学中的见闻与思考,教会孩子们如何在家防疫,在家抗疫,被孩子们称为知心暖心小哥哥,收获了大家的一致称赞,被评为校"优秀抗疫先进个人"。

众多奖状荣誉充实了他的大学岁月,但他深知自己仍要以谦卑之敬畏,谋伟大之不畏,做一个新时代的"男"丁格尔。

人物简介

刘紫娴

中共预备党员,南京艺术学院电影电视学院影视策划与制片专业2017级本科生。曾多次获国家励志奖学金、校二等奖学金,被评为校"三好学生"等。

不忘初心,志存高远

来到南京艺术学院,刘紫娴打开了人生的又一扇新大门,从懵懂无知的少年到确定目标的追梦人,她不断提升自己、积蓄能量,砥砺前行。

心有所信,择己所爱

刘紫娴出生在湖北省宜昌市,鄂西滔滔的长江水塑造了她千磨万击但细水长流的性格。她出生在一个普通的家庭,父亲用勤奋撑起家庭的重担,她也从父亲身上耳濡目染地学到了勤奋的重要性,深知只有努力才能书写未来,只有自强才是真正的强大。家中角落古朴的木质书柜是母亲的宝藏,里面有许多的文学作品和光碟,父母整日在外忙碌时,年幼的她经常会将看书或看电影作为自己的娱乐,荧幕中视听语言的变换和光彩夺目的镜头对后来她选择影视专业有举足轻重的影响。她希望自己未来也可以用影像作为媒介,传达心中所想,成为一个传递正能量的人。心有所信,方能远行。大学期间,她不负父母期望,多次获得优秀学生奖学金、校"三好学生"等荣誉。她在思想上积极上进,2018年主动提交了入党申请书,时刻关注党和国家的发展形势,学习先进的思想理论,而今终于成了一名中共预备党员;在生活上,她保持谦逊有礼的态度,待人亲和;在学习上,她做好每一步规划,认真踏实地走好脚下的每一步路。

博学慎思，问道求索

习近平总书记勉励大学生："年轻人在学校要心无旁骛，学成文武艺，报效祖国和人民，报效中华民族。"她深知学习并不是一朝一夕的事情，需要日积月累。在大学期间，她认认真真、积极主动地学习每一堂专业课，并做好相关笔记。四年来，分史论和理论两方面她整理了五本专业课笔记。作为影视策划专业的学生，需要对电影史、电视史和经典电影有熟练的把握，史论的学习和记忆烦琐且困难，背诵过的内容很容易忘记。为了解决这个困难，她充分利用课余的时间，在图书馆借阅相关书籍，对知识的整体框架有了更加清晰细致的认知，然后对整合后的知识进行重新记忆，将这些理论印刻在脑海中。除此之外，阅读戏剧剧本和观看影片也是一项"大工程"，但是她相信，兴趣是最好的老师，"热爱"本身就是一件幸福的事情，从人物的对话中感受人物的情感，在镜头的跳跃中探索电影新的可能性，三年下来她的阅片量已经达到了近千部。

学习之后再思考、整合知识框架和撰写文章是她内化知识的方法。对于已学的知识，通过构建知识框架的方式梳理自己的学习体系，对庞杂的知识进行了有序的分类，她触类旁通地拥有了新的学习体验。知识的整合让她拥有了"百宝箱"，而写文章则是在"百宝箱"中挑选自己最需要的武器，经常写作让她的学术写作能力有了进一步的提升，在期末影视策划的课程上，她巧妙的思考和令人惊喜的方案获得了不错的分数，她欣喜地看到了自己的进步和成长。

脚踏实地，实践真理

习近平总书记对青年大学生说："在艰苦奋斗中砥砺意志品质，在实践中增长工作本领。"当代的大学生要在感悟时代、紧跟时代中珍惜韶华，自觉按照党和人民的要求锤炼自己、提高自己。从大一加入影视学院学生会媒体部开始，她就通过工作学习了公众号编辑、摄影、剪辑等多项技能，后担任媒体部的副部长，参与影视学院的学生宣传工作。大二时，她参与了由南京艺术学院主办的第八届中国电影史年会，作为本科宣传组组长，她撰写新闻稿，和新华网、扬子晚报等主流媒体对接，在此过程中她对严谨二字有了更加深刻的理解。大三时，她担任影视学院记者团团长，参与发布两个学院公众号——"南艺影院"和"影院团学"的推文，同时协助运营学院网站。她共参与发布公众号文章78篇，账号关注量增加一倍，多篇文章阅读量过万。其中，在撰写文章《那些年，南京上空陪伴我们的影院声音》时，她花了整整一个月的时间对十位以上在南京电台工作的南艺播音专业毕业生进行采访，后期对大量繁多杂乱的材料进行细致的整合，对于文字的把握更是精益求精，最后去繁求简。学生记者团的工作锻炼了她的团队领导能力和组织能力，让她能

有条不紊地处理各项事务,合理分配和规划未来的工作。她深刻体会到宣传工作要做到正确的价值输出,承担起举旗帜、兴文化、展形象的使命任务,要坚持党的领导和正确的政治方向,在工作质量和水平上下功夫。

  当代大学生正处于一个伟大的时代,有着伟大的目标,可谓生逢其时、责任重大。回首来时的路,她虽有遗憾但无愧于心;前望正奔赴的远方,她虽有迷茫困惑但无惧前行。大学四年的生活,带给她的不仅是鲜花、奖状和荣誉,更是前进的底气、不竭的动力和载着希望的能量。她将不忘初心,志存高远,用勤奋种下梦想的种子,用青春书写华彩篇章。

人物简介

纪 宇

中共预备党员,南京工程学院工业中心自动化系统集成专业2017级本科生。曾获国家奖学金、校特等奖学金与一等奖学金、中国工程机器人大赛暨国际公开赛特等奖等,被评为江苏省"优秀学生干部"、校"优秀学生干部"等。

求真创新,绘就青春真底色

2017年的夏天,纪宇带着满心的喜悦与期望,来到了心目中的理想大学——南京工程学院。初入校园,途经树立在路旁的优秀学生光荣榜,那些金灿灿的名字在红色的底板上显得越发熠熠生辉,这让纪宇羡慕不已,他默默地在心底许下了一个愿望:有朝一日,自己也要"金榜题名"。

勤奋努力,求知求真

大学生的课程一开始,就让作为单招生的纪宇十分郁闷。单招生文化基础相对薄弱,因并非高考生源,所以在数学、英语等方面的学习劣势较为明显,他们往往需付出更大的努力才能获得和其他同学一样的成绩。纪宇深深地感到,大一阶段的学习是一座大山,要爬上去,到达顶峰,唯有勤奋努力。他铆足劲,要用汗水征服这座大山。

纪宇入学便培养起良好的学习习惯,包括课前预习、课中做笔记、课后练习,他每天比别人起得早,回得晚,节假日也常常在教室和图书馆度过。例如,C语言程序设计是第一门专业课,他从未接触过编程,完全跟不上老师的节奏,课本上的字符让他茫茫然然、昏昏欲睡,他处于"课前看不懂,上课听不懂,下课练不懂"的状态。面对这个拦路虎,纪宇的做法是:课上听不懂,就认真地记好笔记,课后利用网络和请教他人进行学习;大量地练习并尝试,多做例题,多在电脑上模拟;慢慢有点入门,他就把问题集中起来,问

老师，问同学，力争突破学习路上的每一点障碍。"知之为知之，不知为不知"是纪宇始终坚守的学习态度。汗水换来成功，纪宇的 C 语言实践课拿到了优秀等级，理论课以 93 分位居班级第一。

知行合一，创新创业

"学以致用"是南京工程学院的校训，"创业创新"是校园精神。在这样的良好氛围中，纪宇积极参加科技创新活动，主动加入学校创新学院实验室，并先后获得了中国机器人大赛特等奖、中国机器人技能大赛二等奖、电子设计竞赛省级一等奖等。依托创新活动的成果，他还和小伙伴们创立了南京驰恩科技有限公司，开启了创业历程。

纪宇在回顾创新创业的经历时说，大二之后他常常泡在科创实验室，寒暑假也几乎是生活在实验室，搞课题研究，做实验，进行项目公关，生活紧张而充实，过的是实验室、课堂、食堂三点一线的生活。

最令他难忘的是 2018 年他参加了第一个省级比赛——江苏省大学生机器人大赛。因为南京工程学院创新实验室在这项赛事中拥有"连冠"战绩，纪宇感到了巨大的压力。不想学校丢掉"连冠"的他，从 4 月就开始学习相关知识，研究传感器、单片机、PID 控制等，暑假也留校备赛。临近比赛，他常常在实验室通宵达旦地调试机器人，不止一次被宿舍阿姨打电话催着回宿舍，后来不得已，干脆请假住在实验室。在纪宇带着团队取得冠军、捧回奖杯的时候，他笑着说："我那时感觉自己要上宿管阿姨的黑名单了。"

正视自己，明德修身

鲁迅曾说过，"必须敢于正视，这才可望敢想、敢说、敢做、敢当"。

刚入学时的纪宇还很腼腆，不好意思和陌生人说话，站在讲台上更是说不出话。他下定决心，正视并改变自己，要成为毫不畏惧金色舞台与聚光灯照射的人。他积极参加学生活动，在活动的组织和与人的沟通中不断成长。

正视自己，谦虚谨慎，过而能改，是纪宇提高个人品质和工作能力的法宝。为了锻炼演讲说话的能力，他准备好演讲稿，还请朋友帮忙点评，谦虚听取他人意见，一次次练习演讲姿势和语言，直到自己满意为止。

如今的纪宇已经是工业中心分团委副书记，作为江苏省优秀学生干部，他带领学生会开展了多项重大学生活动，获得师生的一致好评。纪宇认为自己变得优秀的同时，也要带动他人一起进步。举办活动时，在辅导员老师的指导下，纪宇总是先思考出几个可行的方案和老师、学长沟通商讨，最后拿到学生会集体讨论定下方案。对低年级的学生干部，他总是热心帮助并指导他们开展活动，以自己的实际行动，手把手地教他们做事。

回顾几年的大学生活，纪宇从一个腼腆、马虎的大男孩，慢慢成长为一个踏实、细致、有担当、成熟稳重的青年。过去的历练会成为他的盔甲，助他在未来的道路上披荆斩棘。他将谨记习近平总书记对广大青年学子的殷切期望，努力奋斗，忠于祖国，不负时代，把中华民族伟大复兴的历史责任担在肩上，在中华民族伟大复兴中放飞青春梦想。

人物简介

潘静怡

中共预备党员，南京晓庄学院教师教育学院小学教育（语文）专业 2017 级本科生。曾获校专业学习一等奖、二等奖、校微课大赛语文组一等奖、院授课大赛二等奖等，被评为南京市七彩童年绘画艺术项目"优秀志愿者"、社会实践"先进个人"、校"优秀学生""优秀学生干部"等。

用努力绘就蓝图

潘静怡的高考志愿表上，南京晓庄学院是第一志愿，小学教育（语文）是第一志愿专业。2017 年的金秋，带着欣喜与期待，她如愿以偿来到了那里。四年中，她认真踏实地学习、无怨无悔地奉献、积极热情地实践，不断战胜、突破自己，在最美的年纪描绘了最绚丽的色彩。

脚踏实地，事事用心

"尽自己的全力做事"一直是潘静怡秉持的原则。对待老师布置的作业，她会提前搜集很多资料，消化吸收书上、网上学者的观点后再来论述自己的见解，虽然需要花很多的时间和精力，但这种脚踏实地的态度，让她收获了很多。

记得大二上学期的古代文学课，老师让同学们赏析《诗经》，正值国庆放假，本可以好好放松一下，她却天天窝在家里查文献，最终，她找到了自己感兴趣的论点，决定论述"思无邪"的寓意。感到累了时，她就站起来伸个懒腰，看看窗外的灯火。妈妈问她："你连着写这么多天，不累吗？"她说："妈妈，不累是假的，我也想休息，但是我的心不允许我休息，我想尽自己最大的努力来完成这份作业。"无论做什么事情，她都没想过草草了事，没想过投机取巧，每一件事情、每一份作业，她都认真地用心对待。因为她知道这不仅仅是老师布置的任务，更是自我学习和提升的过程。

做作业如此，准备考试亦是如此。整理、归纳、思考、背诵，她和室友们一起用心备考。她见过晚上10点图书馆门外的鹅毛大雪、看到过凌晨4点沉寂幽静的校园、吃到过早上6点刚出炉的早饭……如果有人问她为什么要这么认真，她会说："我习惯尽自己的全力做事，既然要做，那为什么不把事情做到最好呢？"她没有超常的智力，也没有成功的捷径，她拥有的，是坚持、努力、踏实和认真。

无私奉献，只为笑靥

大一开学后不久，班级进行班委选举，潘静怡决定竞选学习委员。她站到讲台上，面向着同学们说道："从小学一年级开始到高中毕业，我做了十二年的学委，这仿佛成了除学生以外我在学校的第二个固定身份。我喜欢为同学们服务，喜欢带领大家共同进步，喜欢做老师和同学之间沟通的桥梁。如今，我来到了新的班级，希望同学们能信任我，给我一个机会，继续为大家服务。"最终她高票当选，开启了第十三年的学委生涯。

开学领教材，她顶着烈日，拖着行李箱，在教学楼间往返多次，只为了处理好领书过程中出现的问题；在室友熟睡的时候，她背着一书包学生证，撑着伞去给全班同学的学生证盖章；网络选课时，她一边忙着自己"抢课"，一边回复一条又一条同学的咨询消息，处理一个又一个突发情况。很多次她在饭桌上放下碗筷，当回复完所有消息的时候，头脑已经昏沉，饭菜也凉了……大家能看到的，是拿回来的新书、盖好章的学生证、添加好的课程、安排好的教室，却少有人知道她付出那么多时间和精力，但她甘之如饴。

当她忙得焦头烂额的时候，她也会想：好累，我为什么要做这么多事？为什么呢？她想可能是她对自己的高要求，情愿让日子过得忙碌，也不要让日子过得无聊，忙起来，才充实，才能在过程中找到自己的价值。也可能是她喜欢奉献的感觉，喜欢为大家服务，当她听到同学们真诚的感谢，看到他们开心的笑脸的时候，就觉得一切都值得了。

向阳而生，温柔坚定

潘静怡性格很好，待人友善，不争不抢。像春风一样温柔的外表下，却有着礁石一样坚定的内心，那是对目标、对梦想的执着。

因为热爱教育事业，她珍惜每一次见习的机会。在大四上学期的实习期间，她遇到了一位晓庄学院毕业的指导老师，莫名的亲切感使得她更加积极地向老师请教各种问题。得知老师第二天要上《猎人海力布》一课，她晚上回校后自己构思了教学内容，听课后和老师交流探讨听课感想，从教学环节中记住了很多值得学习的地方，比如：要把点评交给学生；指导朗读时，要让学生注意表情；学生小组讨论时，要做好巡视指导……交流完，她就把这些内容记在了本子上。之后备课《古诗三首》的过程中，她多次修改教案，忙到凌

晨，制作课件也力求精益求精。上完《古诗三首》，同学们都跟她说："潘老师，你能再上一节课吗？我们很喜欢你的课。"她发自内心地笑了，学生的喜爱、老师的赞赏，是她前进的动力，每天多看、多想、多写，都是在为实现梦想奠基。每一步，她都走得那么坚定，那么自信。

　　人生蓝图，努力绘就。潘静怡会继续朝着当一名优秀人民教师的目标，用心用情用爱，温柔又坚定地走下去！

人物简介

王玉良

中共预备党员,江苏警官学院治安管理系交通管理工程专业 2018 本科生。曾获国家奖学金、中国电信奖学金天翼奖、院二等奖学金、院一等奖学金、警方奖学金一等奖,记公安部个人三等功 1 次,被评为北京市公安局西城分局"红墙卫士"、校"三好学生标兵""优秀学生干部""优秀团员""专业学习先进个人""纪律作风先进个人""课外训练先进个人""素质拓展先进个人"等。

恪守藏蓝初心,走好从警之路

自进入江苏警官学院以来,王玉良同学时刻铭记"无私奉献"的校训,踏实进取,不断开拓,时刻以高标准、严要求约束自己,各方面素质全面发展。

勤奋学习,筑牢忠诚警魂

他思想上要求进步,坚持每天通过"新闻联播""青年大学习"等平台认真学习马克思主义,学习习近平新时代中国特色社会主义思想,坚决拥护中国特色社会主义道路。同时他努力学习党的知识,思想上积极向党组织靠拢,于 2020 年 11 月成为中共预备党员,为身边的同学树立了良好榜样。

他在校努力学习专业知识,认真完成老师布置的各项作业,课堂上认真听讲、勤做笔记,每学期智育成绩均处在区队前三、男生第一的位置,因学习成绩优异多次获得国家奖学金、警方奖学金、中国电信奖学金、学院优秀学生奖学金等,并凭借院男生第一名的成绩被录取为学院第八期警务研究人才训练班成员。

他注重课外学习技能的拓展,目前已通过英语四、六级考试、江苏省计算机一级、国家计算机三级、计算机技术与软件专业技术资格中级考试等,普通话获得二级乙等证书。

他注重科研创新,主持大创项目"头盔对电动自行车驾驶人的保护效果评价——基于

PC-Crash 的再现分析"与"基于 PC-Crash 的交通事故现场应急车辆防御性摆放研究",在省级期刊发表论文 1 篇。

严于律己,服从警务管理

他自入校以来,严格遵守警务化管理各项规定,内务水平与队列素质高,在同学间起到模范带头作用。在日常工作中,作为自管会副主席、区队长,他着力于提高大队内务水平,做好纪律作风建设,与同学相处融洽,能深入了解同学的思想状况并及时汇报给队长,协助队长开展工作。他以"出门看队伍,进门看内务"为指导思想,内务、队列两头抓,创新性提出"宿舍网格化管理",与队长定期深入各个宿舍,以宿舍为单位进行检查、总结、改进。

他主动协助队长进行学风建设,营造"求真知、重实学"的氛围,如在英语四、六级备考期间,他积极营造优良学习氛围,组织每日早读听力训练,最终 2018 级交管区队大学英语四级一次通过率为 100%,六级一次通过率为 70%。

他积极参与校内外勤务,如新中国成立 70 周年北京安保、南京马拉松安保、江北新区马拉松安保、公安专业毕业生面试安保、公安院校招生勤务等,在不少勤务中担任过重要职务。在新中国成立 70 周年的安保任务中,他认真履行安保人员职责,勇于担当作为,积极协助带队老师进行队伍的组织管理,配合驻地派出所落实勤务任务安排,及时上传下达工作信息,确保勤务任务无缝对接;他坚守岗位,坚持原则,在安保过程中果断拦截冲卡人员累计 15 人,逐一排查车辆累计 200 辆,疏散群众累计 1 000 人,热心帮助群众解决问题,耐心答疑解惑,为群众指点出行路线,及时处理群众随意拍照的问题,提醒删除以防泄密。此外,他沉着应对并妥善处置多起突发状况,拦截醉酒冲卡人员 1 人,并护送其安全到家,疏散妨碍安保工作车辆通行的人员,及时排除安全隐患,帮助警戒区内走失孩童找到父母,发挥外语特长为多名外国友人指路等等,在这一安保任务中他荣立公安部个人三等功。

积极拓展,彰显学警风采

他爱好广泛,积极参加学院、大队组织的各项活动,如院"十佳歌手"比赛、"治安好声音"等,获院"十佳歌手"称号、"治安好声音"亚军等。

他擅长摄影,曾在"警院杯"摄影比赛中获得二等奖、大众审美奖,所拍摄的仪仗队"最帅制服变身"视频在社会上引起较大反响,获得人民日报等官媒转发,阅读量达千万次,登上抖音、微博热搜排行榜,为学院宣传工作做出了贡献。

他多次为创新各类团活动出谋划策,促使同学团结友爱、互帮互助。他还积极参与社会实践。根据学院安排，他在盐城市公安局交通警察支队实习，主要进行道路违法行为查处、道路交通事故处理、大型活动交通保障等活动。他始终牢记"无私奉献"的校训，踏实、认真地做好本职工作，在实践中深入锤炼警务技能，提升自身业务能力水平。面对群众提出的困难，他积极出点子、想办法，树立"以人为本"的理念，努力提升群众满意度，赢得了单位领导的一致好评。

他积极响应团中央对大学生暑期"三下乡"的号召，利用暑假积极组织并前往连云港市东海县参与了江苏警官学院治安管理系二大队"七彩阳光"社团三下乡活动，多次向中青网投稿，提供较多摄影作品并获得录用，带领团队获得团中央"优秀报道奖"。

天行健，君子以自强不息；地势坤，君子以厚德载物。王玉良同学定会恪守藏蓝初心，勇担藏蓝重任，砥砺奋进，再创佳绩！

人物简介

张宇亭

中共党员，三江学院电子信息工程学院电子信息工程专业 2017 级本科生。曾获国家奖学金、国家励志奖学金、第十六届"瑞华杯"暨"挑战杯"全国竞赛三等奖、江苏省"互联网+"创新创业大赛二等奖等，被评为江苏省"三好学生"、校"榜样力量年度人物"等。

宝剑锋从磨砺出，梅花香自苦寒来

作为一个敢闯敢拼的女孩儿，大学四年来，张宇亭用行动向我们展现了什么是无限可能。一路走来，风雨兼程，历练出的是成长，磨砺出的是品行，坚持不懈的是信念，永不放弃的是追求。

不经一番寒彻骨，怎得梅花扑鼻香

张宇亭出生在一个农村家庭，家里人口众多，仅靠父母耕种几亩地的微薄收入维持生活。爷爷、父亲和她都是一级听力残疾，家里生活因此也更加困难。

从记事起，她就经常耳鸣，每天从早到晚一直有类似汽车鸣笛的声音在耳边环绕，夜不能眠，然而艰苦的环境没有磨灭她奋发图强的志向，而是更加坚定了她要去看看外面世界的信念。2017 年夏天，幸运的她被三江学院电子信息工程专业录取，同年 9 月带着对大学生活的向往和家人的祝福，她踏上了前往南京的路途，也翻开了人生的新篇章。

背着行李，经过长达 18 小时的车程到达距家近千公里之外的三江学院，站在校门口的那一刻，她就暗下决心，要珍惜来之不易的机会，一定不辜负大学四年时光。她总坐在教室的第一排，课上认真听讲，紧紧跟随老师的节奏，积极思考并回答问题，课后及时整理学习内容，很多时候因为听力障碍，她不能完全理解授课内容，课后她就自己琢磨、找同学借笔记、找老师解难点……困难不能阻挡她对知识的渴求。

熬过漫漫寒冬，经过炎炎夏日，功夫不负有心人，她的学业成绩始终保持专业第一，获得了国家奖学金、国家励志奖学金、江苏省"三好学生"等荣誉，对于身有残疾的她来说，这些荣誉的背后是比常人更多的坚持和努力。

纸上得来终觉浅，绝知此事要躬行

大学的生活是丰富多彩的，有很多锻炼能力、提升综合素质的机会和平台，她努力把握好这些机会。担任班级团支书，她积极为班级建设提出自己的想法，组织丰富的班级活动，提高班级的凝聚力，她还重视班级学习氛围的营造，热心帮助学习有困难的同学提高成绩，受到老师和同学们的一致好评。

在大学期间，张宇亭始终有着清晰的规划和明确的方向，她把自己的时间安排得充实而丰富。在学好专业知识的同时，图书馆成为她日常打卡的地点，通过不懈努力，她取得了华为认证、英语四级、计算机等级考试、AUTOCAD（中级）证书等。因为重度听力障碍，英语等级考试对她来说难上加难，听力部分的成绩总是不理想，考了三次都没有成功通过，但她鼓足勇气重整旗鼓，在老师的帮助下努力加训阅读和写作部分，同时大量地翻阅背诵听力原文，在充分准备后终于获得了较理想的成绩。

作为电子信息专业的学生，她在学习专业知识的同时，坚持提高个人的实践技能。她从大二开学便加入实验室，和学长学姐们一起参加各类比赛。例如全国大学生电子设计竞赛、智能车、机器人比赛等，获得了江苏省"互联网+"创新创业大赛二等奖、"瑞华杯"暨"挑战杯"全国竞赛三等奖的好成绩。她说，在做项目和竞赛作品时，和团队成员默契配合，在实验室通宵达旦地测试的次数多得连自己都无法记清，每一次的突破都是质的飞跃，那段日子虽然很累，但心里很甜，尽管她听力很差但老师和同学都非常包容和迁就她，她学到了很多，也为专业发展夯实了基础。

滴水之恩万心暖，寸草之心三春晖

因为家庭经济困难，大学期间，张宇亭通过努力获得各类奖助学金，并利用课余时间兼职家教工作，为家里减轻了不少经济压力。她真心感谢党和政府的关怀和厚爱，以及学校、老师的大力培养，她珍惜这来之不易的机会，也更加热心公益。

2018年暑假，她参加大学生暑期"三下乡"社会实践活动，为村民传播科技支农的知识，并与村民一起研究农作物状况、病理，还参加了无偿献血；2019年暑假，她参加"圆梦公益"活动，在南京市建邺区做交通疏导志愿者；2020年新冠疫情袭来，她通过制作海报与短视频、写文章、捐款等方式为武汉加油。在疫情防控的紧要关头，恰逢新春佳节，也正是基层社区最缺人手的时候，她自愿担任志愿者，在疫情值班室驻守20多天，

登记过往人员及车辆信息并测量进出人员的体温等，工作期间尽职尽责、吃苦耐劳，她说："病毒虽可怕，但民心已经战胜了它。"

  天行健，君子以自强不息；地势坤，君子以厚德载物。坚持不懈地努力拼搏让她在逆境中不断乘风破浪，她像雄鹰搏击长空，不畏艰险，勇敢向前，身上展现出新时代青年"有抱负、敢担当"的朝气和风采，用乐观自信的态度、自强不息的行动，为实现人生理想而不断奋斗，为国家发展助力。

人物简介

陈 楠

中共党员，江苏第二师范学院教育科学学院小学教育（师范定向）专业2017级本科生。曾获国家奖学金、校一等奖学金六次、全国大学生数学竞赛三等奖、长三角师范生教学基本功大赛一等奖、江苏省师范生教学基本功大赛一等奖等，被评为中国大学生"自强之星"、江苏省"三好学生""优秀共青团员""疫情防控优秀志愿者""大学生抗疫先进个人"、校"优秀共产党员""优秀学生干部"等。

愿化雨露润春林

陈楠用四年的时间找到了自己存在的意义和价值。她出身农村，在往后漫长的日子里还会继续坚守在乡村，践行初心、守护童心。

汇聚点滴，厚积薄发

清晨6：30的食堂又一次出现了陈楠的身影，朝六晚十二——这是她的日常作息。自入学起，教室前两排就是她的"专属宝座"，教学楼二楼的大厅也总回荡着她背诵单词的声音……在备战师范生基本功大赛期间，她不断地听课、磨课、演课，教学设计刚刚完成，演课后又被再次推翻，一段内容经常要这样打磨多次。为了让教学设计更贴近学生，她进校园、记优课、访名师、啃文献、做调研……一个月的时间，她的思考记满了3本厚厚的笔记本。也正是这样的信念和努力，她先后斩获了江苏省师范生教学基本功大赛一等奖、长三角师范生教学基本功大赛一等奖。

她的生活看似忙碌而单调，但宽广的兴趣范围和灵活的时间调度让她的世界绚烂多姿。她学的是数学，也爱书法和绘画，她靠合理的时间分配实现了文理兼修，艺术与文学涵养了她丰沛的情感和敏锐的感知，而数学则教会她理性思考和探索发现。她也由此获得了全国大学生数学竞赛三等奖、全国硬笔书法比赛一等奖。正是这种向内深耕和向外探索

的态度让她对许多事情有了独特的理解。她说："教育追求的是对人的包容、接纳和尊重，而这与我们处事原则也相融相通。"二师是她教育梦想开始的地方，她在这里汲取营养，大步向前。

与风同行，坚守责任

她扎根教育专业，但并不固守一方。党员、班级学习委员、校学生会主席、书法社社长……如果问是什么让她同时兼顾这么多身份还转换自如，那一定是责任。就像陈楠说的那样："在学生会你是大家的'楠姐'，那你在最忙最累的时候就必须要身先士卒；你是党员，那你在抗击疫情的时候就必须要出人出力，这是理所当然的事。"

为了将学联学生会改革方案落到实处，陈楠打算带领学生会成员举办学生代表大会。可因为与上一届学代会开会已相隔多年，资料留存甚少，没人知道学代会具体该怎么办，于是她翻阅了各类资料，前前后后忙碌了三个月，制定了符合本校情况的方案，为各类事项编制了数个模板和相应的解释说明，每项材料核对了近20遍。那段时间她总是踩着学生宿舍的门禁时间回寝室，微信和QQ好友人数激增，信息不断。而正是这种对每个环节的耐心打磨，让学代会真正做到了为学生发声，获得了同学们的热烈讨论和交口称赞。

她活动在校园中每个需要她的地方，就这样带着大家干成了一件又一件"难事"。她也代表学生会走出去，参加溧水区"书记市民面对面"，为溧水发展献策；作为青年观察员去常州考察基层团情，学习团组织建设。江苏省"优秀共青团员"、校"优秀共产党员"，这些荣誉称号的背后是她对学生组织的热爱和对责任的坚守，她与众多志同道合的朋友一起奋斗、共同追梦。

化雨润林，守护童心

"我们可以叫你'南瓜老师'吗？"在志愿者"佩奇老师"的引导下，这个跟随陈楠三年的称呼就这样诞生了。2019年，陈楠加入了"未成年人关护中心"，为当地的孩子们开展心理健康教育活动。在一次情绪管理的活动中，她通过交谈发现参加这场活动的孩子多少都受过一些轻微的"校园欺凌"，但无法通过合适的方式把负面情绪宣泄出来。于是她和同行的社工们将积极有效的情绪管理方法用童话故事的方式表演给孩子们看，带着孩子们玩游戏，用陪伴温暖他们的心灵。知道她名字里有个"楠"字，孩子们亲切地称她为"南瓜老师"。正是这次契机，让她重新意识到了教师的意义和志愿服务的价值。

2020年2月，陈楠参加了"最美逆行者子女守护计划"，为援鄂医护人员子女周周提供线上心理辅导与公益家教。为了给开展线上教学工作的周周爸爸减轻负担，她和周周一起策划了"数学小讲堂"，将数学知识用儿童的语言讲给儿童听，这种形式一上线就受到了小朋友们的喜爱，在周周班上迅速流行了起来。起初她是怀着"送温暖"的心情去服务，然而她却在每一次"遇见"中感受到了服务对象给予她的温暖和慰藉；慢慢地，她的服务时长积累到了 400 多小时，获得了江苏省"疫情防控优秀志愿者"、校"优秀青年志愿者"称号。对她而言，志愿服务是志愿，是自愿，也是甘愿。她愿做一滴平凡的雨露，润泽儿童的心灵。

"也许穷尽一生，我都只能影响很小的一部分人，但即便如此，我也渴望化为春雨，去滋养一片春林。"她希望成为一个拥有独立灵魂和丰盈心灵的人，回归乡梓、践行初心、守护童心。

人物简介

周文晴

南京特殊教育师范学院教育科学学院应用心理学专业2017级本科生。曾获第15届中国大学生"年度人物"入围奖、2020年交通银行残疾大学生励志奖,被评为中国大学生"自强之星"、江苏省"大学生年度人物"等。她是江苏省首位通过大学英语四、六级考试的视障学生。

用指尖"仰望"星空

出生于江苏省徐州市的周文晴,因先天性视神经萎缩而双目失明,八岁时便被送往离家千里的特殊教育学校开启了独在异乡的求学生涯。为了给生命以更多的可能性,高中毕业后,她毅然决定报考南京特殊教育师范学院接受高等融合教育。

敏而好学,绽放生命之花

缤纷多彩的大学生活丰富了她的世界,却也带给她更艰巨的挑战。虽然学校已将大部分纸质教材扫描成电子文档供她用读屏软件听读,然而转换后的电子教材难免存在错误,加上心理学专业涉及大量统计符号和脑成像图,读屏软件无法识别,一时间这些问题成为矗立在她面前的壁垒。

可即便如此,她的学年智育成绩始终稳居班级第一,获得一次国家奖学金、两次国家励志奖学金,她参与创作的剧本《光之翼》在仙林大学城第十二届心理情景剧大赛中斩获银奖。

2018年12月、2019年6月,她接连攻克大学英语四、六级考试,成为江苏省首位通过这两项考试的视障学生,被中央电视台、人民日报、新华社、共青团中央等多家媒体报道。2021年,周文晴参加了全国硕士研究生统一招生考试,报考中国人民大学应用心理学专业,成为首位参与此考试的视障学生,并以407分的成绩位列初试第9名,进入中国人民大学应用心理学专业面试环节。

穷且益坚，不坠青云之志

业余时间，周文晴将"读万卷书"作为对自己的要求。她充分利用南京特师的盲文阅览室及市面上各类电子书资源，瞻仰文学、史学、哲学的知识殿堂，她还在学校规定学分之外自行选修了武汉大学"西方哲学史"、北京大学"中国古代史"等20多门精品网课。即便在每天不下十个小时的考研复习期间，她依然会在午餐后准时投入课外阅读，努力拓宽知识面。

视觉的缺失丝毫不能抑制她对于"行万里路"的渴求。2018年寒假期间，南京特师与助盲公益机构联合开展的"金盲杖视障奇葩成长营"，给了她拿起盲杖第一次独立出行的勇气。之后，她不但可以只身一人往返于家校之间，还常常独自去陌生的城市旅行，从此"山高不阻其道"。

专业学习之余，她对播音主持艺术十分感兴趣。结识了我国首位视障播音员董丽娜后，她便决定深入学习播音，从此坚持每天练习普通话，即使除夕和春节也从不停歇。正是凭借在语言艺术方面的兴趣特长，她任职于学校广播站，在校元旦晚会、毕业晚会的舞台上担任主持人；她还作为"有声"团队负责人运营喜马拉雅电台、微信公众号，向自媒体时代注入来自视障人士的声音；先后获得第十二届江苏省大学生文化艺术节之"思念与前行"——纪念周恩来120周年诞辰朗诵大赛二等奖、2018年"化茧成蝶"校级主持人大赛第一名等诸多奖项。

饮水思源，常存家国之思

时常身着一袭旗袍的周文晴深受中国传统文化熏陶，自觉将"为天地立心，为生民立命"的家国使命铭刻于心。党和国家对残疾人事业的高度重视以及学校与社会各界的关心和支持，是她享受如此良好的教育资源并取得上述成绩的根本保障。因此，她多次参与社会实践、主持创业项目，实现着从受助者向助人者的转变。

2019年暑假，她志愿做一名助教，在由博世中国慈善中心资助、北京市红丹丹视障文化服务中心执行的盲生"声音梦想"援助计划项目中，为来自南京盲校、青岛盲校等全国7所盲校的视障学生进行了为期三周的普通话培训，帮助学员们将普通话提升到一级乙等水平。

自2018年5月起，她作为负责人，在江苏省大学生创新创业训练平台主持开展了省级重点创业项目"'知识520'残障者在线知识服务平台的开发研究"，旨在满足更多残障人士对知识的渴求。两年来她带领团队成功研发出一款符合残障者操作习惯的学习类手机

APP，联合专业人士打造出包括"盲文乐谱""视障者考研秘籍"在内的多门特色课程，并于 2020 年 6 月圆满结项。

在抗击新冠肺炎疫情行动中，她与同学隔空朗诵《中国精神》，用声音致敬无私的医务工作者、致敬这伟大时代。在 2020 年"诵读中国"经典诵读大赛江苏省选拔赛中她又斩获特等奖。她以一己之力表明，残障青年也当与民族共奋进。

周文晴步入南京特师接受高等融合教育已三年有余，作为一名视障学生，她始终勇于破除时间、空间与感官的局限，描绘绚丽斑斓的生命图景；作为"生于红旗下，长在春风里"的中华儿女，她深爱着这片土地。她既是我国高等融合教育的受益者，也是独立精神的传承者。

人物简介

梁如雪

南京特殊教育师范学院康复科学学院教育康复学专业2017级本科生。曾获校一等奖学金，被评为江苏省"大中专学生志愿者暑期文化科技卫生'三下乡'社会实践活动先进个人"、校"瑞华大学生年度人物""三好学生""十佳志愿服务个人"等。

心之所向，身之所往

教育和奉献，是她的理想，也是她不变的初心。从2017年初次接触特殊教育至今，梁如雪始终坚定前行，践行梦想，不断精进成长，决心成为一名优秀的教育康复教师。

向往学有所获，便潜心努力

2017年，梁如雪如愿考上了南京特殊教育师范学院，成了教育康复学专业的第一届学生，面对未知的专业领域，她不敢有一丝懈怠，希望通过勤奋与努力，真正学有所成。为了打牢基础知识，她为自己制订了严格的学习计划，从学期目标到每日安排，满满当当的计划表见证了她的努力，连续两年班级综合测评排名第一是对她努力的最好回报。

纸上得来终觉浅，绝知此事要躬行。大二暑假时，她在家乡的爱特儿康复中心进行专业实习，在这里她认识了轻度自闭症儿童宇飞。为了帮助宇飞康复，她对宇飞投入了自己所有的专业知识与耐心。她与宇飞在感觉统合训练室里一起互动，为他的点滴进步而高兴。家长来接宇飞晚一些，她也一定会耐心陪伴。一个半月后，她结束实习时，一向沉默的宇飞居然对她说："老师，是我来得太迟了。"仿佛是在挽留她。宇飞的这句话在她心中播下了一颗梦想的种子，她希望将来能够读懂特殊儿童的内心。

向往博爱奉献，便躬身志愿

为了践行学校的博爱精神，她在校青年志愿者协会踏实工作了三年。她积极参加各种活动，先后参与了江苏省第六届残疾人职业技能竞赛暨就业创业成果展志愿服务、2018年和2019年校单招考试志愿者活动等。在超过100次的志愿服务中，她遇到了很多特殊教育界的"大佬"，他们渊博的知识让她佩服。她帮扶过一些特殊儿童，他们的正向反馈给了她力量。她心里那颗做一名优秀康复教师的种子逐渐撑开了泥土，长出了嫩芽。

2019年夏天，她作为暖阳融合教育乡村夏令营四川康山队的队长，前往四川省的藏区，成了孩子们的"肉肉"老师。在帮助孩子们的同时，她的教学能力也得到了提升，2020年3月她成功通过了小学语文教师资格考试。

向往知行合一，便践行不止

理想的嫩芽在她为乡村教育做奉献时茁壮成长。大一时她加入南京特师"云教室"项目，成了一名教务员，在乡村小学和志愿者之间搭建了一座桥梁。每学期开学和放假的时候她都很忙，她要统计好甘肃天水河南小学、四川凉山星星小学等6所小学的课程需求，再将课程需求与十几名志愿者老师一一沟通，协调出最终上课时间。

在这三年里，她协调了200多节线上课程，完成了每年12份的教务总结和多次志愿者培训。有一次贵州的小学突然断电无法上课，她马上通知志愿者老师，在平台删除课程，还要向总部的老师解释为什么没有正常开课，这样的情况时有发生。她也曾因这些烦琐的工作而烦恼，但是每每看到孩子们写的英文单词和画的画，疲惫便烟消云散，所有的付出都是值得的！

通过对新疆克孜勒苏柯尔克孜自治州阿图什市特殊教育学校进行精准的线上考察，她所在的团队为该校提供了系统的线上课程，并推出了"大风车""云教室"项目，此项目获得了教育部语言文字应用管理司和共青团中央青年发展部的联名感谢。

心之所向，身之所往。每一点向往都在为梁如雪成为一名优秀的康复教师提供动力。祝愿她理想终开出绚丽的花朵，花香弥漫，香溢四方！

人物简介

刘汉平

南京工业职业技术大学交通工程学院城市轨道交通机电技术专业 2018 级专科生。曾获国家奖学金、国家励志奖学金、校黄炎培专项奖学金、第十四届全国高等职业院校"发明杯"大学生创新创业大赛二等奖等，被评为江苏省"优秀学生干部""优秀志愿者"等。

赤诚服务他人，播种创新种苗

"但行好事，莫问前程。"这是刘汉平同学的座右铭，他相信只要踏实做好每一件小事，就一定可以收获一个美好的未来。进入大学的三年来，他是这么想的，也是这么做的，通过认真踏实地做好每一件小事，让"小平凡"成就"大成长"。

奋发图强，全面发展

2018 年 9 月，他满怀对未来的憧憬迈进了南京工业职业技术大学的校园。入校后，他就结合所学专业，立志做全面发展的技术技能人才，他始终保持着用心、乐观、向上的态度，努力学习、勇于实践，努力提升自身的综合素质。在校期间，他的综合测评成绩稳居班级第一名，平均学分绩点 4.13。作为班长，他在取得优异成绩的同时，不忘帮助学习困难的同学，在班级组建"一对一"学习帮扶小组。他还是一名不折不扣的足球健将，2018 年随校足球队征战江苏省"省长杯"大学生足球联赛荣获第三名，2019 年度斩获南京市第一名、"省长杯"第二名。

勤恳实干，乐于奉献

作为学生干部，他严于律己，责在人先，时常告诉自己：学生干部要做好模范带头作用。在担任学院学生会主席和班长期间，他工作认真，踏实肯干，秉持着"吃苦在前，享受在后"的奉献精神，积极协助老师精心组织开展各类有特色、接地气、受欢迎的活动，不断增强集体的凝聚力、向心力、战斗力，学院学生会和班级分别荣获"优秀学生分会""先进班集体"等称号。在一次次的活动中，他收获了成长和快乐，他在活动中展现的责在人先的奉献精神也带动很多同学加入到班级和学院服务中来。他在校期间的优秀表现，使他先后获评江苏省"优秀学生干部"、校"优秀学生干部"等。

敢闯会创，追求卓越

在"大众创业、万众创新"的时代精神感召下，他加入精英人才学校创新精英班，积极投身科技创新。他在担任学校 Smart rail 科技社团负责人期间，承办"科技技能活动月"中的地铁模拟驾驶大赛，通过以赛促学的方式，在交通学院同学心中埋下一颗敢闯会创的种子。2019年9月，作为团队主要成员，他参与了项目"基于单片机的水产养殖自动化控制系统"，并参加第十四届全国高等职业院校"发明杯"大学生创新创业大赛，他认真撰写项目说明书，精心打磨汇报材料，经过艰苦集训，最终获得"发明杯"国赛二等奖。同年孙春兰副总理到学校调研，在视察科技创新文化节科创项目展览时，对他负责的项目"汽车爆胎防侧翻系统"驻足观看并仔细询问相关细节。

红心向党，勇于实践

在学校创始人黄炎培和杰出校友张闻天、华罗庚、江竹筠等一大批革命先贤的影响下，他不断坚定共产主义信仰和坚持中国特色社会主义的信念，积极向党组织靠拢，努力学习党的理论知识，时刻以先进的思想和理论武装自己的头脑。在如期完成党课理论知识学习之外，他还积极主动参加社会实践服务活动，以高标准严格要求自己，顺利地完成了校院两级青年马克思主义培训班的学习，并被评为"优秀学员"。学生干部的经历让他更加深刻地理解了奉献精神的可贵，他积极为同学服务，努力做好老师与学生之间沟通的桥梁。他深刻体会到：党旗所指，便是团旗所向。作为新时代青年学子，他多次组织参与社会实践活动，2019年暑假，他顶着烈日随校实践团前往延安学习，在革命老区淮安金湖银集初中开展支教，他没想到一个小小的善举、一场充满童心的足球赛，在留守孩子们的心里埋下了梦想的种子，点燃了起航的火苗。2020年，他再次放弃自己的暑假时间，组织团队来到了徐州淮海战役纪念塔，还发动身边的同学一起到敬老院进行志愿服务，为老人们带去欢笑与关爱，努力践行"将小我融入大我，将青春献给祖国"的初心使命。

如今，他毕业回到自己的家乡徐州，希望自己为家乡的建设发展贡献力量。未来，刘汉平一定会继续秉承"敬业乐群"的校训，以积极乐观的态度、比学赶帮超的精神，不忘初心，砥砺前行。

人物简介

衡思江

中共预备党员，南京交通职业技术学院路桥与港航工程学院2018级专科生。曾获2019—2020年国家奖学金、2019—2020年院长奖学金、"挑战杯"江苏省大学生创业计划竞赛二等奖、第六届"互联网+"大学生创新创业大赛青年"红色筑梦之旅"赛道江苏省三等奖等。申请实用新型专利5项。

心怀故园情，志报家国恩

"平凡的大学生有着相同的平凡，而不平凡的大学生却有着各自的辉煌。我们可以选择平凡，但不可以选择平庸。"开学伊始，经历过两次高考的衡思江踏进了南京交通职业技术学院的校门，伴随着广播里的《追梦赤子心》，他知道这是自己"充满鲜花的世界"，一切都将是新的开始。

来自小乡村的他，平凡而又普通，但他生性好强，并不甘于普通。

出身寒门第，心系新农村

出身农村的他，深知面朝黄土背朝天的辛苦。由于农业处于半自动机械化状态，加之田间灌溉设备落后，农业灌溉仍需要大量人力。因此，来到大学的他，立志要帮助乡亲解决上述问题，改变家乡农耕现状，为家乡农业机械化发展贡献自己的力量。

2018年10月，他加入学生会创新创业部，在部长的帮助下初步接触到了大学生创新创业。懵懂的他，在指导老师的指导下，开展了第一次社会调研，写下了第一篇商业计划书。虽然是口语化的报告，但也让他第一次感受到了创新的魅力。2019年，他在学长的引导下加入了校创新创业团队，经过不断努力，于2020年成为团队负责人。

在设备制作过程中，为弥补自身的不足，他查阅大量相关资料，学习了机械、绿植养护、PLC程序等方面的很多知识。小到螺丝钉的安装，大到PLC程序的开发，他和队员们一起刻苦钻研。

在设计和制作装置期间，他主要通过到图书馆翻阅相关书籍、上网查阅相关资料充实设计内容，解决技术难题。他将资料整理记录到笔记本上，形成自己的知识储备，养成不断积累探究的科研态度。终于，在不断地尝试改进之后，于2019年他成功设计、制作出一种新型智能绿植养护设备，可以给农作物等进行智能化灌溉，减轻了农民的负担。截至目前，该项目共取得5项实用新型专利，获得大学生创新项目省级立项3项、校级立项2项。这些都大大提升了他提出问题、分析问题、解决问题的能力。在提升自我能力的道路上，他认识到了全面思考问题的重要性，培养了自己严谨分析、务实钻研的态度，为今后的学习工作打下了良好的基础。

练就勇敢心，不负钢铁志

"古之立大事者，不惟有超世之才，亦必有坚忍不拔之志。"不受百炼，难以成钢。他没有"超世"的才能，但却有"不拔"的意志。在创新探索的过程中，各种问题接踵而来。他和队员们去图书馆翻阅资料，找专业老师刨根问底，设备拆了再装、装了再拆……失败成了常客。

2019年9月13日，中秋之夜。他参加了为期三天的高数建模大赛，三天两夜待在机房，撰写的论文获得老师的好评。但事不如人意，他遗憾落榜。屋漏偏逢连夜雨，他参加的其他众多比赛连校赛都没有通过。

2019年对他来说并不是顺利的一年。埋头苦干，不停付出，却看不到成果。面对队友的退出，他迷茫过，质疑过，也想过放弃。但入学时的志向，始终激励着他"不忘初心，砥砺前行"。

梁启超先生曾经说过："凡作事，将成功之时，其困难最甚。行百里者半九十，有志当世之务者，不可不戒，不可不勉。"年轻便要无所畏惧，不怕失败便可以放开手脚，面对未来，他有一颗勇敢的心。

感念资助情，踏上扶贫路

古人云："穷则独善其身，达则兼济天下。"在接受国家资助的同时，他心存感恩，热爱志愿服务，先后获得"'CEFA'优秀志愿者""学雷锋主题实践活动先进个人""抗疫先进个人"等荣誉称号。

绿水青山就是金山银山，农村水质的变化，让他深感忧虑。

2019年，他们通过实地调研分析，决定将重心转移到自然水体的治理上来，以团队提出的"外敷内用"式自然水体生化处理方式作为新概念，进行长江流域大环境的治理，最终该项目获得第六届中国"互联网+"大学生创新创业大赛青年"红色筑梦之旅"赛道江苏省三等奖。

2020年春节，新冠疫情暴发。放假在家的他主动请缨，报名成为疫情防控志愿者，和村委会工作人员严守村子的出入口，摸排在外人员信息。连续10多天的志愿服务，让他真正感受到新时代大学生的责任与使命。

2020年7月，他代表学校参加第六届中国"互联网+"大学生创新创业大赛青年"红色筑梦之旅"赛道启动仪式，走访沙家浜革命老区，学习老一辈革命家的英勇事迹，接受思想洗礼，传承红色文化。此次活动激励了他要为扶贫工作贡献自己的力量。之后，他受邀参加泰职院"小蜜蜂"援疆电商工作室。他和团队以"电商扶贫，直播助农"为愿景，通过构建"高校+政府+企业"新型合作模式，助力新疆昭苏县脱贫发展。

回顾大学三年，衡思江始终践行着"志报家国恩"的初心。往者不可谏，来者犹可追，理想其未远，振翼而腾飞。他知道以后的路还很长，他将始终牢记"知行合一，明德致远"的校训，以更多的努力实现更高、更远的目标。

人物简介

雷 晴

南京科技职业学院经济管理学院市场营销专业 2018 级专科生。曾获国家奖学金、国家励志奖学金、第十二届"挑战杯"中国大学生创业计划竞赛全国金奖、江苏省高等职业院校技能大赛市场营销技能项目一等奖、第十一届"挑战杯"江苏省大学生创业计划竞赛银奖、江苏省"互联网＋"大学生创新创业大赛三等奖、江苏省高等职业院校技能大赛关务技能项目三等奖等。公开发表专业论文 2 篇。

不经历雷雨，怎能见晴天

对于雷晴来说，毕业的日子渐渐近了。每一次关上双创训练室的大门，雷晴都会不舍地回望那里。因为那里有她太多的深刻回忆。从一个刚入门的"菜鸟"，到如今的"双创"神人，在创新创业大赛中，雷晴经历了雷雨的冲击与摔打，迎来了属于自己的晴天。

雷雨冲刷

初入大学，大家都处于迷茫状态，很多同学并不清楚自己想要什么，没有目标、计划。雷晴也有过一段时间的迷茫，但是她很快找准了方向——参加创新创业大赛。

初次接触创新创业大赛，是跟随学姐进行 PPT 汇报。周围的一切都是那么新鲜，当时学姐只要求她把负责的部分讲好就行，而到了大赛现场，她才发现增加了一个答辩环节，对于评委的提问，学姐迎难而上，对答如流。竞赛结束后，雷晴对学姐的临场发挥感到佩服，而学姐淡然回应："你也可以做到的。"

此后，她抱着试一试的态度第一次正式参加了学校的创新创业大赛。雷晴和队员们无比激动与兴奋，全身心地投入到比赛准备中。但随着时间的推移，最初的那份热情慢慢冷却，从开始的积极与兴奋转变为抗拒与被动，队员们对项目质量和时间的把控力在不断减弱。身为"小白"的她不懂合作，不会设计 PPT，甚至不懂如何发放问卷，这些她曾经从未当作问题的困难蜂拥而至。更令她窘迫的是在选拔赛的现场，等待上场前的10分钟她上了6趟厕所，为啥呢？俩字——"紧张"。对她而言，当众展示与答辩是一个巨大的挑战，用颤抖的声音完成展示后，雷晴感觉再多一句话都说不出来了。虽然结果很不理想，但现场评委老师给予了她充分的肯定，同时也指出创意点的可行性缺乏斟酌，研究能力和展示经验不足。

第一场雷雨没有浇灭雷晴的斗志，反而给予了亟须成长的她以丰富的养分，她不断地汲取经验，反思学习，虽然困难重重，但她已经做好了迎接挑战的准备。

乌云散去

幸运的是她遇到了创新创业大赛道路上的导师——许建民教授，跟着导师学习后，雷晴真切地体会到专业知识的储备不够，基本功不扎实有多么可怕。

导师要求她：每天比别人多累积一点，并且强调这句话的重点不在于"累积"，而在于"每天"，因为每个人都有惰性，如果能坚持每天多比别人学习一点，就更能够实现自己的目标。

于是，雷晴在太阳升起前赶到教学楼，星月高悬时回到宿舍。她曾因为太晚离开教学楼遭到安保人员的催促，因为卡点进宿舍而被宿管阿姨锁在门外，她曾经被室友置疑"每天这样早出晚归，值得吗？"雷晴觉得值得，因为这样充实的日子让她感到快乐，虽然不知道结果会如何，但是多走一步又何妨？

忘不了PPT汇报中出现病句的尴尬，忘不了站姿随意闹出的笑话，忘不了撰写方案时漏洞百出，忘不了"小白"阶段的种种囧态。雷晴从只会使用模板做PPT，到现在可以制作精美的视频进行动态展示；从只会运用文字表达方案要点，到现在可以图文并茂凸显项目重点；从仅局限于课堂所学专业知识，到将理论运用到实践中去。承载雷雨的那片乌云已悄悄散去，抬起头，雷晴看到了自己的那片蓝天。

晴空万里

全面努力与充分积累后，雷晴从校赛到省赛再到国赛，一路过关斩将。团队中她主要负责设计商业模式，并与队员打磨营销策略。虽然是营销专业，但更多的是基于其他专业基础上的营销模式设计，这对雷晴提出了双专业甚至更多跨专业知识储备的要求。为了能更好地发挥作用，她必须了解清楚手中产品的基本要素、构成与市场需求状况。她付出了超常的努力，多问多学，从每个产品的基础原理到每一个营销点的实际调研，她要求自己必须知识丰富、数据准确、论证翔实。

从确定项目立意到起草项目策划书，从实施调查到分析数据、撰写文案，再到赛场上

展示时的意气风发,一路走来,大赛培养了她严谨的科研态度、坚韧不拔的钻研精神以及勇于创新的实践勇气。创新创业大赛为雷晴提供了锻炼能力、展现自我的平台,大赛的历练,让她迅速成长、收获满满。

  人们都说时光是位心灵手巧的纺织姑娘,一针一线穿梭不停,皴擦点染,疾徐顿挫。人生的每一场经历,都是上天的厚遇。愿接下来的日子里,雷晴能够继续怀着一颗乐观上进的心,多学习,多实践,不断进取,迎接属于她的晴空万里。

人物简介

朱可欣

江苏经贸职业技术学院艺术设计学院广告设计与制作专业 2018 级专科生。曾获国家奖学金、国家励志奖学金、校级奖学金、第六届江苏省大学生艺术展演话剧类特等奖、第十一届"挑战杯"江苏省大学生创业计划竞赛铜奖、全国大学生广告艺术大赛优秀奖,被评为校"优秀文艺骨干""先进个人""青马班优秀学员""三好学生标兵""优秀共青团干部""优秀学生干部"等。

困苦为梯,勤奋为翼

三年前,朱可欣带着几分不安和腼腆,迈入江苏经贸职业技术学院的大门,踏上人生新台阶。三年后,她心怀梦想和感恩,踌躇满志、意气风发。她始终铭记,困苦是激人奋进的阶梯,奋斗是翱翔天际的翅膀。

迎难而上,勇挑家庭重担

5岁时,朱可欣的父母离异,又各自重组家庭,她跟着父亲和继母生活,生活还算平静。2013 年 8 月,她的父亲意外摔伤,脑神经受损,生活不能自理。亲眼看见父亲躺在 ICU 病床上,她崩溃大哭,始终无法相信自己一直依靠的大树倒下了,看到继母因高额的治疗费不得不早出晚归地工作,年迈体弱的爷爷奶奶因承受不住打击而双双病倒,年仅 3 岁的弟弟因无人照料而哭泣,她明白,她必须坚强,必须接替父亲扛起家庭的重担。那年,她只有 13 岁。

从此,她每天早晨 5 点不到就起床做早餐,给卧床的父亲喂饭喂药,下午放学后先做家务,再做作业,这成了朱可欣的日常。上高中后,巨大的心理压力和繁重的家务负担使她在学习上有些力不从心,月考成绩一落千丈。这使她惊醒:为了这个家,自己要变得更好更强,而好好学习是唯一的出路。在老师的帮助下,她改善学习方法,课堂上集中精力记住老师讲解的要点，及时复习加强记忆，照顾家人睡下后，她继续挑灯夜读。经过调整和不懈努力，她的成绩慢慢有了起色。2018年9月，朱可欣考取了自己心仪的江苏经贸职业技术学院广告设计与制作专业，从此开启了人生旅途的新征程。

勤学善思，升华专业本领

进入大学校园后，认真学好专业知识，勤于思考、及时总结是朱可欣学习的法宝。她的大学学习生涯一开始并不顺，学习插画课程时，因对手绘板的运用不熟悉，画的线条总是不够流畅，配色也不协调，永不言弃的她便主动翻阅资料、向同学请教，经常练习到深夜，功夫不负有心人，期末考试，她的插画课成绩全班第一。重拾信心的朱可欣开始尝试参加专业比赛，在第十二届全国大学生广告艺术大赛中获优秀奖、在第六届江苏省大学生艺术展演中获特等奖。

她知道，专业知识的价值在融入实践后才能得到更好的升华，在学习之余，她积极投身社会实践。在助力乡村振兴的社会实践活动中，她发现兴化市藕杭村历史悠久、人才辈出，有丰富的旅游资源，因缺乏宣传，不为人所熟知。为提高村子的知名度，扩大影响力，她决定为村子制作手绘地图，突出乡村本色，凸显文化特色。为了达到理想的效果，她顶着8月的酷暑，在现场绘制特色建筑草图，一画就是一天，她还带领团队走访村民，听他们讲村史和名人故事，将故事融入绘画。这份别具特色的手绘地图，成了藕杭村的旅游文化名片，为此她荣获当地政府颁发的"荣誉村民""荣誉市民"称号。

感恩回馈，绽放美丽青春

经历过困苦，更懂得感恩。每次拿到奖学金、助学金的时候，朱可欣都在心里默默地感激国家、社会、学校，感谢老师、同学和每个帮助过她的人，她决心要用所学知识和实际行动来回馈这个温暖的大家庭。

作为学生会主席的她，把"大学生活动中心"当作奉献校园、服务同学的地方。在那里，只要有大型活动，总能看到她忙碌的身影。有一年，她在筹备校迎新晚会的同时要准备第六届大学生艺术展演，她是晚会的总负责人，也是展演的骨干，她必须一边工作一边训练，一刻不敢松懈。她发挥自己广告设计制作专业的特长，承担晚会的现场设计工作，大到会场的广告宣传，小到每一个字的摆放，她都一遍一遍修改，一点一点细磨，直到呈现令人满意的效果。为赶制设计图，她常常加班至深夜，第二天一早她依然坚持出早功。最终迎新晚会完美落幕，精彩的表演和多种活动周边产品获得了老师同学们的肯定。

对于幼时乡亲们的帮助，朱可欣一直不敢忘，利用所学回馈社会也是她一直以来坚持做的事。每到寒暑假，她就去社区服务中心教小朋友画画，去老年人服务中心做义工，陪老人聊天、打扫卫生。她立志，要常怀感恩之心、不断完善自我、突破自我，为社会做出更大贡献。

　　"苦难是人生最好的试金石"，曾经那个依赖父亲庇护的她，如今已经坚韧挺拔、独当一面。在未来的人生旅途中，她将始终不忘初心，自强不息，回馈社会，创造更美好的未来！

人物简介

张 旭

南京信息职业技术学院电子信息学院电子产品质量检测专业 2019 级专科生。曾获润德奖学金、校一等奖学金、全国大学生数学建模竞赛国家一等奖、江苏省高数竞赛二等奖、江苏省 T1 杯大学生电子设计大赛二等奖、江苏省高职院校信息素养大赛三等奖等。

旭日辉耀，青春无悔

青春在磨砺中点亮，力量在拼搏中张扬。张旭，如同初升的朝阳，朝乾夕惕、踏实进取，用汗水和担当书写了自己最美的青春。

笃信好学，磨炼技能

张旭是一个肯吃苦的学生，他始终坚信有努力才有收获。入学后，学习始终是他的主要任务，他刻苦认真、主动钻研、埋头苦干，图书馆成为他最熟悉的地方。在苦学专业课的同时，张旭对高等数学情有独钟，在老师的鼓励下他报名参加了全国大学生数学建模大赛。为了备赛，他进行了长达一个暑假的"魔鬼训练"。从 7 月到 8 月，从早八点到晚九点，炎炎夏日里他所有的时间都花在了学习 MATLAB 数学建模软件和练习编程上。枯燥乏味的训练、积累的疲惫也曾让他萌生退意，其他同学的放弃和退出也让他内心充满了迷茫，但对数学的热爱和老师的鼓励让他撑过了那段难熬的时光。大赛正式开始后，他和队友在教学楼苦熬三天，每天睡眠不足三小时，一遍一遍地解题、整理数据、编写代码、不断打磨，最终他们通过层层选拔脱颖而出，获得了国家一等奖的好成绩。比赛虽辛苦但让张旭明白成功是没有捷径的，唯有坚持信念、踏实学习。之后张旭又积极投入到江苏省 T1 杯大学生电子设计大赛中。认真研磨材料数据、分析小车程序和机械结构、自主设计有效的单机片元件、编写代码，张旭和团队准备得有条不紊。虽然其中经历了两次寻迹失败,但大家没有气馁,齐心协力循序渐进,最终顺利将自动寻迹小车安装成功。

从理论竞赛到专业技能赛场、从稚嫩学子到比赛达人,每一次比赛都像一次修行,刻苦磨炼之后才能破茧而出成为更好的自己。一路付出,一路成长,张旭累并快乐着。

笃行致远,奉献自我

张旭是一名乐于奉献的志愿者,他用自身所长帮助别人,用实际行动为社会、为周围的人点亮一簇温暖的光。

疫情防控期间,张旭主动参加南京"圆梦公益"项目,他录制的《加油中国!加油武汉!》《武汉,等待春天》两个视频,被选为南京"圆梦公益"动员宣传片之一。在担任大一新生班级助理期间,张旭发现很多新生数学基础较差,学习课程有困难,他就主动联系老师利用自己较好的高等数学基础义务为新生补习。他积极开展义务教学,线下答疑解惑50余场,线上直播补课20余次,累计补课时长达100多个小时,累计听课超过2 000人次。知识重点讲解、难题解析、解题方法分享……他将自己所学倾囊相授。他的坚持与耐心打动了新生们,也给了他们前进的动力。质检2004班的学生任旺说:"张旭学长每天不论刮风下雨,都会到晚自习教室辅导我们的高数作业。这让我很感动,也更加激励了我,我要好好学习,才对得起他的用心。"志愿服务让张旭感受到奉献的快乐,也让他的理想更为坚定,他向党组织递交了入党申请书,并在党校毕业时获得了"优秀学员"的称号。

笃实辉光,担当责任

张旭是一名负责踏实的学生干部,身兼数职绝不敷衍,认真完成各项工作。担任班级助理期间,他兢兢业业,帮助新生适应大学生活,从体检、军训、班委竞选到学习学校规章制度等,从早到晚、事无巨细,他都和新生们在一起。担任大学生科技协会宣传部长期间,他积极探索、创新活动,发扬社团特色,先后组织开展了30余次社团活动。两年多的科协工作经历,让张旭对"责任"两个字有了更深的体会:"一个活动要做好宣传引导,要把功夫花在活动细节的设计上,让每位同学在每次活动中都有所收获,这才是一个社团干部应尽的责任。"多彩的学生活动丰富了张旭的大学生活,锻炼了他的能力,也让他懂得了什么是责任与担当。

"红日初升,其道大光",张旭用自己的努力和拼搏书写了一曲奋斗之歌。青春的成长还需要磨炼,风采的展现还要继续拼搏,张旭将继续砥砺前行!

人物简介

尹子悦

中共预备党员，江苏海事职业技术学院经济管理学院国际经济与贸易专业 2018 级专科生。曾获国家奖学金、国家励志奖学金，被评为江苏省"优秀学生干部""优秀共青团员""最美职校生"。

心怀热爱，奔赴浩瀚星辰

"一看到悦悦的笑容，我整个人也跟着开心起来了"，这是身边的人对尹子悦说得最多的一句话，这个小太阳般的女孩子总是用满满的正能量去对待每一个人。从青涩到成熟，每一次的磨炼都是为了变得更加优秀，她始终拼尽所能，全力以赴，不问结果。

加强团干修养，争做时代青年

尹子悦始终保持思想的先进性，时刻发挥团学干部的先锋模范作用，在做好团委副书记的同时兼顾团支书的工作，把在团委学到的点点滴滴带到团支部的工作中去，坚持做到从群众中来到群众中去，切实地为同学们服务。她坚持做好团支部思想政治工作，抓好团支部的思想建设和组织建设，倡导同学们争做文明的海院青年。每次活动都力求形式新颖，公平公正公开，内容丰富，反馈及时。

她一直以"自我服务、自我教育、自我管理、自我监督"为工作准则，做一名自律有为的学生干部，"但行好事，莫问前程"，这八个字一直待在尹子悦的个性签名一栏里。

勤奋刻苦学习，提升专业技能

"宝剑锋从磨砺出，梅花香自苦寒来。"尹子悦在学习上从未松懈，用知识武装自己，各学期综合成绩、学分绩点排名均为第一。很多人都很好奇她如何平衡好工作和学习两者的关系，其实只要看到她的黑眼圈就全都明白了。很多个夜晚，为了怕打扰室友休息，她裹得像小熊一样，带上泡着枸杞的保温杯，在楼梯上一坐就是几个小时；许多个清晨，为了可以在最清醒的时间段记忆，她总是在半夏湖畔边背书；多少个中午，她把自己关在教室内，啃着面包，一套一套地刷题。

在实践中可以累积学习经验、拓宽学习思路，所以尹子悦积极地参加技能竞赛，以赛促学。临近比赛，她甚至将实训室的键盘拆了下来，每天带回宿舍练习；洗澡的时候也在反复背诵着资料。在拿到江苏省一等奖的同时，她的下颌骨也因为说话太多不断摩擦发炎了。

扎实努力工作，尽职尽责奉献

尹子悦就像一个小陀螺一样，每天穿梭在校园中，她协助团委组织并参加了第十二期"挑战杯"江苏省大学生创业计划大赛、江苏省"行进管乐"展演、"领航开学，第一课"、"'祖国，你好'五四快闪"等大型活动，团委多次获得江苏省"优秀组织奖""优秀单位"等荣誉称号；她还协助做好创新创业大赛项目孵化、活动组织策划、权益维护、报销等相关工作。

朋友圈中经常会看到尹子悦参加各项活动的照片，"光鲜亮丽"的背后，其实是鲜为人知的辛苦。凌晨的海院静悄悄的，每当活动结束，大包小包地提着电脑、礼服、道具回宿舍的时候，她总会莫名其妙地有些想哭，也许这就是成长的必经之路。

青春同舟战"疫"，宣讲之力闪光

2020年，面对新冠疫情的突然暴发，她坚持"党有号召，团有行动"，科学有序地参与防控工作，为坚决打赢疫情防控阻击战贡献青春力量。

她在线上组织全国各地20余名同学制作和录制了《致敬最美逆行者》的朗诵视频及"青春战'疫'，学子力行"MV《相信爱》；参与"信仰公开课——战'疫'云讲演"，主讲《同舟扬帆起，破浪万里航》《疫情当前，谁在逆行》等，用宣讲的力量向团员们传递青春正能量，鼓励大家争做时代先锋。

在微信公众号上，她策划并推出以宣讲为主的"一心移疫，为爱发声"主题栏目，共发布作品17篇。

投身校园文化，始终追寻梦想

尹子悦热爱校园文化活动，协助组织与策划了青年马克思主义培训班、校园文化艺术

节、社团巡礼节、大学生艺术团汇报演出等 43 场大型学生活动。

她擅长演讲与主持，在多个舞台展现青春魅力。她参与南京高校联盟"超级演说家"、南京市"树林杯"演讲比赛、南京市"行知杯"朗诵比赛等不同主题比赛共 23 场；主持了第二届海峡两岸航海文化节、社团巡礼节开幕式等大型活动共计 45 次；撰写和修改的主持词、宣讲词、演讲词、分享词累计 8 万余字。

作为组织者，尹子悦将每场活动所需要做的准备、要注意的、要控制的事项都列在一个清单里，仔细核对，反复彩排，只为呈现出最好的活动效果。作为主持人，她坚持着自己的专业素养，把礼服当作战袍，把舞台当作战场，协调统筹好前台、后台的每一件事，沉着冷静地应对每一种突发状况。

青年既是追梦人，也是圆梦人，每一次的挫折与不顺利都带着磨炼的光芒，尹子悦心怀坚定的理想信念，用最热情的心披荆斩棘地去完成每一件事，让所有的美好和机遇都不负初心。

人物简介

叶华澳

南京机电职业技术学院机械制造与自动化专业 2018 级专科生。2019 年获国家励志奖学金，2020 年获国家奖学金，被评为江苏省"优秀学生干部"等。

立志善成，致知于行

如果你问叶华澳，三年的学习生涯你收获了什么？他脱口而出的便是"知行合一，自强不息"的八个字校训。

大学的三年时光，他践行大国工匠精神，在新时代的浪潮中奋勇搏击。

匠心筑梦，不负韶华

2018 年 9 月，南京——这个拥有深厚文化底蕴的六朝古都，迎来了一批批学子，其中一位怀揣梦想的少年便是叶华澳。

初进校园的他，稚嫩且青涩。但在他的身上却能看到沉稳且有闯劲。"我还差得远呢，很多技术还要认真看、慢慢学、踏实干。"看似轻描淡写的一句话，却充满着他舍弃安逸、追逐工匠精神的坚毅。

"海阔凭鱼跃，天高任鸟飞"，作为一名职业院校的专科生，他深知不断夯实自身专业技能是第一抓手，为此他积极参与校内外开展的各项技能大赛，以此磨炼自身专业能力。在校期间他成功申请了 6 项实用新型专利。作为一名学生干部，他积极策划组织雨花台烈士陵园祭扫、红色文化暑期社会实践、专业技能制图大赛等有意义的活动，从中他不仅锻炼了自己的组织协调能力，更在活动中不断地磨炼自身心性，不断探索工匠精神的真谛。

叶华澳的快乐和幸福，发自内心，源于充实。

厚德载物，薪火相传

"德、智、体、美、劳五好青年！"这是师长对他的评价。

"求木之长者，必固其根本；欲流之远者，必浚其泉源。"秉持习近平总书记倡导的赓续传统修复生态的文化发展战略，不断弘扬中国传统文化，叶华澳积极响应国家传承和保护非物质文化遗产的号召，与"南京白局"结下了深厚的缘分。

他专访了"南京白局"非物质文化遗产传承人黄玲玲老师，在他与黄老师的交谈中，黄老师对"南京白局"的发展前景持乐观的心态，从2007年在甘熙宅第的第一个舞台开始，黄老师便一边表演、一边教唱、一边推广、一边寻找传承人，如此坚持了十余年。看似平淡轻松，这十余年间的艰苦虽不足为外人道也，但也足以震撼人心。这既是对中国传统文化的一种热爱，又是对弘扬国家非物质文化遗产的一份责任心。

叶华澳的快乐和幸福，发自内心，源于传承。

众志成城，共克时艰

"些小吾曹州县吏，一枝一叶总关情"，2020年新冠疫情伴随着白色的冰雪覆盖了城墙，覆盖了道路，也覆盖了新年的欢声笑语。

习近平总书记在农历大年初一发出了最强动员令："生命重于泰山，疫情就是命令，防控就是责任。"这声最强动员令直击叶华澳的心底——防疫工作刻不容缓。

他也曾犹豫、担忧，但是作为一名新时代青年，他深知自己肩头的那份责任与担当，他主动走进了徐州市贾汪区夏桥街道办事处，开始了为期4个月的防疫志愿工作。他每天协助社区在小区主要出入通道对进出人员进行登记、测量体温、消毒等。防疫工作虽然单调，但是他深知，把好每一道关，不忽视每一个细节，便是用自己的绵薄之力为远在抗疫一线的英雄们分担。

"冬天已经来了，春天还会远吗？"他用他的乐观与热情感染着身边的每一位志愿工作者，用微笑照亮神州一隅，给寒冷的冬季带去一抹不一样的色彩。

叶华澳的快乐和幸福，发自内心，源于奉献。

"青年兴则国家兴，青年强则国家强"，未来的他依旧会不忘初心、立志善成，致知于行，在人生的道路上引吭高歌，一路向前。

人物简介

伏静轩

南京旅游职业学院烹饪与营养学院183级专科生。曾获国家奖学金、国家励志奖学金、校优秀学生奖学金一等奖、江苏省青年名厨大赛金奖、世界厨王争霸赛个人艺术赛银奖，被评为校"三好学生""优秀学生干部""技能竞赛标兵"、江苏省"发展大会优秀志愿者"等。

以进取之心谱写平凡中的"不平凡"

青春就像一首萦绕在耳边的歌曲，驱动着我在平凡的日子里追求不平凡的梦想，为生活谱写美妙的旋律。在南京旅游职业学院这个大家庭里，我聆听老师们的教诲，感受同学们的友善。

工欲善其事，必先利其器

作为一名大学生，我明白想达到目标必须要努力学习，不断提高自身能力。在我刚进学校时，因为是技能特招生，所以在学习上与同学们有一定的差距。我不敢有丝毫懈怠，图书馆与实训楼是我每天出入的场所。我刻苦钻研专业，勤奋学习理论，经过不懈努力，我的学习成绩和综测成绩排名班级第一，专业技能方面也保持年级第一。

"同其心，一其力，勇者不得独进。"在不断进步的过程中，我也意识到一个人的力量总是薄弱的，集众志才能成固城。我主动申请担任系部社团联合会主席和班长职务，不断学习摸索，与同学们共同成长。我带领班级在校"一二·九"大合唱中取得院系一等奖、校二等奖的优秀成绩，获得校心理趣味运动会团体冠军。烹饪学院社团联合会在我的管理下制度严明、分工明确，我还策划并组织了多次大型活动，广受师生好评。在学校承办的"金陵菜"主题厨艺大赛中，我负责赛事现场的协调和后勤保障工作，协助多位行业大师开展大赛工作，学习到了诸多宝贵经验。在校期间，我负责了两届烹饪学

院美食文化节的组织协调工作，也在两届毕业生设计展的会场布置、作品策划与展台设计中承担主要工作。通过积极参与院系各项工作，我切实提升了自身的综合能力与专业本领，在工作中与同学们结下了深厚友谊，在不断挑战磨炼中把原本的不可能变成可能，塑造了崭新的自己。

闻道有先后，术业有专攻

作为一名烹饪专业的学生，专业的学习需要厚积薄发。自入学以来，烹饪学院所有与专业实训有关的活动中都有我的身影，我参与设计制作了南旅院40周年校庆展台、两届美食文化节展台。当然，不光手中有活，肚里也要有墨，我参与校内《食品雕塑》教材的出版准备工作，协助老师编写《食品雕塑工艺》教材；学院就是我的第二个家，我受学院领导委托参与了实训楼文化墙设计工作；为新中国成立70周年系列活动制作主题泡沫雕刻；制作毕业设计主展台"鹏程万里"主题泡沫雕刻送给学长学姐们作为毕业礼物；负责校第二届、第三届"清廉雕刻"大赛的赛前培训指导工作和2020年"清正廉洁"雕刻大赛的评委工作等。在创作时由于经常会进入忘我的状态，我每一双鞋都沾上了泡沫雕刻的颜料，被室友调侃为艰苦奋斗的劳动模范。2020年9月，我与老师们一起代表学校参加江苏省第二届运河文化旅游博览会，制作展示了"运河飨宴"，向社会各界人士展现了南旅院不凡的专业风采；在2020年江苏省高职组烹饪技能大赛中，我和队员们一起取金陵当地食材抒秦淮烟雨风情，参赛作品获得大赛银奖。我一直坚持工匠精神，对自己的作品力求尽善尽美。我是中国优秀饮食文化的传承者，也立志当一名文化传播者。

家事国事天下事，事事关心

作为一名新时代大学生，我从没有忘记今天和平安宁的生活从何而来，也经常思考如何回报国家、回报社会。我组织班级同学参观南京大屠杀遇难同胞纪念馆、赴雨花台烈士陵园缅怀先烈等，以提醒自己及身边人牢记历史；组织同学们走进江宁"君子残疾人之家"，将爱心和温暖传递给需要帮助的特殊孩子。我于2020年加入江苏省义德志愿者队，在医院为病患提供志愿服务。此外，我还参加了江苏发展大会、南京马拉松等大型活动的志愿服务，为建设强富美高新江苏尽一己之力。

千里之行始于足下。在奋斗中成长，使青春之歌常在。每一次的学习、实践、工作、志愿活动都是我积累人生经验的宝贵机会，在今后的人生旅途中，我将以梦为马，不负韶华，用自己的努力谱写一篇精彩的人生乐章。

人物简介

刘子凡

江苏卫生健康职业学院护理学院护理专业2018级专科生。曾获国家奖学金、校一等奖学金、"武进人才杯"江苏省第十四届大学生职业规划大赛特等奖、第十一届"挑战杯"江苏省大学生创业计划竞赛铜奖,被评为江苏省"优秀学生干部"、校"大学生年度人物""优秀志愿者""优秀团干部"。

逐梦"男"天使迎难而上

刘子凡来自江苏省徐州市,父母文化程度不高,靠打工维持家庭生计,日子过得很艰辛。小时候的他,体质较弱,经常生病,看着脸上洋溢着微笑、眼神充满自信的白衣天使为他打针挂水,他的心里萌发出"长大以后,我也要像大姐姐一样,成为一名白衣天使"的念头。正是这样清苦的环境和自己的亲身经历,促使他养成了勤奋务实、积极进取的优秀品质,为他圆"男"丁格尔的大学梦奠定了基础。

坚守初心,圆梦天使

在常人的眼里,护理专业就是给病人打针挂水,是适合女孩学习的专业,曾不止一个人问他:"你一个男孩子为什么选择护理专业?"他总是笑着回答说:"因为我觉得学护理会让我有责任感和使命感,当患者在我的精心护理下,一点点好起来,那就是一件非常幸福的事,我也坚信自己一定能够成为一名优秀的'男'丁格尔。"

十年寒窗终圆梦。经过不懈努力和奋力追求,他终于在2018年9月考入江苏卫生健康职业学院,就读于护理专业。刚进入大学,对多数同学来讲,没有了老师日夜的监督,没有了堆积如山的试卷,也没有了起早贪黑的作息,一切都那么令人轻松快乐。但是对刘子凡来说,这突如其来的宽松,并没有使他放松警惕,因为他想在大学成就更优秀的自己,走好白衣天使之路。

勤学苦练，稳步提升

梅花香自苦寒来。医学生的课程涵盖了大学生公共基础课、医学基础课、专业知识课三大类共计三十多门课程，要在两年不到的时间内完成所有课程的学习，学业艰难、任务艰巨。在新学期刚开学时，他的成绩在班级中仅处于中等偏下水平，面对成摞的大学课本，他没有退缩，而是选择了迎难而上。

千锤百炼终成钢。上课时，只要有机会，他总是往前坐，这样不仅可以跟上老师的节奏，还能更好地进行自我约束；为了节约时间，进行高效率学习，他常常将老师的板书记在课本上，再利用晚自习的时间对当天课堂内容进行整理和复习，确保自己听懂、学通、读透。每周末，他都会坚持利用休息时间，对本周重点难点知识进行背记。在这样日复一日、周复一周的努力下，他渐渐地适应了大学的学习节奏，专业知识的基础也愈发牢固。

只为成功找方法。为了在学习中互助互长，他主动与热爱学习的同学组成兴趣小组，一同研究专业课程中的难点、分享学习技巧，这使他的学习效率得到了很大的提升，大一学期末，他的综合成绩名列班级第二，获得了校一等奖学金。

突破自我，全面发展

在学习成绩稳步提升的同时，他也花费不少时间和精力去参加各项活动与竞赛，丰富学习生活，提高自身的综合素质。护理技能大赛、阳光体育节、"墨海飘香"读书节朗诵大赛、护理礼仪大赛等都留下了他忙碌的身影。他的付出得到了老师和同学们的高度认可，他成功担任国旗班副班长、护理学院团总支副书记，在一个个清晨，他护送国旗，目送它冉冉升起；在一项项活动中，他扛起责任勇创佳绩。

准确定位谋发展。随着专业知识学习的深入，他接触到"急危重症护理学"这门课程，其中关于 ICU 的学习格外令他着迷——ICU 是由受过专门训练的医护人员，利用先进的监护设备和急救措施对各种重症患者进行全面监护和治疗的单位。重症患者，是子女的牵挂，是父母的希望。如果能将他们从死亡线上抢救回来，那就是对一个家庭的拯救。因此，他的职业目标便细化为当一名 ICU 男护士，这使他的人生方向忽然明朗了起来，他开始着手了解这个岗位。适逢学校举办职业规划大赛，他通过报名参加竞赛来探索"男"丁格尔之路。通过激烈的角逐，他最终代表学校参加省级职业规划大赛并在省赛的舞台上荣获了"武进人才杯"江苏省第十四届大学生职业规划大赛特等奖，被评为江苏省"优秀学生干部"。

以赛促练创佳绩。正是通过这次职业规划大赛，他对 ICU 护士的认识更加深刻。在江苏省人民医院见习期间，他第一次踏进 ICU，面对的已不再是实训楼的橡皮人，而是生命垂危的患者，耳边也不再是同学轻松的交谈，而是此起彼伏的警报声。正是在那里，他真正意识到生命的转瞬即逝，也感受到肩上患者以性命相托的重担。两周的见习，他深刻地体会到临床工作中必须坚持一丝不苟的精神，也意识到危重症病房护士必须具备丰富的专业知识和娴熟的操作技能；同时，他也清楚地认识到自己离一名合格的ICU护士还任重道远。

未来的路就在脚下，他从未因为学业的繁重而气馁，也不曾因为临床的辛苦而抱怨。他曾说：作为一名男生，我愿意扛起生命的责任；作为一名护士，我愿意助健康之完美。他会用坚持不懈的努力来履行一名白衣天使的职责和使命，拯救人类之病痛，服务卫生事业之发展。

人物简介

陈 钢

中共江苏省委党校世界经济与政治教研部世界经济专业2018级硕士研究生。曾获国家励志奖学金、校奖学金、第六届金陵研究生社科论坛优秀论文二等奖、2018年度江苏省"社科应用研究精品工程"优秀成果三等奖、中共江苏省委党校2020年度优秀科研成果精品奖等。参与课题研究8项,发表学术论文6篇,参与撰写决策咨询报告3篇。

行远自迩,踔厉奋发

时光荏苒,在中共江苏省委党校读研的韶华如白驹过隙、倏忽而逝,在此期间,陈钢始终心怀理想、脚踏实地,恪守着"宝剑锋从磨砺出,梅花香自苦寒来"的坚定信念,由一名成绩平平的普通学生,逐步蜕变为一位成绩优异、综合素质突出的优秀硕士研究生。在中共江苏省委党校提供的优质平台上,他用自己的信念与努力为青春添上了最浓重的一笔,同时,也为他的求学生涯提交了一份理想答卷。他品学兼优,曾获国家励志奖学金、校奖学金,被评为校"优秀学生干部""优秀共青团员"等;他热心服务集体,曾担任辽宁大学爱心社社长、中共江苏省委党校世界经济专业、2018级硕士研究生学习委员、中共江苏省委党校2019级在职研究生辅导员。此外,他的科研成果丰厚,读研期间,他获得校优秀科研成果精品奖、金陵研究生社科论坛优秀论文二等奖,参与撰写的决策咨询报告得到江苏省省长吴政隆、江苏省委组织部部长郭文奇、江苏省副省长陈星莺的充分肯定性批示。他参与撰写的课题研究成果论文获得多个奖项,以第一作者发表各类论文近十篇。

书山有路勤为径,学海无涯苦作舟

蔡元培曾说过:"大学者,研究高深学问者也;大学者,囊括大典、网罗众家之学府也。"很多人在读研前都会立下豪情壮志,要读出精彩,陈钢也不例外。但从工学跨到经济学，从软件工程专业跳到世界经济专业，这样的跨专业谈何容易？在做好"打硬仗"的心理准备后，他毅然决然地踏上了逐梦之路，开始朝着自己的理想发奋图强。读研后，他专业基础不扎实、专业素养有所欠缺的问题就逐渐显露，导师薛莉教授决定对他实施"定制培养计划"，他也下定决心要认真落实计划，及时补好"专业短板"。在研究生一年级的第一个学期，他每天按计划读经济学经典著作50页，每周做总结PPT与导师交流读书感悟。此外，他还将授课老师们推荐的专业书籍找来阅读，尽自己的最大努力来提升知识储备。正是养成了这种高强度、高质量的阅读习惯，他才能在短暂的硕士生涯中，完整地阅读众多经济学类经典著作，以及文、史、哲类书籍。得益于此，他在课堂上可以较好地理解和吸收知识，思考问题的逻辑也变得更加严谨缜密。他的读书笔记还在江苏省委党校第四届硕士研究生"经典研读"活动中获得优秀成果奖。在读书的闲暇之余，他还乐于记录读书的感悟，在多个社交网络论坛中发布的读书笔记已收获千赞。

纸上得来终觉浅，绝知此事要躬行

读书固然重要，但他深知"行是知之始，知是行之成"的道理，踊跃参加各类调研实践活动。2018年12月，他加入"无锡高新区高质量发展研究"课题组，跟随课题组多次前往无锡、扬州等地调研。在调研期间，他同当地分管领导、项目负责人深入探讨交流，在座谈会上积极发言，不断开阔视野、提升胆量。调研后，他认真整理发言记录、查阅书籍文献，并与课题组成员细致讨论研究思路和方法。最终，他不仅顺利地完成了撰写调查研究分析报告并报送市领导的任务，还协助完成了组稿、校对、排版、制作结项汇报PPT等工作。2019年5月，他加入江苏省"社科应用研究精品工程"课题组，开始了第一项省级课题研究工作。在这项课题研究中，他承担了撰写三篇分报告的重要任务，从前期查阅文献、收集资料，到实地调研、参加会议研讨，再到完成初稿、多次修改、形成终稿，每一个阶段的工作他都尽心竭力，认真践行求真务实、实事求是的学术精神。功夫不负有心人，该项课题研究不仅按计划顺利结项，研究成果还获得由江苏省哲学社会科学界联合会颁发的优秀成果三等奖。这是他读研以来的第一个学术奖项，这份奖项不仅是一种荣誉，还是一种认可，激励了他在科研道路上继续前行。2019年12月，他又加入国家社科基金项目课题组。从校级课题到省级课题，再到国家级课题，尽管之前已经顺利完成了两次课题研究工作，但他仍丝毫不敢懈怠。在项目开展过程中，他多次跟随课题组参加调研会议，在每一次座谈会之前，都会提前做好准备工作，与导师沟通交流、查阅相关文献、阅读有关书籍，并把重点内容和疑惑之处标注清楚。在会议中，他认真完整地记录会议内容，并在提问环节积极发言，努力探寻每一个问题的答案。会议结束后，他会迅速整理会议内容，提炼会议摘要，第一时间为课题组提供详尽的资料。

江苏省委党校致力于培养学生坐下来能写、站起来能讲、遇到问题能解决的优秀品质，而他一直在用实际行动践行着这一理念。

世事洞明皆学问，人情练达即文章

虽然平日里科研工作安排得十分紧密，相比于本科阶段自由支配的时间也相对较少，但当老师和同学们需要他时，陈钢还是会义无反顾地站出来为大家服务。由于具备扎实的计算机基础，加入研究生会网编部后，他就挑起了重担，负责了包括海报设计、后台保障、宣传视频制作、官微平台维护等在内的多项重要工作。他以百分百的热情积极参与各项活动，力求在活动中不断提升自己、奉献自己，大家对他的工作成果都给予了高度评价。同时，他还担任班长，并于2019年带领世界经济专业班获得"先进班级"荣誉称号。作为一名班干部，他始终坚持"在其位、谋其政、尽其职、胜其任"的理念，想同学之所想、解同学之所难，全心全意为大家服务。

硕士阶段的学习即将结束，陈钢的求学生涯也将告一段落，作为一名党校人，他秉承"实事求是"的校训，尊敬师长，友爱同学，严格遵守学校的规章制度，并积极踊跃地参加各类校园活动，时刻保持积极乐观的生活态度，一路前行。他相信天道酬勤，只要付出足够的努力，就可以得到相应的回报。人生在勤，不索何获？

人物简介

李欣雨

中共预备党员，无锡学院通信工程专业 2017 级本科生。曾获院特等奖学金、全国大学生英语竞赛二等奖、江苏省高等数学竞赛本科三级二等奖等，被评为校"三好学生标兵"、江苏省"优秀学生干部"等。

时光巷陌，彼岸花开

时光荏苒，转眼间李欣雨已经是大四的学生了。回顾过去三年的大学生活，她感触颇深，光阴未虚度，自己迈出的每一步都坚实而有力。

辛勤耕耘的播种者

李欣雨在过去的三年中各科学习成绩优异，90% 的课程成绩在 90 分以上，其中大一、大二、大三的加权成绩分别是 92.4 分、94.58 分、94.14 分，连续三学年加权平均分和综测成绩位列专业第一，连续两学年获院特等奖学金，被评为校"三好学生标兵"和江苏省"优秀学生干部"。她在各类学科竞赛中也取得了不错的成绩，获得了江苏省高等数学竞赛本科三级二等奖、全国大学生英语竞赛二等奖等。她积极考取各类证书，通过了计算机二级和三级等级考试，并以优异的成绩通过了英语四、六级考试。她深知这些成绩是自己不懈努力得来的，因此并没有感到骄傲，而是再接再厉，向知识的顶峰攀登，努力超越自己。

除了学好课内专业知识，李欣雨也积极参加课外科研探索。她参与了教育部产学研协同育人项目"新媒体大数据环境下大学生思想政治教育方法创新研究"，负责资料和信息的搜集工作。她作为项目第一负责人申报了江苏省大学生创新创业课题"基于 Matlab 的汽车安全制动研究"，目前项目正在有条不紊地进行。在学院"互联网+"创新创业大赛

中，她们团队的创意作品《"书虫"绿色智能书淘交易平台》获得铜奖。大三上学期，她参加了江苏省大学生机器人大赛。备赛期间，她每天都会早早地来到实验室，在遇到技术难题时，她没有轻言放弃而是耐心地和小组成员一起讨论问题，不断调整已有的计划，制定新的解决方案。遇到暂时解决不了的问题时，她会虚心地向指导老师请教或者在图书馆和网上搜集相关参考资料，然后一遍一遍地进行设备调试和模拟试验。经过无数个共同奋斗的日日夜夜，最终团队在江苏省大学生机器人大赛中获得光电搬运项目一等奖。这次比赛经历，使她明白了团队协作是成功的基础，充足的准备以及扎实的理论知识基础是成功不可或缺的条件。

认真负责的管理者

学习只是大学生活的一部分，李欣雨通过竞选成了班级的学习委员，她积极地协助其他班委和老师一起管理班级，组织同学们参加各项集体活动，如学风建设大会、团学活动等，增强班级凝聚力。当同学们学习上遇到问题时，她都尽自己的最大努力热心帮助同学们答疑解惑。新冠疫情期间，她和其他班委共同组织了"线上云班会"，这次班会通过线上会议的方式进行，结合当时的疫情和同学们网上学习的情况展开。她组织同学们观看与疫情相关的纪录片和新闻，同时就"大学生应该如何参与疫情防控"等问题展开讨论，同学们各抒己见，踊跃发言。这次会议也让同学们对疫情有了更加深刻的了解，同时也对战"疫"的胜利充满了信心。正是通过班级同学的共同努力，她们班获得了多项荣誉，被评为院"学风建设先进班集体"、校"五四"红旗团支部和江苏省"先进班集体"，这是对她工作能力与态度的肯定。

宁静致远的实践者

大一暑假李欣雨去上海迈才信息科技公司新媒体运营岗位实习，负责公司微信公众号的管理和运营。因为没有相关的工作经验，所以在实习的这段时间里，她每天都会提前来到公司，浏览大量新闻，查看栏目的内容和风格，积极听取主管提出的改进意见。一个星期以后，她就熟练掌握了内容的编辑和排版，推文也获得了很高的阅读量和点赞量，受到了领导的赞许和青睐。这次工作经历，极大地提升了她的自信心，为她今后在学校从事官微运营工作打下了良好的基础。大二时，李欣雨成为学院官微团队的一员，她编写的有关无锡学院2018级新生数据大放送的推文，获得了8 000多次的阅读量，同时这篇文章也得到了学院老师的认可和赞赏。因为工作表现优异，她获得了2017—2018学年无锡学院微信公众号运营工作"优秀采编"的称号。大三学年，李欣雨还担任了南京信息工程大学雷丁学院办公室学生助理，帮助老师处理学院外教的相关事宜，她良好的沟通协调能力得到了师生的一致好评。

"静坐时光巷陌，看彼岸花开"，是李欣雨的座右铭。作为一名新时代大学生，在学好专业知识的同时，李欣雨也在不断开阔自己的视野。正如法国著名数学家达朗贝尔说的：前进，就会产生信念。在未来的日子里她将以百倍的信心和万分的努力去迎接更大的挑战，用辛勤的汗水和默默地耕耘去谱写更美好的明天。

人物简介

沈 阳

无锡太湖学院会计学院会计专业 2018 级本科生。2016—2018 年服役于中国人民解放军 73051 部队，荣获"强军梦，我的梦"主题演讲比赛三等奖、新兵大队嘉奖、优秀义务兵嘉奖等。曾获校一等奖学金，被评为校"优秀共青团员""抗疫先进个人"、无锡市"三好学生"等。

往者已矣，来者可追

沈阳是坚毅与勇敢的，军旅生涯中，他不怕苦，不怕累，坚持锤炼意志，增强保家卫国的本领；大学生涯中，他敢于挑战，勇于争先，积蓄服务社会的力量。

投身军旅多磨砺

一份是大学录取通知书，一份是入伍通知书，2016 年的暑假，沈阳做出了人生的第一个重要选择。从小对军营的向往让他毅然选择了保留学籍参军入伍。"快看，沈阳打出了满环成绩！"在新兵训练科目 100 米卧姿有依托射击考核中，他成为整个新兵大队第一个打出满环成绩的人，这让他当场获得嘉奖。成绩的背后凝聚着他平时的汗水，从第一次射击训练开始，他就给自己加码，别人的枪上挂一个水壶，他的枪上多挂一块砖头，别人周末休息的时候，他一个人在俱乐部背诵射击的动作要领……"沈阳，别练了，我们一起看会儿电视，上会儿军网，玩会儿游戏！"他的额头上渗出豆大的汗珠，手也止不住地颤抖，但却摇了摇头说："你们先去吧，我再练会儿。"2017 年 8 月，正值部队驻地厦门举办金砖会议，他所在的单位被抽调担任警戒任务，他因表现优异，被抽调至核心区域进行安全保卫工作，这也是他第一次执行领导人的警卫任务。同年 9 月，他凭借综合选拔第一名的成绩，执行厦门大学的军训任务。因为全年表现优异，他在 2017 年 12 月被授予"优秀义务兵"称号。

扛起红旗勇争先

沈阳带着红军传人"见红旗就扛、见第一就争"的优良传统，返回了大学校园，重新开始了学生生涯，他跨专业选择了会计学。虽然两年多没有接触书本知识，但是面对学习，他有破釜沉舟的勇气。大一学年，他就以综合测评专业第一的成绩脱颖而出，他还一次通过了全国大学英语四、六级考试，获得了全国计算机二级证书、全国初级会计资格证书、普通话二级甲等证书。学业领先，思想、行动更争先。作为一名党员，疫情期间，他主动向所在社区党委递交请战书，主动投入社区防疫工作一线，他连续执勤了近20天，直到社区服务点撤离他才离岗。因为志愿服务表现突出，他被社区评为"优秀志愿者"并作为志愿者代表上台发言。他的实践脚步从未停歇，大一暑假，他参加了学校最大的支教队——太湖青年支教队并担任队长，带领队伍获评江苏省"三下乡"重点团队。大二时，他参加全球物联网博览大会，担任物联网公园志愿者组长，受到物博会前线指挥部的一致好评。

用心工作过得硬

"班级工作只能过得硬不能过得去。"在入学竞选班长时，沈阳就树立了这样的信条。在英语四级考试前，他带着班级同学共同复习，制定科学学习方法，营造浓厚学习氛围，最终42人通过32人，通过率为2018级全校第一名。在班级管理中，他将部队的优良传统带到班集体中，叫响"红色底色，文化特色，学生本色"的口号，形成了"突击能力强，完成任务好，特别讲团结"的优良班风。他还创造性地开展了心理治愈系列活动、每周体育活动一小时以及经常性批评与自我批评等活动，受到学校微信公众号的专题报道。令同学们印象深刻的是大一元旦期间，沈阳组织了一场别开生面的元旦文艺会演，真正做到了所有人是演员，是导演，也是观众，全班都参与其中，这不仅为同学们的大学生活留下了美好回忆，还增强了班级凝聚力。在沈阳的持续努力下，他所在班级先后荣获校"优秀班集体""先进班集体"无锡市"先进集体"等称号。

雄关漫道真如铁，而今迈步从头越。面对未来，他勇往直前！

人物简介

张 宇

无锡职业技术学院2018级顾秋亮创新班专科生。曾获国家奖学金、国家励志奖学金、全国高职院校"发明杯"大学生创新创业大赛二等奖，被评为江苏省"三好学生"、无锡市"三好学生"等。主持/参与申获发明专利6项，以第一作者申获实用新型专利15项，发表学术论文1篇。

道阻且长，行则将至

没有等出来的精彩，只有拼出来的辉煌。提起张宇，大家的印象是"他是一个步履匆匆的人"，而张宇却对忙碌有着自己的见解，"我们无法估算未来的路途有多远，但我们可以把握当下的每一个人、每一件事和每一道风景。"

学而真用，追求真知深学笃行

一直以来，张宇给自己定的目标就是成为让学校引以为傲的学生。为了实现自己心中的小理想，他每天都给自己排满了学习任务，周围的同学都说他将大学硬生生地过成了高三。他凡事都严格要求自己，努力奋斗，将创新创业的精神发扬到学习上，把每门课程都当作一个项目来做，他的成绩总是保持年级第一，连续四次获校学习优秀奖学金一等奖和校"三好学生"，2019年被评为无锡市"三好学生"，第二年又被评为江苏省"三好学生"。身为预备党员，张宇在实践中不断提高自我，是一名政治立场坚定、道德品质高尚、富有创新精神、综合素质突出的新时代优秀党员。他用自己的行动激励着周围每一位同学，充分发挥党员先锋模范作用，为大学生树立着品学兼优的好榜样，是一个全面发展的励志大学生典型。

切问近思，潜心提升科研能力

一次偶然的机会，张宇看到了校科技协会学长的事迹，激发了他对科研创新最纯粹的热诚。白天结束繁忙课业后，他就进入科协学习，一次次反复尝试创作各类比赛作品、撰写修改发明专利、推敲申报课题。在参加江苏省电子设计大赛的时候，为了争取更多备赛时间，张宇和团队成员熬了好多个通宵，当队友不知不觉酣睡在电脑前，张宇默默地脱下外衣为队友披上。深夜的凉意刺激着他困顿的神经，打个激灵后他又转头继续投入备赛中。拿到奖杯后，他也没有停歇，而是继续投入下一个比赛。

寒来暑往，多少次披星戴月，张宇的身影活跃在各项双创比赛中，他先后获得江苏省电子设计大赛本科组二等奖、江苏省机械创新设计大赛三等奖、全国大学生红色旅游创意策划大赛三等奖、江苏省"阅江杯"大学生优秀专利创业项目大赛三等奖、"创响无锡"全市大中专院校创新创业大赛一等奖等多个奖项。

坚实理想，用奉献谱写青春篇章

张宇常怀志愿服务之心，用热情诠释志愿精神。他先后参与了无锡马拉松比赛的志愿服务、国赛"三维天下杯"志愿活动、大学生暑期"三下乡"支教活动，以及新生入学、毕业生招聘等多项志愿服务。为培养自己各方面的能力，本着服务同学的初心，张宇在学校的学生事务中心勤工俭学，尽职尽责、快速高效地帮助同学们解决各种问题。

2020年初新冠疫情暴发，张宇从父亲口中得知社区建立了防疫工作站，于是主动请缨参加社区疫情防控一线工作。他负责社区卡口管控、入户调查、防疫用品搬卸、体温检测、人员密集场所巡查、防疫知识宣讲等一系列事务。防疫工作站条件简陋，夜晚天气寒冷，冻得张宇直发抖，但是执勤期间害怕有人半夜翻越隔离网，他也不敢睡觉，裹紧棉大衣，向一起执勤的老党员学习坚守和执着。一直到当地疫情稳定下来，张宇累计志愿天数长达18天，志愿服务时长超过250个小时。当地政府部门对他的精神予以高度认可，专门为他写了疫情防控感谢信。"这封信让我深受鼓舞，不管多辛苦都值得！"张宇开心地说道。

掷地有声，让实干成为一种气度

善于思考、勤于动手的张宇在担任学校科技协会会长期间，积极组织招新，招新人数创历史新高，他带领科技协会成员参加江苏省本科组电子设计大赛，完成了跨学科、越级别与本科院校学生同台竞赛的挑战并获奖。为给同学普及创新知识，他主动联系专利代理公司来校召开专利讲座。不管学业有多繁忙，哪怕在期末考试前夕，他也会准时准点地

给科技协会成员们培训专利写作，悉心指导成员们申报一项又一项专利。同时，他也注重推动科研项目的成果转化，主持或参与申获发明专利6篇，以第一作者申获实用新型专利15项，撰写的科技论文《基于超声波和云物联技术的高空抛物监测系统》在省级期刊上发表。

  在校期间，张宇获得国家、学校和企业的爱心资助，感恩他人、回馈社会的念头在他心中奔涌。2020年8月，张宇联合校内老师和同学共同创建了无锡士必科电子科技有限公司，这是一家科技创新与发展型公司，旨在为社会科技发展贡献力量。张宇希望有一天能够创业成功，像为他提供过资助的爱心人士那样，设立爱心奖助学金，惠及母校和社会，助力寒门学子成就梦想。

  道阻且长，行则将至；行而不辍，未来可期。张宇将带着收获和希望，迈着创新驱动的坚实步伐，大踏步地勇往直前。

人物简介

吕培召

中国矿业大学电气与动力工程学院流体力学专业2019级博士研究生。曾获研究生国家奖学金、校优秀创新硕士奖学金、校"协鑫奖"奖学金、"杰瑞杯"第七届中国研究生能源装备创新设计大赛三等奖、江苏省研究生节能低碳科研创新实践大赛二等奖、第二届"协鑫杯"大学生绿色能源科技创新创业大赛三等奖等。以第一作者发表SCI论文5篇，EI论文2篇，授权发明专利2项。

方向、信念与坚持

并不是所有的人从一开始就知道自己未来要做什么，人生道路也因此充满了各种选择和诱惑。而一个人的进步和发展的前提是要有一个明确的方向、一个能够说服自己坚持不懈、努力向前的信念。

初入研海，坚定方向

可以说吕培召同学是一个幸运的人，他依托学院的"卓越工程师计划"，有幸在本科阶段就进入到实验室，开始真正接触科研和学术工作。初入门径的时候，虽然对学术与科研一无所知，但他依然充满了好奇与热爱。从此，他决心要恶补学术基本功，实验室成了他的第二个"基地"，他认真阅读每一篇文献，学习每一个专业术语，分析每一种研究方法。本科阶段的积累，为后续研究生阶段的科研生活打下了坚实的基础。

2017年吕培召同学开始了研究生生涯。初入研海，根据实验室课题的需求，他也开始了自己的研究工作。虽然所做的工作和本科阶段有所不同，但是他的热情不减。研究生阶段的工作难度更大，困难重重，一方面是必要的知识储备，另一方面是严苛的实验条件。前方一片迷雾，他又开始了新的征程。

有了新的研究方向和新的研究内容，一切要从头开始，采购必要的设备、工具，还要

做必要的知识储备。受限于当时的条件，实验一度陷入僵局，工作似乎进入了死胡同，但是他并没有妥协：既然实验进行不下去，就先从数值计算开始。于是，研究生阶段的第一年，他便数值计算的工作。经过一年多的沉淀，他渐渐入了门，只要一有机会，他就会想办法推进实验的正常进行，经过近两年的努力，实验工作逐渐走上了正轨。这是沉淀的阶段，只有真正经过了沉淀，才能迸发出更大的能量。

坚定信念，奋勇向前

当今世界正处于百年未有之大变局，我国的各个领域都繁荣发展：医疗体系与疫苗研制、5G 技术、量子通信等领域逐渐走在了世界的前列，航天技术、太空探索事业进行得如火如荼。我国的学者在各个领域辛勤耕作，为实现中华民族伟大复兴的"中国梦"挥洒热血。吕培召同学认为，作为研究生，站得高，才能看得远，看得远，才能走得远。路漫漫其修远兮，吾将上下而求索！在这个充满机遇和挑战的时代，无论是学习还是工作，都要树立相应的目标，有一个三至五年的规划。

科研的味道是五味杂陈的，有人觉得枯燥乏味，有些人却觉得秀色可餐，究竟如何，取决于怎么看待。科研的日子是乏味的、辛苦的，需要持之以恒的精神，勇于坐冷板凳。但科研同样是幸福的、充满乐趣的，因为思想可以在文献中与国内外的知名学者产生共鸣。科研的路上，可能会遇到很多难以解决的问题，让人无从下手，但问题解决之后却又能让人通体舒畅，这样的生活，虽苦犹甜！

不懈坚持，努力飞翔

学术素养要靠时间积累，机会要靠自己把握。在导师的支持下，吕培召同学积极参加国际能源与人工智能大会、中国工程热物理年会、全国储能大会等会议，研究成果也逐渐得到国内外同行的认可：他已发表 SCI 论文 10 篇，EI 论文 2 篇，授权发明专利 2 项、实用新型专利 2 项。此外他还获得了江苏省轻工业科学技术奖一等奖、江苏省工程热物理学会科学技术奖二等奖、徐州市科学技术奖二等奖等科研奖项。目前，吕培召同学已申请并获得了国家留学基金委的全额资助，前往英国帝国理工学院接受为期两年的联合培养。

吕培召同学说，他并不比别人聪明多少，只是真心热爱科研事业，努力踏实做好手上的事，面对困难，迎难而上，具有清晰的目标，遵循"好学力行，求是创新，艰苦奋斗，自强不息"的精神，敢于探索未知，勇于坐冷板凳，怀着"浪漫主义情怀，英雄主义气概，革命主义精神"去体会学习生活中的每一分苦，享受每一分甜，如此而已。

人物简介

文梓棋

中共党员，中国矿业大学信息与控制工程学院2017级本科生。曾获国家奖学金、中国工程机器人大赛暨国际公开赛二等奖、全国大学生数学竞赛（非数学类）三等奖、徐州市高校智能小车制作大赛二等奖等，被评为江苏省"优秀学生干部"、校"优秀学生干部""优秀共青团干部"。已完成大学生创新训练项目省级、校级各1项。

不驰于空想，不骛于虚声

"好学力行，求是创新"，这是中国矿业大学的校训，也是文梓棋最喜欢的一句话。2017年9月，带着对大学生活的无限向往，他来到了中国矿业大学。在学业方面他奋发向上、苦心钻研；生活态度上他积极乐观、执着进取；学生工作上他服务同学、尽职尽责，他用自己的信念与努力谱写着青春的乐章，在追逐理想的路上踏实前进，潜心探索，一步一个脚印，取得了一项又一项成绩。

心之所向，素履以往

"思想是导游者；没有导游者，一切都会停止，目标会丧失，力量也会化为乌有。"大学是人生成长的重要阶段，是世界观、人生观和价值观形成的关键时期，文梓棋努力提高自己的思想觉悟，不断锤炼人格品质。入学之初，他就递交了入党申请书，秉承着"奉献的青春终不悔"的价值观，在三年间不断学习与成长，最终成了同期的第一批中共党员。入党后他更意识到一种责任压在肩头，要在学习、生活及各种实践活动中自觉做好先锋表率，带头在广大青年同学中践行社会主义核心价值观。他先后担任了院党员工作站站长、本科生第二学生党支部副书记、党工委楼小组组长等职务，发挥党员先锋模范作用，积极参与班级、年级、学院等各项事务，这些不仅提升了他的政治素养，也指引着他树立正确的人生观、价值观，使他认识到一个人只有在奉献中才能真正实现自己的价值。

潜心修炼，厚积薄发

高士其说："对世界上的一切学问与知识的掌握也并非难事，只要持之以恒地学习，努力掌握规律，达到熟悉的境地，就能融会贯通，运用自如了。"在学习上，文梓棋目的明确，勤奋刻苦，锐意进取。每个学期，他都会制订科学、合理的学习计划，周密地安排时间，最大化地提高学习效率。正是这种好习惯，他打下了牢固的知识基础。

学不可以已，学生的第一要务便是学习。文梓棋前三年加权成绩排名专业前10，三年来必修课程成绩均在80分以上，90分以上53门，同时连续三年获得国家奖学金，还获得了孙越崎教育基金会优秀学生奖、大地公司奖学金等，被评为信控学院"学习之星"，并带领班级连续两次获得"优良学风班"荣誉称号，整理了40余门专业课学习资料供同学们分享。

不登高山，不知天之高也；不临深溪，不知地之厚也。只有将所学课程知识应用于实践，才能做到知行合一。文梓棋积极投身于专业科研与竞赛，将所学知识融汇到实践中，他作为队长成功研发了一款集循迹、避障、搬运、堆叠、颜色识别、自主定位、自主规划路径于一体的智能搬运机器人，并获得中国工程机器人大赛暨国际公开赛二等奖、第三届徐州市高校智能小车制作大赛二等奖等奖项，同时完成大学生创新训练省级项目"基于软件无线电的新型带通采样接收机平台设计与开发"及校级项目"轮式巡检机器人底盘设计"。

心怀明月，光照四方

"天下难事，必作于易；天下大事，必作于细。"他曾担任信控学院团委学生副书记、电信2019—12班班级导师、院科协主席、班级学习委员等职务，积极参与各项事务，累计举办各类活动30余次，有效地带动了学院的学习、科创氛围，带领院团委获"全国煤炭行业五四红旗团委"荣誉称号，带领院科协获中国矿业大学"优秀院级大学生科学技术协会"荣誉称号，并荣获江苏省"优秀学生干部"、校"优秀学生干部""优秀共青团干部""暑期实践先进个人"等称号。作为一名学生干部，他以高度的责任心和服务意识无私地为同学服务。

面对突如其来的疫情，他积极响应国家"停课不停教，停课不停学"的号召。在刻苦学习的同时，他将所学知识应用于实践，借助钉钉等平台面向全校同学举办了线上"院长杯"SEA论坛系列讲座，邀请了学院多位教授对电子设计竞赛、RoboMaster机器人大赛、数学建模等进行了讲解，得到了同学们的热切响应。为帮助大家更好地进行生涯规划，他邀请了学院老师与优秀同学，以新学期的课程学习、保研的准备等为主题举办了多场线上专题分享会。他还直接负责摸排疫情期间班级五位同学的身心状态，与班级一名重点疫区的同学建立"一对一"联系，通过电话问询等方式了解同学的健康状况，做到"底数清、情况明"。他以昂扬的斗志、饱满的热情、敬业的精神、一丝不苟的态度投身到工作中去，得到了老师和同学们的认可。每一次的付出不一定有收获，但是每一次的收获必定有付出。

　　他对学校充满了热爱与感激："是矿大给了平凡的我一个超越自我的机会，矿大就是我的第二个家；信控有着无比可爱的老师和无比可爱的人，让我有了深深的归属感。"愿他一路高歌，怀梦永随，鲜衣怒马，行走在自己的路上，内心永远明亮且坦荡。

人物简介

赵小丽

江苏师范大学教育科学学院高等教育学专业2018级硕士研究生。曾获研究生国家奖学金、校一等研究生奖学金，被评为江苏省"三好学生"、校"十佳学术创新之星""优秀研究生"等。2019年11月赴新加坡南洋理工大学访学交流。在校期间以第一作者发表CSSCI论文2篇，独立主持江苏省研究生科研与创新计划项目1项。

以学术为志业，书人生之芳华

如果有人问，研究生应该做什么？赵小丽会毫不犹豫地告诉你：潜心学习、深入研究。从成为研究生那一刻开始，她便立下以学术为志、成学术之业的理想。她时刻保持一种"独立之精神，自由之思想"的学术修养状态，始终怀揣着"学如不及，犹恐失之"的治学理念。虽然学术之路走得不是一帆风顺，但她毫不动摇，孜孜不倦地潜心钻研，用实际行动书写着属于自己的精彩乐章。

志在夯实专业基础

成学术之志，需要扎实的专业基础。2018年秋季，入学伊始，她便遇到了许多学业方面的困难：一方面，老师们列出了长长的阅读书单，而这些书目大多涉及高等教育学的专业知识，与她本科所积累的基础知识大不相同，专业学习需要从零开始；另一方面，本科阶段习惯了被动接受老师讲授的知识，没有养成学术人必备的研究性、逻辑性和批判性思维，一时难以适应新的学习要求。导师教导赵小丽，"不积跬步，无以至千里；不积小流，无以成江海"，所有的成功都来自点滴的积累。

赵小丽认为研一是打好专业基础的关键，在这一年里，她将全部学习重心放在著作的阅读与思考上，通过大量阅读高等教育学、哲学、社会学和历史学等方面的书籍，建立自己跨学科的知识结构和多元化的思维能力，真正做到了"两耳不闻窗外事，一心只读圣贤书"。在此期间，她以"君子之行，静以修身"的态度严格要求自己。性格慢热的她从未放慢自己学习的脚步。图书馆的三号阅览室总能看到她学习的身影，或全神贯注地低头看书，或在书桌面前认真思索，或在纸本上书写疑惑与感悟。不论刮风下雨还是酷暑严寒，每天早上6:20她都会准时起床，尽早到达图书馆门口静候开门，每晚10点图书馆闭馆铃声响起，学习兴致亦未散去，她便再到自习室继续学习。日复一日，年复一年，这一习惯已然融入她的日常生活。在她看来，沉下心去钻研每一个问题才是学习的最佳方式。正是因为不间断地阅读积累、学习思考，她对高等教育学的学习兴趣愈发浓厚，也是这执着的学习精神让她多次取得专业课排名第一的优异成绩。

志在探索科学研究

成学术之志，需要执着的科学研究精神。赵小丽的科研之路并非一帆风顺。信心满满的她在图书馆里奋笔疾书，当将第一篇论文交到导师手中时，导师的一句"没有继续修改的价值"让她信心减半，于是她开始反思自身的问题。她发现是自己过于急躁，便继续投入到对专著的阅读中。研一的暑假，她在与导师的多次讨论中找到了新的研究方向，便开始撰写新的论文。论文完成后，又同导师一起反复修改了十余稿，从撰写、修改到投稿录用，前后经历了一年的时间。2020年2月中旬她从新加坡访学归来，正好遇上国内新冠疫情暴发，因无法顺利归家她便申请回校，在学校一隔离便是5个多月。在这期间，她独自一人在宿舍，但封校生活并没有使她感觉到无聊与烦闷，每天坚持读书写作，在与导师的反复磋商中将自己的论文打磨成型。正是秉持着这股韧劲，她以第一作者的身份在CSSCI期刊上连续发表两篇学术论文。

志在拓展学术视野

成学术之志，需要开阔的学术视野。在赵小丽看来，学术研究不能自我封闭，要在与他人交流的过程中提升自己的眼界。她如今取得的成绩离不开导师蔡国春教授与张伟副教授的悉心指导。当赵小丽初入高等教育学之门时，蔡老师就告诫她要广泛阅读，寻找自己的研究兴趣点，深入思考；当她在学习中遇到困惑时，蔡老师会给予最耐心的解答，使她萌发新的研究想法。如果说蔡老师帮助赵小丽找到了研究兴趣和方向，那么张老师则引导她规范做研究，并在讨论中分享了诸多前沿知识与新想法。在与两位导师的多次讨论中，赵小丽打开了研究思路，一步一步迈进学术研究的大门。

除此之外，她还走出校门，积极参加学者们的学术报告会。她先后参加了全国教育社会学专业委员会第十五届学术年会、江苏省高等教育学会2018年学术年会和中国高等教育学会高等教育学专业委员会2019年学术年会等。通过参与这些学术会议，她拓展了自

己的学术视野。她还参与了 2019 年 11 月赴新加坡南洋理工大学访学的交流项目，在这次访学中，她接触到不同领域的学者，在与他们的交流中积累了更丰厚的知识。

赵小丽深知，山脚下的路途平缓而又拥挤，山顶的风景才是绝妙的，要在向往山顶绝佳风景的同时享受攀登的艰辛过程。她希望，未来的自己仍能严于律己，踏实治学。不忘学术初心，以学术为志业。道阻且长，行则将至；行而不辍，未来可期！

人物简介

朱笑语

中共党员，江苏师范大学教育科学学院（教师教育学院）学前教育专业2017级本科生。曾获国家奖学金、校一等奖学金、朱敬文特别奖学金、香港荣芝奖学金，被评为江苏省"三好学生"等。发表学术论文3篇。

将幼师梦想进行到底

作为班长，她勤勉努力，多次带领班级获得校"先进班级"荣誉称号；作为院分团委副书记、院学生第二党支部副书记，她工作踏实，带领团队获得"五四红旗团委"称号；作为中共党员，她信仰坚定，积极参加各项志愿活动，充分发挥了党员先锋的模范作用……

说起这位身兼数职的学生，教育科学学院的师生们不禁竖起了大拇指，"学霸""志愿先锋"是大家对她最多的评价，她就是来自江苏师范大学教育科学学院学前教育专业的朱笑语。

"我要做优秀的师范生"

"因为从小特别喜欢孩子们甜美的笑容，所以很早我就有了明确的人生目标和志向，高考填志愿时我义无反顾地选择了学前教育专业。"谈起当初选择专业，朱笑语坚定地说道。

所以，从迈进校园，朱笑语就一直秉持着自己的理想和信念，踏实学习专业知识，为以后的实践奠定了扎实的理论基础。

"记得刚入学的时候，我的成绩并不是很理想，但就是这一股对专业的执着，让我一步步成为班级第一，我相信只有这样以后才能成为一名优秀的学前教育老师。"朱笑语笑言。

对师范专业的坚持与对自我的高标准严要求，让她的专业技能更扎实，朱笑语不断寻求进步，在夯实自身理论知识的基础上，利用奖学金在课外补习弱势技能，学习钢琴和声乐等课程，不断锤炼专业本领，提升综合素质。

正是这种坚持勉励着朱笑语，也让她在大学期间脱颖而出，顺利获得了多次出国研习的机会。她在大一暑假前往英国爱丁堡大学学习教育管理类相关课程，在大二暑假前往澳大利亚的墨尔本大学学习较为前沿的新兴教育模式——STEAM教育，并在结业考试中取得了优异的成绩。这两段经历不仅开阔了她的视野，而且丰富了她在教育领域方面的知识，对以后的实习起到了十分重要的作用。

"我想，只有在大学里做一名合格的师范生，以后才能成为一名优秀的教师。"朱笑语说道。

"我要用更扎实的理论为孩子服务"

术业有专攻，为了能够更加深入了解儿童，朱笑语在专业学习的同时，积极思考国外幼儿教育模式的本土化实施途径，并在实习过程中逐步尝试多元化教学方式，积累了丰厚的实践经验。

大一下学期，朱笑语就主动联系导师，提出想要研究中美儿童模仿学习行为，并在导师的帮助下，主持校级大学生创新创业训练项目"基于教育大数据的中美儿童模仿学习行为分析与建模研究"。

项目开展伊始，她便留心观察儿童的模仿心理，着手设计实验。在阅读国内外大量相关文献并与导师一次次地探讨后，朱笑语逐渐熟悉实验流程，很快完成了实验设计，还经常跟随学姐前往幼儿园采集数据。

"研究过程中，朱笑语同学特别认真努力，一遍遍耐心细致地修改内容，采集实验数据，思考问题思考得很深入。"项目导师王志丹老师在谈到朱笑语时这样说道。

除此之外，由于研究数据需要运用统计软件，朱笑语便利用网络资源自学process、R Studio及NVIVO等统计技术，主动进行数据与图像处理。"她经常一个人在电脑前改稿到两三点。"朱笑语的舍友王一凡说。

在一遍遍的修改中，朱笑语最终完成了自己的第一项研究。当她将研究成果以海报的形式投稿至国际会议后，顺利收到了英国第四国际兰卡斯特婴幼儿国际会议和国际儿童认知发展双年会的参会邀请，期间她不仅将自己的项目进行海报展示，还与来自哈佛、耶鲁、清华等顶尖学校的学者进行交流。

"我想通过自己的研究，结合不同国家的幼教理念与模式，把所得结论真正运用到实践中，为儿童教育事业奉献自己的一份力量。"朱笑语说道。

"我要用奋斗的青春为党旗增光添彩"

志愿活动达 60 余次，志愿时长达 200 小时，在注重专业学习的同时，朱笑语始终热衷于公益事业。"参加志愿活动是一件很有幸福感的事，在这个过程中我会感到更加充实。"朱笑语说。

在大一下半学期，她就作为核心成员组建了"希音志愿队"，主要关注听障儿童教育问题。她积极联系当地特殊教育学校，每周末转乘两次公交车坐两个小时前往学校进行调研，在指导老师的帮助下为听障儿童制定服务项目，并延续至今。

在大三寒假期间，她主动前往甘肃省陇南市参加全国大学生志愿实践活动，走山路、爬雪山，调研脱贫情况并推广普通话。这样一段段丰富的志愿服务经历，让她收获了成长，也荣获了市"优秀志愿者"和校"志愿之星"等称号。

"工作上认真仔细，勤勉努力，积极参加各项志愿服务活动，深受老师和同学们的喜爱，是学院学生学习的榜样。"教育科学学院党委副书记王淑文如此评价朱笑语。

朱笑语说："作为一名中共党员，我就要以一名优秀党员的标准严格要求自己，无论是在学习还是在工作上都应该发挥党员的先锋模范作用。"

人物简介

程 晨

徐州医科大学医学技术学院临床检验诊断学专业 2018 级硕士研究生。曾获国家奖学金、罗氏诊断研究基金、罗氏诊断教育基金。研究生期间参与发表学术论文 10 篇（第一作者 3 篇），获中华医学会第十六次全国检验医学学术会议优秀论文等国家级奖项 3 个，江苏省第十九次临床检验学术会议优秀论文汇报等省级奖项 3 个。

志存高远，驰而不息

我国著名数学家华罗庚曾经说过，"勤能补拙是良训，一分辛苦一分才"，这同时也是程晨的座右铭。从这句话中他领悟到了许多深刻的道理，努力和端正的态度是一个人取得成功的关键，要坚定信心、脚踏实地、不断努力、勇敢拼搏。

坚持，是一种理想

鲁迅先生曾说过："不耻最后。"即使慢，也要驰而不息。研究生阶段的学习与本科大相径庭，也许是对这种学习模式的陌生，刚开始，程晨总是显得有些不适应，没有完善的实验计划，没有充足的准备，也没有明确的方向，这些都让他彷徨不定，犹豫不决。而在不断的反思和学习中，他认识到研究生阶段的学习不能再像本科阶段一样只是老老实实地坐在图书馆、自习室里阅读书本，还得深刻了解科研方面的知识，培养自己的动手能力。此后，他便主动和导师交流关于实验方面的知识，及时请教和询问，虚心听取建议和意见，及时总结和反思，认真规划和设计，充分利用时间，明确自己的研究方向，严谨、有条理地完成自己的实验目标。就这样，他朝着自己的目标一步一步向前走，"如人饮水，冷暖自知"，从一开始的茫然到后来的得心应手，其中辛酸只有自己知道。在付出了汗水之后，他也收获了各种荣誉：获得罗氏诊断教育基金与大学研究基金，被评为徐州医科大学"三好学生"、徐州医科大学第二届研究生"学术之星"等。这些荣誉对于他来说是一个新的起点，鞭策着他不断前行。

对于他来说，读研是一种乐趣，是一条探索真理的道路，是一把开启科研知识大门的钥匙，是一帖修身养性的秘方。

致力科研，一片硕果累累

作为一名硕士研究生，程晨深知科研能力才是硬实力，在系统学习和较为扎实地掌握了专业基础知识以后，为拓展自己的视野、提高自身的科研能力，程晨阅读了大量的国内外文献，还参加了中美临床微生物及感染病学学术会议、中华医学会检验装备年会、江苏省研究生"重大疾病的分子诊断与精准医学"学术创新论坛、江苏省研究生"免疫与代谢"学术创新论坛、江苏省第十九次临床检验学术会议以及云龙微生物感染论坛等学术会议。有了以上的努力，程晨的科研成果可观。目前，他已参与发表学术论文 10 篇，获得众多奖项。当问到他如何能将科研做得如此之好时，程晨笑道："扎实的学习态度以及充足的知识储备是我做科研的两样武器。"这些成绩背后，是他对科研难以估量的用心和努力。

无私奉献，塑造"身边榜样"

在努力做好科研工作的同时，程晨也会热心帮助实验室的师弟师妹。当师弟师妹们在实验方面遇到困难时，第一时间想到的便是他，而每一次，即便他再忙，也会停下手中的事务热情地给予帮助和指导，将自己的所学所知倾囊相授，因为他希望师弟师妹们可以站在自己的肩膀上继续向前迈进。当然，他也知道不能让别人完全依赖自己，因为自己的事情必须自己完成，"授人以鱼，不如授人以渔"，所以他每次都侧重于告诉师弟师妹们"为什么"，而不仅仅是"是什么"。长此以往，程晨的乐于助人、热情热心受到了老师和同学们的一致认可。

展望未来，期待绚烂篇章

生活中的程晨是一个乐于助人、集体荣誉感强的人，他爱好广泛、积极参加体育锻炼。现如今的他已经是一名专业能力强、做事踏实、思维开阔、想法创新的优秀青年。

转眼间，他在徐州医科大学已经待了两个年头。回想刚刚踏入大学的那一刻，如果不是自己的坚持，就不会有现在的成绩，那葱茏苍翠的梧桐树，那满校园的桂花香，那满树泛黄的银杏，和之前几乎没有变化，但经过时间的雕琢，他却多了几分成熟的味道。

"有福方能坐读书"，他十分珍惜读书的美好时光，在这有限的时间里，他不断地创造属于自己的奇迹，荣誉属于过去，未来他将用自己的执着与毅力继续前行，谱写更加绚丽的青春乐章。

人物简介

马 赫

徐州医科大学管理学院公共事业管理（卫生事业管理）专业 2017 级本科生。曾获国家奖学金、万邦医药奖学金、校一等奖学金、第十六届"五一"数学建模竞赛三等奖、第九届亚太地区大学生数学建模竞赛三等奖等，被评为江苏省"三好学生"等。本科期间发表论文 3 篇。

勤学笃行，蓄志成器

己欲立而立人，己欲达而达人。勤学力耕，怀志成器不是个人发展的终点，而是实现自我价值的起点。作为新时代医学生，只有将自己的志向与增进人民健康福祉的事业联系在一起，才能真正学有所用、学有所成。

学以增智，做肯下功夫的"凡人"

论资质与能力马赫顶多算是散落在正态曲线高峰两侧的小点点。非要揪出来几点不同，充其量是个用点功的"用功点"。

进入大学后，马赫一直保持勤勉踏实的学习态度，第一个学期就以专业课排名第一的成绩"崭露头角"，并收获了"学霸"的称号。而马赫自己却不这么认为，他坦言："我是一个很平凡的人，谈不上天资聪慧，只是在学习上能够做到坚持不懈，比大多数人付出了更多的努力。"从此他更坚定地走专心治学的道路。

他曾思考过，时间有限，若将精力平摊于所有科目，会影响效率，倘若专精某学科又有失公平。考虑再三后他还是决定选择公平而后兼顾效率。于是，不论专业课还是非专业课，学位课还是非学位课，开卷考试还是闭卷考试，他都秉持着知识一律平等的原则，认真对待每门功课。

雨天，他曾踩着通往图书馆小路的路边石绕避积水，也曾为躲避暴雨奔跑；在宿舍楼天台，他曾手捧"毛概"，口迎晨风，也曾手攥"组胚"讲义，在疲惫间出神地端详落日余晖。他有时坐在缓坡旁的长椅上，明知道再晚去吃饭食堂就会挤满了人，但依旧把最后一个定义琢磨清楚后，才起身离去。就这样，他在徐医的天台、长椅、教学楼与宿舍楼楼道留下了自己的独特记忆。在大一至大三的五次期末考试中，他凭借各科的显著优势，平均绩点一直保持专业第一。

学以明德，做德才兼备的"贤人"

一个人形成正确的价值观很重要，就像穿衣服扣扣子一样，如果第一粒扣子扣错了，剩余的扣子都会扣错。人生的扣子一开始就要扣好。这道理也适用于科研领域，要在学业上养成正确的是非观，追求纯粹的学术氛围。

作为班级学委，马赫在严格要求自己深入理解和掌握所学知识的同时，力求以通俗易懂、透彻明晰的方式，教会每一位学习上有困惑的同学。当然，遇到自己也不会的问题时，他会在第一时间弄懂，并分享给同学。面对同学"整理考试重点"的要求，他偶尔也会"狠心"帮忙，但更多的还是交流学习经验、分享学习方法，"授之以渔"。他的这种分享，不仅是在班级内交流学习心得，更是在全院范围毫无保留地向学弟学妹们讲述自己奋斗的青春故事。

在学习之余，马赫积极投身于志愿服务。他曾前往特殊学校教残疾儿童做手工画，还主动到社区辅导小学生做课后作业，到幼儿园给老师和家长宣传基本的营养知识，更是利用专业所长经常走访徐州市各级养老机构，倾听老人们的倾诉，给予他们情感上的关怀。

学以广才，做磨砺玉成的"能人"

"学不可不习。习，数飞也，原指幼鸟学飞。大学给本科生最好的'学飞'平台，莫过于各类社会实践和科研活动。"马赫如是说。

马赫的科研之路始于大二上学期期末。为了编写和完善基于VB的学生成绩管理系统的程序，他不分昼夜地调试和攻克难题，力求完善。虽然最后提交的程序因为系统原因，无法正常运行，令他很是沮丧，但老师的一番话让他很感动："没事，我在乎的是你认真的过程，有这就够了。"他倍受鼓舞，决心一鼓作气，将程序进一步转化为学术成果，最终完成研究并发表论文1篇，还取得计算机软件著作权1项。大二下学期，他还和同学一起参与数学建模竞赛，经过三天的夙夜奋战，获得第九届亚太地区数学建模竞赛三等奖、第十六届"五一"数学建模比赛三等奖。

科研之余，马赫喜欢走进社会，多与人打交道。大二暑假，他参与了徐州市养老机

勤学笃行，蓄志成器　　马　赫

构综合服务能力调研项目，组织协调本组同学深入二十多家养老机构，分别对养老院、养护院、敬老院的护工、老人和管理人员进行系统详尽的调查。从四星级豪华气派的城市养老中心，再到简陋质朴的乡村敬老院，他对于老年人群体及养老院产业的生存和发展状况有了更深刻的体会。作为大学生创新训练项目的负责人之一，他与云龙医院合作走访各小区、社区，开展社区老年慢性病患者心理健康问题资料收集，并参与完成学术论文 1 篇。

马赫逐渐明白，成就和付出是分列于天秤两侧的，没有沉甸甸的付出，怎能获得有分量的成就？大二时，在专业老师的启蒙和指引下，他对代际支持与空巢老人健康的效益关系问题，进行了长达半年多的学术钻研。纵使三天才完成一个统计分析表，半天才磨出讨论部分的几段话，但他一直坚持数据真实、分析严谨的学术原则，字字斟酌，没有丝毫马虎，最终完成题为《代际支持对徐州市空巢与非空巢老人健康影响的比较研究》的论文并成功发表。

道格拉斯·马洛奇在其诗中写道：如果你当不成山巅的一棵劲松，就做山谷里的小树吧——但务必做溪流边最棒的一棵小树。作为新时代医学生，马赫将秉承"学以明德，习以广才"的精神，潜心致学，敏于求知，做好国家与社会所期待与需要的新时代青年，做最棒的自己！

人物简介

马玉龙

中共预备党员，江苏建筑职业技术学院艺术设计学院2018级专科生。曾获国家奖学金、国家励志奖学金、校特等奖学金、2020"挑战杯"中国大学生创业计划竞赛全国金奖、江苏省金奖等，被评为江苏省"优秀学生干部"、校"三好学生""优秀共青团干部"、徐州市"先进个人"等。

红色文化浸润青春的底色

从共青团员到预备党员，从团支书到学生会主席，从校奖学金到国家奖学金，从校级比赛一等奖到全国挑战杯大赛金奖，这些都源自马玉龙与红色故事结下的深厚缘分。

缘起，红色故事

从大一入学开始，马云龙就一直承担校红色文化宣讲团的后期制作工作，每一个红色故事视频的背后都有他付出的心血。他要根据相关的故事背景花数十个夜晚去查找相关的史实，不允许视频中有任何的错误，这是一件非常严谨的事情。从故事资源整合到成果展示，他都会用心搜集资料。他制作的红色宣讲视频，受到了大家的一致好评。

从接触红色故事到独立制作视频，他对红色故事有了更深一层的认识和理解，红色之缘从此开始。他感受到枪林弹雨的革命年代感人故事的震撼、疫情期间逆行英雄们无畏的勇气，这一次次生动鲜活的红色文化教育，把红色基因深深融入到他的血液里，浸入到他的灵魂中，他深刻感受到自己肩负的社会责任和使命，立志不负青春、不负韶华、不负时代，在奋斗的新时代，撸起袖子加油干，以更踏实的心态努力做好红色故事宣讲，弘扬革命精神，传递红色力量。

缘续，薪火相传

虽然校宣讲团工作占据了很多时间，但他在学习方面从不敢有丝毫松懈，这股红色精神也一直勉励着他不断奋进。上课时，他总是坐在第一排，空余时间经常到图书馆浏览、借阅相关书籍，珍惜每一寸光阴，勤学善思。身为团支书的他，还主动与同学交流学习心得，用红色文化浸润同学们的心灵，带领班级获得徐州市"活力团支部"称号。

在担任学生会主席期间，他将红色文化与学生会建设有机结合，打造了一个散发红色气质的学生会，并且协助院团委、学生会各部门，组织开展学习党、团的思想理论，提高学院学生的政治思想水平及自身的理论素质，在全院掀起了红色文化教育的热潮，让红色精神薪火相传。他多次组织同学们到红色教育基地参观学习，通过真实情境的再现，让同学们感同身受，红色信仰之火在同学们的心中熊熊燃起。

缘定，未来可期

2018年暑假他以队长的身份带领红色文化宣讲团参加了暑期"三下乡"社会实践活动，走进机关、基层、部队，以大学生视角讲述红色文化故事，传播红色文化精神，与解放军第七十一集团军王杰部队、淮塔管理局和徐工集团陆续建立了大学生校外实践活动共建共育基地。宣讲团前往山岛，参观岛上设施和文物，深入学习时代楷模王继才的先进事迹和高尚品德；走进淮海战役烈士纪念塔，为革命烈士敬献了花圈，听取"淮海战役胜利的原因分析"专题讲座，观看专题片《解放——决战淮海》，体验纺车纺线、制作拥军鞋垫、石臼舂米等，感受支前人民的不易；建军节前夕，到空防工程大队参观队史馆，观看格斗训练表演，并参加了"'启航新征程，共叙鱼水情'八一晚会"，深情讲述红色故事。

2020年8月他与团队成员参加了第十二届"挑战杯"江苏省大学生创业计划竞赛，在团队中他主要负责PPT制作与省赛答辩，在指导老师和项目负责人的带领下，他将答辩稿修改了一遍又一遍，是心中的红色之火让他坚持到最后，最终一举拿下江苏省金奖，进击全国总决赛，并拿下乡村振兴和脱贫攻坚组金奖。赛后他积极与同学们分享这次参赛心得：要把握时代脉搏，将所学知识与经济社会发展紧密结合，培养和提高创新、创造、创业的意识和能力，争做新时代具有社会责任感的红色青年！

在疫情防控期间，他积极组织学院团员开展"青年大学习"网上主题团日活动。通过线上团课、班会学习，将党中央的精神学进去、传出去，帮助大家坚定信心、科学防疫。同时他还动员团员们在保证自身安全的前提下，在家乡所在地为防疫工作贡献自己的力量，积极投身所属社区的疫情防控工作，让团旗飘扬在防疫一线。他积极发挥红色文化宣讲的优势，搜集一线抗疫的资料，通过整理编辑配音，制作了多期防疫故事宣讲视频，在多个微信公众号平台公开发布,并组织团员们在直播平台线上互动,讲述战"疫"故事,他用自己的力量为全国抗击疫情贡献了一份光和热。

这些成绩的取得,都源于他有一颗红色的赤诚之心。他深知自身还存在许多不足,还要继续严格要求自己,勤奋钻研、勇往直前。

他与红色文化将"缘定终身",他立志要树立更加远大的目标,让红色文化浸润青春的底色,迈着更坚实、稳健的步伐,去实现人生的理想与价值。

人物简介

侍会声

中共预备党员，徐州工业职业技术学院机电工程学院机械制造与自动化专业2018级专科生。曾获国家奖学金、校一等奖学金、第六届江苏省"互联网+"大学生创新创业大赛一等奖、第十三届"西门子杯"中国智能制造挑战赛一等奖、江苏省"数控机床装调维修及智能化改造"二等奖等，被评为江苏省"三好学生"、校"优秀团学干部"等。

恰逢青春年少，最是赤子热忱

中华正复兴，青年当努力。在追逐梦想的路上，即使面对艰难险阻，也要不断奋斗、砥砺前行。侍会声始终牢记习近平总书记"新时代青年要乘新时代春风，在祖国的万里长空放飞青春梦想，以社会主义建设者和接班人的使命担当，为全面建成小康社会、全面建设社会主义现代化强国而努力奋斗"的殷殷嘱托，珍惜大学时光，用梦想描绘出自己多彩的青春画卷，用奋斗成就了自己精彩的大学生活。

血缘，亲情无价

侍会声来自江苏省连云港市东海县的一个普通农村家庭，家中三个孩子。2015年夏天，已经参加完高考的哥哥突然提出要外出打工。"我学习成绩一直不太好，高考我也考不上，外出打工闯荡既减轻了家庭负担，还能补贴家用，弟弟妹妹成绩都那么好，我们必须全力支持他们上学！"侍会声的哥哥一个人赴苏州打工，他以自己的方式承担了对家庭的责任，表达了对弟弟妹妹的爱。2018年，侍会声收到大学录取通知书那天，父母的脸上露出久违的笑容，哥哥则兴奋地从外地赶回将学费郑重地交到了他的手里。看着哥哥憨厚的笑容，侍会声告诉自己，必须全力以赴，努力进取，不辜负家人的期待。

进入大学后，侍会声全身心地投入到学习之中，他不浪费每一次课上和老师交流的机会。课外，在同学们结伴外出惬意游玩时，他经常一个人静静待在图书馆，读书、编程、画图。功夫不负有心人，大一、大二两学年，他都以专业第一名的优异成绩获得国家奖学金，是父母和哥哥的默默付出给了他源源不断的学习动力。

梦想，学无止境

侍会声对自己所学的机械制造及其自动化专业有着深深的热爱。第一次上电实训课时，面对各种规格的电器元件、错综复杂的彩色导线，以及没有见过的剥线钳、压线器，侍会声手忙脚乱，简单的电路连接操作错误百出，他意识到动手能力差是自己的短板。实训课结束后，侍会声立刻给自己制订了专业操作训练计划，自主练习之余又积极报名竞赛项目不断提升自己。理论和技能结合的学习，让侍会声的专业能力有了极大提高，在学校举行的电工竞赛中，侍会声如愿拿到了电气控制技能竞赛的一等奖。

大一第二学期，侍会声又报名参加了第十三届"西门子杯"中国智能制造挑战赛，这项赛事是他参加的第一个省级以上比赛。在老师的全程精心指导下，侍会声和他的团队开启了为期两个半月的"魔鬼训练"。期间，他和队友们在实验室电脑前打开编程软件，一坐就是一天，一编就是几十页。在强手如林的赛场上，面对很多本科院校选手，侍会声没有怯场，而是以稳健熟练的操作斩获一等奖。"起初是有些忐忑，但是当打开编程软件的一刻，我就找到了训练的感觉，脑子就像发电机，越转获得的'电'越多，就一气呵成完成了比赛。"

大二上学期，侍会声又参加了江苏省第六届"互联网+"大学生创新创业比赛。当时的他还从来没有写过项目计划书，于是他就找范文看，和队员们每天一遍遍地练习演讲，不断修改，最终在省赛的舞台上勇夺一等奖佳绩。

感恩，公益无疆

上大学两年来，侍会声一刻不曾忘记自己的初心。他知道自己能取得今天的成绩，离不开家人无私的爱，离不开学校、老师、同学的支持和帮助，更离不开国家对青年一代的重视。

在校期间，侍会声始终以感恩的心对待身边的人和事，以行动回报社会。作为院学生会副主席兼班长，侍会声努力做好同学与老师之间的纽带，在服务同学与社会公益活动中发挥榜样带头作用。侍会声尤其热衷于参加公益类活动，两年下来，他为70余位孤寡老人和近百名留守儿童送去了力所能及的温暖。在2019年参加淮海经济区（徐州）老年产业博览会志愿服务中，他负责引路并担任义务讲解员。为期三天的志愿者活动结束，侍会声优异的表现赢得了参会人员的高度赞扬，他也获得了由徐青协颁发的"优秀志愿者骨干"荣誉证书。

在志愿服务过程中,侍会声的思想境界也在不断提升,他从一名共青团员成长为党员发展对象,对自己的要求也越来越高。2020年春,疫情发生后,侍会声积极投身于家乡连云港市东海县牛山街道的疫情防控志愿服务,配合社区开展防疫知识宣传、返乡人员排查和过往车辆登记等工作。疫情期间,居民的粮食蔬菜供给成了难题,于是他主动提议,在日常工作之余,由他挨家挨户送货,保证村民能按时吃上新鲜的蔬菜。

战"疫"有我,侍会声在做好个人防护的同时,用实际行动彰显了新时代青年的责任与担当,实现了疫情防控与学习成长两不误。

人物简介

汪海荣

中共党员,江苏理工学院艺术设计学院视觉传达设计专业2017级本科生。曾获全国高校艺术作品展一等奖、中国大学生广告艺术节创意实战奖、中国国际"互联网+"大学生创新创业大赛江苏省银奖及铜奖、2019巾帼创新创业大赛江苏省优胜奖,被评为校"三好学生""优秀学生干部"等。主持江苏省大学生创新创业训练计划重点项目1项。

"艺术扶贫",创新创业

她传承发展非遗文化,为革命老区人民精准脱贫、智力扶贫贡献力量;她秉持匠心情怀,在创新创业中锻炼本领、增长才干;她热心公益事业,勇担责任服务社会。她就是汪海荣。自2017年入校以来,她自强不息,从一名共青团员成长为一名光荣的共产党员,因思想素质较高、工作能力强,担任校常青紧急救护协会会长、艺术设计学院学生会组织部副部长、班级团支部书记、新生团支部书记培训师等职务。

传承发展非遗,助力革命老区脱贫攻坚

对接非遗手艺传承人、解决贫困户就业问题、提高绣娘收入水平……2020年暑假,由汪海荣带领的江苏理工学院"旗袍红了"创业团队赴贵州从江县、黎平县等地实地考察,将当地少数民族的苗绣、侗绣和蜡染等传统技艺融入到旗袍设计中,推广传承少数民族地区的传统服饰文化,带动当地艺人和村民脱贫致富。

"早在2017年我们就前往贵州苗寨进行专业考察,体验了苗绣、蜡染等传统手工艺,也了解到这些手工艺正面临青黄不接、后继无人的困境,当地居民的生活条件也艰苦。"汪海荣由此萌生了一种想法:打造融合传统文化特征和红色文化的服饰,进行创造性转化、创新性发展。她的初衷是把非遗民族传统文化织绣技艺与现代新中式旗袍设计相结合,将红色文化印记在旗袍当中,以实现红色基因传承,同时与消费市场接轨,增强革命

老区非遗文化的生命力和影响力。

  为践行初衷，汪海荣带领团队成员不远万里来到贵州，走访从江县贯洞乡金华村、高增乡付中村等贫困村寨，了解村民生活情况和绣染手艺传承情况，通过与当地村寨对接，落实对当地"苗绣""蜡染"少数民族服饰文化和项目"荣贵坊"文化名片融合的帮扶思路，共同打造旗袍文化创意产品，助力当地村民增收致富。

  三年来，汪海荣带领的"旗袍红了"创业团队持续关注贵州、湘西连片贫困区的脱贫攻坚工作，目前已与当地服装厂达成合作，对接非遗手艺人，保护传统手工艺，解决贫困户就业问题，有效带动了贵州从江县、榕江县等县级贫困户就业增收。

热衷创新创业，绽放新时代巾帼风采

  汪海荣在带领"旗袍红了"创业团队期间，作为项目负责人，对市场、消费者的定位、产品的开发、营销策划等方面都有着独到的见解，对团队成员进行了合理分工、统筹安排，挖掘他们的优点并进行耐心细致的指导，智慧处理团队成员间的分歧。她还积极参加创业训练营培训，主动学习相关财务知识，多次赴企业、博物馆开展调研工作，虚心向各领域专家求教，进一步明晰创业路径，努力成为一名优秀的艺术管理者。

  她带领的"旗袍红了"创业项目代表学校先后参加第五届、第六届中国国际"互联网+"大学生创新创业大赛，分别荣获江苏省银奖、铜奖；参加"慧创她时代"江苏省巾帼创新创业大赛，荣获总决赛优胜奖。在进行项目答辩时，她多次发表富有感染力的演讲，回答专家的问题时沉着冷静，随机应变，展现出过硬的专业技能和良好的综合素质。

热心公益事业，勇担责任服务社会

  怀着对公益事业的热情，汪海荣创立了校常青紧急救护协会并担任会长。一方面，她积极邀请常州红十字会的专家给学校师生开展"红十字初级紧急救护"培训，帮助大家掌握急救知识和技能。在常青紧急救护协会的发动下，全校已有350余名师生顺利通过了初级紧急救护员考试。另一方面，她热情投身社会公益活动，带领协会走进常州多个社区，发放应急救护培训相关资料，现场解答健康应急知识，指导社区居民学习心肺复苏、伤口包扎等急救措施；带领协会走进小学，开展紧急救护知识公益讲座，为小学生普及医疗救护知识，并现场进行模拟演练；带领协会参加常州市义工联合总会主办的"一袋牛奶的暴走"活动，获"优秀义工组织奖"，在社会上产生了良好的反响。

  奋斗是青春最亮丽的底色。大学期间汪海荣积极创新创业，在实践中锻炼本领、增长才干，展现出新时代女性勇于创业、敢于创新、富于创造的靓丽风采。同时她又心怀温暖，热心公益，展现了新时代青年的责任与担当。

人物简介

肖费雨

常州大学环境与安全工程学院环境工程专业2018级硕士研究生。曾获国家奖学金、江苏省研究生公益创业科研创新实践大赛一等奖、第九届常州市高等教育和职业教育创新创业大赛高校组三等奖等，被评为校"大学生年度人物"。研究生期间以第一作者发表SCI学术论文2篇。

环保"小绿箱"的发明故事

"勇担责任，追求卓越"是常州大学的校训，肖费雨作为一名环境学院的学生，有着强烈的社会责任感，一直想为改变当今严峻的环境问题贡献一份绵薄之力。每天出入宿舍楼的时候，肖费雨都能看见宿管阿姨们从堆积如山的垃圾堆里，将一些纸盒、书本还有饮料瓶进行分拣，而在日本、德国等发达国家，垃圾分类早已成为人们的生活习惯。通过美国"再生银行"的启发，善于发现、总结问题的肖费雨开始关注垃圾分类这一社会热点问题。学校里的垃圾箱虽然分为可回收物和不可回收物两类，但同学们的垃圾分类意识还是很薄弱。桓宽曾说，"明者因时而变，知者随事而制"，明智的人应该要随着时代的变化而改变，一个想法在肖费雨的脑海里浮现：制造一种能够通过手机开箱，扔进垃圾能自动称重的智能垃圾回收箱，他将这命名为"小绿箱"。

"小绿箱"的"DNA结构"探索

在"小绿箱"的项目中，肖费雨首先评估了项目需要招募的人员，在老师的支持下，来自不同年级、不同学院的14人建立了"小土"团队。他带领整个团队在大约20平方米的工作室里搞研发，"小绿箱"在一次次研讨、设计中，不断改进、升级。构建终端产品模型、设计客户使用流程、创建微信公众号及后台管理中心，每一阶段对于初次涉及这一领域的团队而言都是挑战，但他们没有退缩并坚持做出来了。

"小绿箱"的"繁衍进化"

  2017年,第一代"小绿箱"诞生并放置在居民小区试用,由于流程较复杂,"小绿箱"的推广效果并不理想。肖费雨又向小区居民询问用户体验并征求改进意见,再将收到的反馈进行整理和改进。经过团队半年多的坚持与努力,"小绿箱"浴火重生。新研发的"小绿箱"不仅有颜值,还有内涵。扫一扫"小绿箱"脑袋上电子屏幕里的二维码,选择垃圾类型,右侧垃圾箱柜门就会自动打开,将垃圾扔进去,"小绿箱"会自动反馈垃圾的重量。垃圾的重量将换算成积分,记录到用户的账号上,用户可以根据积分随时在积分商城里兑换毛巾、肥皂等日用品,以及热门餐饮店、KTV、理发店等商家的现金折扣券,用户能够得到更多的优惠,商家也能够吸引更多的消费者。

  2018年,"小绿箱"进一步发展,在高校内进行了投放,一是因为高校学生素质高,接受新事物的能力更强,二是高校学生产生的垃圾多是快递盒和饮料瓶,易于分类。在"小绿箱"投放之初,肖费雨的全新创意理念和社会责任感感染了许多环境学院的同学,他们自发地利用朋友圈及其他社交平台为"小绿箱"打广告,让更多的学生开始了解并使用"小绿箱",在短短的两个月时间内,"小绿箱"就收获了几万名新用户。同学们逐渐习惯了"小绿箱"的存在,垃圾分类的意识也在不断提高,越来越多的人愿意为保护自然环境承担起一份责任。在此之后,肖费雨又萌生出一个想法:为何不在小学进行投放呢?让孩子们从小就学会垃圾分类,养成良好的习惯,他们才是祖国的未来啊。想到这,肖费雨立马行动起来,考虑到小学生这个群体的特殊性,他将箱体高度降低,且只需刷校园卡就能开箱投放,投放口也改成了只能投放塑料瓶的小口。在常州几所小学试点后,反响很好。

  一个人的力量很渺小,但一群人的力量却很大,发现社会问题、承担社会责任、凝聚社会力量是一名新时代青年应该做的。在环保"小绿箱"项目的推进过程中,肖费雨作为整个团队的领头羊,付出了比别人更多的时间和精力,始终保持极强的自律意识和规划性。作为一名环境学院的学生,他通过自己细致的观察去发现问题、强烈的创新意识去解决问题,用强烈的社会责任感感染着千千万万的青年。

人物简介

赵 景

中共党员,常州大学文学院汉语言文学专业2017级本科生。曾获国家励志奖学金、中国大学生"自强之星"奖学金、第六届江苏省"互联网+"大学生创新创业大赛二等奖等,被评为江苏省"励志成才之星""优秀青年志愿者""大学生抗疫先进个人"等。

心有所向,志在远方

赵景在大学的三年多时间里,日复一日地拼搏与努力,终于成就了今天的自己。她说:"常州大学是让我发光发热的地方,也是我想继续温暖并照亮的地方。我希望能继续传播正能量,努力成为榜样,报答和感恩生活给予我的磨炼,让青春与热情能够回馈集体乃至社会。"

奋进后浪,常立成才之志

对于学习,赵景始终保持高度的热情和严谨自律的求学精神,善于发现问题并刻苦钻研,成绩年年名列前茅。她认为"学力"比"学历"更重要,她善于利用碎片化的时间去学习,哪怕是在假期兼职,也不忘提升自己的知识素养。她会把古诗词抄写在卡片上,每天揣在口袋里,工作不忙的时候就拿出来读一读、背一背。她善于把学习任务转化成生活中的乐趣,为自己设置明确的目标和进阶计划,享受进步的过程。自律是习惯,不是手段,对于有方向的人,微博、B站都可以成为学习工具;对于没有方向的人,慕课、百科也可以成为娱乐方式。

与此同时,赵景还经常参加学校的各类活动。她擅长演讲、朗诵、辩论、写作,各类文艺比赛上总能见到她的身影。参加这些活动时,她会细致观察主办方如何策划并实施一场活动,这为她后来担任学生干部做工作提供了宝贵的经验。赵景曾任常州大学青年志愿者协会副主席、常州大学学生会文体部副部长、周有光语言文化学院团委秘书处部长,组

织过大大小小的活动，大到校园"十佳歌手"大赛，小到部门内的例会，她都会在心中预演一遍整个活动的流程，事无巨细，坚持保证每一个环节的质量。高效和谨慎的态度造就了她细致的工作风格，让她获得了合作伙伴和指导老师的信任。

志愿人物，常怀感恩之心

志愿者是她的名片。赵景的志愿身影活跃于社区、敬老院、残障儿童学校、博物馆、自闭症儿童康复中心……她把志愿服务看作日常生活的一部分，连续三年参加了四次支教活动，大学期间累计志愿服务时长达700多小时。疫情期间，赵景牢记党员使命，勇当抗疫先锋，主动报名加入基层防疫工作，服务了近400户住户，她说："虽然隔着口罩我们看不清彼此，但大家都亲切地称呼我为'志愿者小赵'。"2020年5月，她被评为江苏省"大学生抗疫先进个人"。

为了号召更多的青年同学为抗击疫情奉献一份力量，赵景积极响应常州大学团委的号召，录制了"战'疫'——云讲演"视频，宣讲抗击疫情志愿者的先进事迹，作品发表在常州大学团委官微平台，入选常州大学思政理论课视频资源库；她还参与拍摄了常州大学《"五四"精神，传承有我》抗疫宣传片，在学校进行多次宣讲，鼓励更多青年志愿者加入到为社会服务的行列中来。

创业扶贫，常思青年之责

创无止境，业精于勤。赵景在学院老师的帮助下发起成立了"青乡遥景"实践团队，创办"遥景青年记录者影视工作室"，三年多来她一直坚持以青年媒体人的视角记录中国脱贫攻坚工作，凝聚了一群有志青年为脱贫攻坚事业奉献青春力量，他们在思索中前行，在实践中成长。

誓脱贫，中央军令下，奏凯小康苦尽甘；纪攻坚，风华好少年，山前望断勇登攀！2019年7月底，赵景及团队参加了由共青团中央、国务院扶贫办共同发起的"深度贫困地区青春行"专项活动，前往贵州省雷山县的南猛村开展新媒体扶贫工作，走进少数民族农户的生活，与扶贫办第一书记同吃同住，记录南猛村脱贫攻坚的成果。山路难走、方言不通、蚊虫肆虐、设备沉重，这些困难他们一一克服，最后团队以芦笙舞艺术和当地的白茶为主题拍摄了产业宣传片《叶叶笙歌》，帮助当地茶农实现增收。2020年7月，她和团队又前往安徽省滁州市全椒县夏集村，记录大学生村官冯琪在基层的真实工作和生活状态。通过他们的记录和表达，展现不一样的基层工作者面貌，弘扬青年扶贫的正能量，号召更多的大学生参与返乡建设，将专业知识用到国家、社会、人民最需要的地方！

自强之星，常盼家国之兴

"如果你因失去太阳而悔恨，那么你也将失去群星"，罹患先天性小儿脑瘫的赵景深知这一点，用她稍异常人的步伐走出了同样精彩的人生道路。她不比一颗星暗，不比一棵树低，她也不会为了得到别人的怜悯和同情而夸大自己所受的苦难，她清楚地知道自己想要的是"尊重"。她坚持自己的爱好，和朋友谈论诗和远方，成为一个精神独立、思想富足的人。她不会勉强自己太过自信，但也一定不会妄自菲薄，即使身体上不那么完美，但仍可以做到自力更生。2019年5月，赵景被评为中国大学生"自强之星"。

晨光熹微，却是一日之计。幼年便立志成才的赵景始终不忘父母的殷切之盼、劬劳之恩，她用自己一路砥砺的坚毅，无声地报答曾为她四处求医的父母。"不向人间怨不平，相期浴火凤凰生"，在苦难中蜕变的赵景更加懂得奉献的意义，她用多年来身体力行的志愿服务证明了自己始终心系回报社会、报效家国。坚韧的品质和阳光的心态支持着她过好生命中的每一天。

"一个能够升起月亮的身体，必然驮住了无数次的日落。"

人物简介

石朗杰

中共预备党员，常州工学院光电工程学院光电信息科学与工程专业2017级本科生。曾获校一等学业奖学金，2020年获中国大学生计算机设计大赛全国三等奖、江苏省二等奖，被评为江苏省"优秀学生干部"等。

深学细练，成就最好的自己

从梁启超"少年智则国智，少年富则国富；少年强则国强，少年独立则国独立"的呐喊，到习近平总书记"青年兴则国家兴，青年强则国家强。青年一代有理想、有本领、有担当，国家就有前途，民族就有希望"的期冀，青少年对于国家发展的意义十分重大。新时代大学生应该成为什么样子才能担当起重托？石朗杰，用他的故事为这个问题做出了回答。

甘坐冷板凳的坚守者

"我在大学的目标就是要尽全力掌握更多的技能和本领。"石朗杰目标明确，并且坚信，现在的每一分努力，都是对明天的"加持"。

起而行之。他勤学苦读，连续三年专业成绩排名第一；坚持泡实验室，做实验、整数据、收集第一手素材，打牢专业基础，提升动手能力。

是骡子是马，拉出来遛遛就知道了。为检验自己的实战水平，石朗杰找到了最佳途径——参加比赛。

厚积薄发。经过大一的积累和沉淀，大二时，他跟随学长学姐开始接触创新类竞赛，参与"瑞华杯"江苏省大学生课外学术科技作品竞赛暨"挑战杯"全国竞赛江苏省选拔赛决赛。按照参赛要求，他精心准备参赛答辩，从技术创新到答辩措辞，反复推敲，精益求精。最终，团队作品获三等奖。

趁热打铁。大二暑期，他和队友坚守在实验室，为全国三维数字化创新设计大赛（江苏赛区）做准备。在老师的指导下，他和队友很快掌握了 Solidworks 软件。历经枯燥的程序编写过程后，各个环节的技术难题也被他们逐一攻克。在打印 1∶1 的 3D 模型时，作为项目负责人的他和一名队友连续几个晚上守在实验室，几乎将全部时间放在了打印工作上，不敢有丝毫懈怠。打印模型的一小部分就要 7 个小时，而且在打印过程中，随时需要人工送料，为此，他和队友轮流值守，实在困了，就倒在几张凳子拼成的"床"上眯一会儿；饿了，就轮流扒拉一口简单的饭菜。

"作为项目'视听融合导盲机器犬'的主要负责人，我不能让任何一个环节出现问题，否则将前功尽弃。"当模型完整呈现在眼前时，几天没有好好休息的石朗杰和队友高兴地击掌相庆。"比赛不仅锻炼了我的动手操作能力，培养了我吃苦耐劳的精神，还获得了一等奖荣誉，最大的收获是掌握了一项实用技能。"他欣慰地表示，只有甘于寂寞，坐得住冷板凳的青春才能绽放更美的光彩。

乘风破浪的奋楫者

新冠疫情突如其来，打乱了原有的学习生活节奏，石朗杰却没有因此停下探索的脚步，他开始着手准备 2020 年中国大学生计算机设计大赛。

由于这次作品选用的主控芯片是比较小众的 ESP32，几乎找不到可以参考的文件，仅仅是开发环境的选择就要花去几天时间。既要考虑用自己熟悉的编程语言，又要保证和作品相兼容，万般纠结下，石朗杰选择了自己熟悉的 C 语言作为编程语言，搭载 Arduino 工作平台开发，这才解决了一个小难题。紧接着是程序编写，但可参考的资料少之又少，只能检索到相似的案例。困难之下，石朗杰没有轻言放弃，使出浑身解数刻苦攻关。然而，一山越过一山拦，更大的困难接踵而来。下一步该怎么做？石朗杰没了头绪。

趁指导老师每两天集中大家开一次会的时机，石朗杰详细汇报了项目进程和遇到的困难，也得到了老师的指点。石朗杰暂时搁置了"瓶颈"，继续往能深入的方向坚持，又不完全抛开之前的问题。温故知新，他几乎尝遍了同一种理论的不同程序写法，最终摸索到了芯片运行的程序模式。

作品的 APP 端是同组另外一名队员做的，理论上，队友做的部分和石朗杰做的部分通过连接同一 WiFi 就能实现控制。可是，他们却无法连接。这时，石朗杰运用反推法，写出程序让队友扫描可用网络，结果却搜不到。一番艰苦的反复试连、仔细对比后，石朗杰发现了问题出在硬件上。顺着这个思路，他们继续摸索解决，终于成功获得了全国三等奖、江苏省二等奖的好成绩。

满园竞香的领头者

"只有带领大家一同进步，才能称得上是一名合格的班干部。"石朗杰总是这样告诉自己，并身体力行，当好领头者。

身为班长，他勤勤恳恳地为班集体服务，主动协助班主任、辅导员组织开展或参加各种科创活动，提高同学们的创新意识、动手能力和科研水平，班级因此获得江苏省"先进班集体"、校"五四红旗团支部""优良学风班"等荣誉称号。

作为院学生会副主席，他敢于担当、乐于奉献，组织策划的毕业生晚会、迎新生志愿活动、假期归来话实践等活动均收到良好反响。

作为光电创新与实践社团的社长，他积极组织社团成员参与各类活动。"以老带新"科创项目训练通过组装光电小仪器，帮助社员掌握基本的电路元件和技术知识；焊接比赛调动了社员学习的积极性；搜集文献资料、焊接电路、组装零件、绘制原理图和编写程序等活动，大大增强了社员的动手能力。

"你若盛开，清风自来。"石朗杰用务实的行动和坚韧的品格为这句话做出了生动诠释。学习也好、生活也罢，永远不可能一帆风顺，但越是艰险越要向前，今后他还会戒骄戒躁、精益求精，用勤奋攀登人生之峰。

人物简介

纪厚安

常州纺织服装职业技术学院经贸学院国际经济与贸易专业 2018 级专科生。曾获国家励志奖学金、全国国际贸易职业技能竞赛暨单一窗口操作技能竞赛综合技能奖特等奖、全国大学生数学建模竞赛江苏省一等奖等，被评为江苏省"优秀学生干部"、常州市"魅力团支书"、校"三好学生"等。

饮其流者怀其源，行远自迩当自强

纪厚安是一名复读生，经历过两次高考。父亲在他再次临近高考时，出了交通意外事故。家庭负担陡然加重，在这种情形之下，他来到了常州纺织服装技术学院，申请了国家助学金，开启了人生崭新的篇章。

璞石出山，练铸专业基础

2018 年 9 月，他来到了纺院，面对新的班级、老师和同学们，他渐渐从高考失利的阴霾中调整出来。在竞选班委时，急切希望弥补遗憾的他，原打算竞选学习委员，最后公布结果时，班主任张晓敏老师却对他委以班长重任。是惊讶更是惊喜，那是一种信任，让他这位跌落谷底重新踏上征途的学生，感受到来自学校的温暖，让他在新环境中找到奋斗动力，他将从这里开始，弥补曾经的遗憾。

作为一个国贸人，过硬的英语水平是必不可少的。英语基础薄弱的他开始疯狂补习，早餐时看单词卡券，英语角里做音调练习，他坚信，成功贵在坚持。除了英语，专业学习上他更是毫不松懈，理论知识的记忆，业务流程的操作，不论做什么都坚持全身心投入。他始终把学习当作一件快乐的事，沉醉于知识的时光过得很快，他如愿以偿地连续四个学期获得专业综合评价的第一名，并得到老师推荐获得参与专业竞赛的名额，为以后的发展打下了良好的基础。

行路致远，拥抱多元成长

初次参加专业竞赛是紧张激动的，但想要取得优异成绩首先要克服对基本应用软件操作的不熟悉，其次是要划分模块来精准提高专业技能，最后就是要提升队伍的默契度。作为组长的他，每天最早起床，带领小组成员从早晨7点到晚上7点，连续12小时在实训室训练，每周七天从不间断。大家端坐在电脑屏幕前，一遍遍熟悉进出口业务流程，反复操练单证，做好业务预算和商品归纳，在高强度的备赛训练中，大家常常忘记吃饭的时间。每次模拟比赛都是实战训练的最好机会，团队从一开始成绩平平，到最后胜券在握，每次模拟比赛后，他都会组织大家从操作技术、流程安排、人员调配等各方面进行复盘分析，不断反思，汲取经验。功夫不负有心人，他们最终取得了国赛特等奖的好成绩，这次竞赛的成功让他深刻意识到踏实钻研的重要性。

"路漫漫其修远兮，吾将上下而求索"，青年学生的前途命运与祖国的繁荣发展紧密联系，要敢为时代发声，做新时代的领路人。他尝试开拓思维，学习创新创业，积极参加GYB、SYB培训；努力探索，大胆践行，积极主持大学生创新创业训练项目"心理资本视角下高职学生创业能力培养路径研究"；不畏困难，多路径参加高等数学竞赛、专业技能竞赛和书法创作竞赛，以赛促练、以赛促学、以赛强技，追梦路上一片赤子心。

树木长成，孕育感恩奉献

作为班级的班长和团支书，他以争创先进集体为目标，踏实做好每一件事。从辛苦演练军训的内务方阵，到组织协调校运动会，他努力成为勇担责任的学生干部。2019年，他带领班级完成了江苏省活力团支部的创建工作，并于第二年成功获评江苏省"先进班集体"、常州市"五四红旗团支部"。

他一直受到来自各方面的资助，因此他十分热爱集体，更积极投身志愿服务。他曾赴江苏省未成年犯管教所帮教，深切体会到这些误入歧途的青少年对外界生活的向往。正是这次宝贵的体验，坚定了他日后投身志愿事业的决心。从常州海关开展的团日交流活动，到2019年7月带队参加2018级大学生暑期"三下乡"社会实践活动，他扎根基层社区、传递心中温暖。2020年初，新冠疫情突然来袭，假期规划只能暂时取消，他严格遵循国家指示，"宅"家防控。虽没有参与到基层的防控斗争中，但作为学生干部，关注每个人的心理健康状态和学习情况也是他工作的着力点。他率先组织学生开展防控知识培训与心理健康教育，积极做好线上防疫知识推送，创作书法作品弘扬家国情怀……

2020年年底，他以学校"励志自强"榜样的身份，面向全校的师生们，宣讲了他在纺院的成长故事。在学校组织的"一起长大的故事"中，他就技能竞赛和个人全面发展两方面进行经验分享，与学弟学妹们共同探讨如何学习工作两不误。

"木受绳则直，金就砺则利"，愿他以"天生我材必有用"之豪情，在前进路途上尽情挥洒汗水，未来能行稳而致远。

人物简介

万世豪

常州工业职业技术学院现代装备制造学院机械设计制造及其自动化专业2018级专科生。曾获国家奖学金、国家励志奖学金等，被评为中国大学生"自强之星"、江苏省"优秀学生干部""最美职校生"。

励志之路，繁花似锦

每个人的心中都埋有一粒希望的种子，春风拂过，春暖花开。万世豪是一个有梦想的人，是一个懂得感恩的人，是一个有担当的人，是一个不断追求的人。大学三年，短暂而充实，他从未停下努力的步伐，用实际行动践行着工匠精神。

走出自卑，自强之花盛开于心

谈到如何走出自卑，万世豪用一部电影中的经典台词回复道："只要慢慢地走正确的路，就一定会越走越稳。"进入大学时，因为家庭经济情况不好，母亲多年来身体不适，整个家庭只靠父亲一人支撑，万世豪内心感到孤独与自卑。经过同学和老师的帮助，他树立了自信。他在学院担任学生会主席，组织和参加各类活动，通过实践，不断地锤炼自己，锻炼自己的心理素质，提高能力水平。他曾勉励自己"前进是生命的过程，而停止就失去了人生的态度"，所以他从未踱步停留，一直在争先创优的路途中努力前进。

人们常说，眼睛是心灵的窗户，不知不觉间，他的眼神中多了一份坚定。整个人，也无时无刻不在透露着一种洒脱与自信。走出自卑的这条路，很累也很难，但他从没怀疑过自己，因为他始终相信，美好的明天，是一步一个脚印努力搏出来的。

服务民众，奉献之花尽情怒放

2019年暑假，作为天宁区雕庄街道大学生村官挂职锻炼团队的负责人，万世豪发起了一场"换脑"行动。他带领团队成员不畏酷暑，扎根基层和农村，奉献青春和担当。在挂职期间，他申报了江苏省"文化建设高质量"非遗宣传项目，在指导老师和街道负责人的帮助下，他牵头村干部队伍联合三村两社区组建"传承非遗"志愿者团队，挨家挨户宣扬非遗文化，并结合线上方式宣传留青竹刻，团队得到了雕庄街道、留青竹刻工作室和学校的三方好评。

新冠疫情的突然暴发，点燃了无数人心中的家国情怀。他主动联系社区，组建志愿者小分队，登门排查216户家庭，搜集登记有效信息300余组，累计站岗120多个小时。常州日报采访他时，他说："这段志愿经历让我明白什么才是真正的英雄，我们不应该只做被这些伟大英雄保护的人，也应在保证自身安全的情况下，理智作为，守护更值得关心的人。"

2020年3月1日，他积极响应学校号召，报名"守护计划"，线上"一对一"辅导双职工家庭未成年子女，助力复工复产。他通过网络视频等方式，为孩子们提供课业辅导、兴趣培养等服务，帮助孩子们养成良好的学习、生活习惯，提高综合素质。

之后，他又参与了宿迁建档立卡陪护志愿者活动，线上陪伴贫困家庭的孩子。他组织宿迁志愿者学生群体在12月开展了一次爱心捐书活动，为这些贫困孩子送去温暖与祝福。他在志愿者日记中写道："我有一个坚定的信念，那就是用行动去践行习近平总书记所讲的'让青春在党和人民最需要的地方绽放绚丽之花'。"无论是助力复工复产，还是对于贫困家庭子女的帮扶，他都做到了尽心尽责。

创新创业，追梦之花长盛不衰

大学期间一次偶然的机会，万世豪接触到水下机器人，并对此产生了浓厚的兴趣。之后他积极参与水下机器人社团的各项学习交流活动以及相关赛事，历经两年的技术积累，他在学校组建团队，受到了学校创新创业学院的重视。从校赛到市赛，从市赛到省赛，再经过三轮排位赛的残酷洗礼，他们一路披荆斩棘，奋勇向前，冲到了国赛。在准备网评选拔赛时，他没有丝毫懈怠，始终严格要求自己，每天花时间练习普通话，大声诵读，经常在人多的场合练习项目展示。不管是为了比赛，还是为了自己的理想，他都在努力。他说："很感谢学校老师能给我这样一次机会，可以将自己的爱好作为工作来做，这是很幸福的一件事情。"当国赛名额确定下来后，他激动地握住指导老师的手说："我有信心，我们一定能拿到国赛金奖！"

在老师的眼里，他是一个有潜力、有想法、很努力的学生，他是夺冠之路上的"金牌汇报人"，也是当今万众创业、大众创新时代的追梦人。

人物简介

倪 慧

中共预备党员，常州机电职业技术学院经济管理学院物流管理专业2018级专科生。曾获国家奖学金、常州机电职业技术学院桃李奖学金、第十六届"挑战杯"江苏省大学生课外学术科技作品竞赛一等奖等。

勤学苦练精技艺，钻研奉献筑匠心

著名天文学家张衡说过："人生在勤，不索何获。"一直以来，倪慧都将这句话作为自己的座右铭。进入常州机电职业技术学院之后，她带着一颗求知的心，以蓬勃的精神插上理想的翅膀，以果敢的行动升起奋斗的风帆，以勤劳的汗水浇灌风华的青春，秉承着"知行并进"的校训，不骄不躁，砥砺前行，在学习、工作、生活等方面不断进步，得到了老师及同学们的肯定与赞许。

笃学敏行攀高峰

倪慧始终以学习为第一要务，在课堂上，她认真听讲，积极发言，遇到不懂的地方常常向老师请教；课余时间，她总是早早地带着书本来到图书馆，直到闭馆才回到宿舍。功夫不负有心人，她多次获得校一等奖学金、校"三好学生"及"学习标兵"等荣誉。倪慧特别喜欢看习近平总书记的论述、著作，特别是习近平总书记在北京大学师生座谈会上的讲话："广大青年应该在奋斗中释放青春激情、追逐青春理想，以青春之我、奋斗之我，为民族复兴铺路架桥，为祖国建设添砖加瓦。"这些话深深地感染了她，她立志把自己的激昂青春梦融入伟大"中国梦"。她向党组织递交了入党申请书，用自己的实际行动通过了党组织的考验，成为一名中共预备党员。

她时刻以一名党员的标准严格要求自己，牢记习总书记对青年大学生的嘱托，以更严的标准、更高的要求勉励自己,在学生中树立榜样,发挥了模范引领作用。作为物流实践社的社长,她秉承"不忘初心,奋勇争先"的工作宗旨,兢兢业业做好社团工作,推动社团与社团成员不断成长,物流实践社也多次获评学校"五星级社团""优秀社团""精品社团",2019年以高标准入选该年度常州市"十佳学生社团"。

潜精研思以致用

她崇尚技能实践,锐意创新。干一行,爱一行;干一行,专一行。倪慧选的是物流管理专业,她密切关注物流行业的最新动态,每天花两个半小时的业余时间对物流知识进行梳理成了她的必修课。2019年,她作为核心成员参与江苏省大学生创新创业计划训练项目并以优秀的成绩结题。2020年,由她主持的江苏省大学生创新创业计划训练项目"常州地区装备制造企业物流合理化研究——基于供应链管理视角"获省级立项。之后,她成功加入了中国物流学会,主持2020年度中国物流学会、中国物流与采购联合会的课题。她还作为核心成员参与了2019年度常州市科技局软课题、全国商科教育科研"十三五"规划2019年度课题、全国轻工职业职业教育教学指导委员会2018年度课题等五项教科研课题,研究成果获2019年度中国物流学会、中国物流与采购联合会优秀课题三等奖,2019年江苏省职业教育优秀教科研成果一等奖等。她还在《物流技术》《产业与科技论坛》等期刊上公开发表了4篇学术论文。此外,她还申获了5项软件著作权。

她敢于拼搏、勇于创新,积极参加各类竞赛,在第十六届"瑞华杯"江苏省大学生课外学术科技作品竞赛暨"挑战杯"全国竞赛江苏省选拔赛决赛中,其作品《制造强国背景下装备制造企业物流模式选择与优化路径——基于常州512家企业的调查研究》获得了一等奖的优异成绩。在全国高校商业精英挑战赛"云泽杯"创新创业竞赛全国总决赛的赛场上,她参与的项目"一款能够有效控制和减缓近视的智能眼镜——云采智能眼镜"获得了一等奖。短短两年时间,倪慧共获得创新创业竞赛、技能竞赛奖项24项。在准备国赛的那几个月,她每天都会和同伴们一遍又一遍地核对调研数据,对调研论文的用词再三斟酌,从旭日东升到夕阳西下再到满天星斗,直到凌晨她都还在忙碌。她为了梦想奋斗,不知付出了多少汗水和辛劳。

知行并进公益行

秉承"知行并进"的校训精神,她积极为社团成员提供社会实践平台,增加社团成员与外界企业交流学习的机会,提高社团成员的综合能力。2019年7月,由她带领社团成员组成的暑期社会实践"DOLO拯救者"团队,不仅被评为校"优秀团队""标兵团队",实践内容更先后被中吴网、学院"先锋驿站"等平台报道。同时,她参与以"创新电商扶

贫、助力茅山老区前行"为主题的实践活动，团队获评 2019 年江苏省"大学生志愿者暑期文化科技卫生'三下乡'社会实践活动优秀团队"。

　　来自农村的她，家里只靠母亲打零工维持生活，家庭经济拮据，上大学对她来说实属不易，她也非常珍惜这个机会。作为一名贫困生，她深深感受到了学校给予的真切关怀和同学们给予的无私帮助。滴水之恩当涌泉相报，她坚持每周到学校图书馆参加爱心义工活动，扫地、擦桌、整理书架、清理垃圾，努力为广大师生提供更好的阅读环境。同时，她还充分利用课余时间积极参加"冬日暖阳、衣旧情深"冬衣、书籍捐助活动、"冬日展风采、夕阳别样红"等多项志愿服务活动，累计志愿服务时长达 400 余小时。

　　倪慧说："付出才有收获，希望每一个今天都充实而满含收获，每一个明天都能有更多的成长。"她信仰笃定、满腔热忱，始终不忘初心，砥砺奋进，以自己的实际行动践行社会主义核心价值观，努力为新时代"中国梦"的实现贡献自己的青春力量！

人物简介

卜鹏程

中共党员，苏州大学政治与公共管理学院公共管理系地方政府与社会管理专业 2018 级硕士研究生。曾获江苏高校公共管理案例大赛二等奖，被评为江苏省"优秀共青团员"、校"优秀共青团干部""抗疫之星标兵""青年志愿服务先进个人"、陕西省蓝田县"大学生志愿服务西部计划优秀志愿者"等。

只争耕耘日，亦有收获时

诗人汪国真曾说过，既然选择了远方，便只顾风雨兼程。每次静下心来回望自己的大学时光，从踏进大学校园时懵懂的学弟成长为成熟严谨的学长，从对科研一无所知的本科生到潜心钻研学术的研究生，从心有志愿想法的学生化身热爱公益远赴西北的支教老师，卜鹏程说，正是这些坚持与实践相伴，与学术和志愿相行的日子，让他成长，一步步走向前方。

用心用情，做好联系青年的紧密纽带

在学习和工作中，他始终对自身严格要求，坚持以服务同学为己任，始终坚守一颗为同学服务的心。在担任校团委兼职副书记期间，他协助老师进一步推进创新创业教育改革，开展了"创意无极限""青年中国行"等具有苏州大学特色的创新创业社会实践工作。他积极联系青年团员，和他们广泛接触交流，成为联系学生和学校团委的重要纽带。在担任研究生年级大班长期间，他积极做好老师和同学之间的信息传递工作，努力当好老师与同学间的桥梁，切实为同学们的生活和学习服务，做同学们遇到困难时随叫随到的小管家、小助手。担任校学生科协副理事长期间，他分管校园科技文化活动和新媒体宣传工作，并创新推进各个部门的线上平台体系化、线下校园活动品牌化改革，坚持以接地气、零门槛的活动影响青年，成功举办苏州大学新生英语短剧大赛、"智慧之星"大赛、真人

图书馆、苏州市市级机关暑期大学生实习招聘会等活动，为丰富同学校园生活、引领校园文化思潮贡献了自己的力量。

情系西北，传递志愿服务的阳光能量

在学习和工作之余，他怀有一颗志愿服务的爱心，始终以饱满的热情积极投入到志愿服务中去。作为中国青年志愿者扶贫接力计划苏州大学第十九届研究生支教团成员，他赴陕西蓝田县山区的张家斜小学进行为期一年的支教。在那里，他将组织筹备学生活动的经验带到山区小学，在教学之余筹划举办了学校的首届科技节和文化节，带领孩子们感受科技与文化的魅力，增强孩子们学习的兴趣。课后，他经常去留守儿童家中给孩子们辅导功课，关心孩子们成长与学习状况。除了完成日常的教学工作，他还积极投身于"支教助学，惠及助农"的实践，采用"互联网＋农产品电商＋公益"的方式在众筹网发起了"惠寒·猕语计划"——关注秦岭山区儿童饮水安全状况的众筹活动。活动一经上线便受到了学校师生和社会各界人士的关注与支持，十天内超过 1 000 人次参与活动，募集了 73 542 元爱心善款，完成预计目标147%，帮助周至县销售了 4 000 多斤猕猴桃，所得全部利润用于为苏州大学研究生支教团的支教点学校购买校园净水设备，改善秦岭山区儿童的饮水问题，此次活动获得了超过 20 家省级以上的新闻媒体报道宣传。

支教结束返回学校后，作为学院"爱撒清水周六课堂"的项目发起人，他组织学院研究生利用周末时间前往相城区清水村，为当地留守儿童辅导语文、数学、英语等学科，从学习和生活两方面关爱留守儿童的成长，至今支教团队已经连续两学期前往义教，先后超过百名研究生参与其中，支教团队已项目化、持续化运营，校地合作成效明显。他还经常利用节假日多次走进敬老院，给老人送去关心与关爱。此外，他参加过苏州环金鸡湖国际半程马拉松赛事的志愿服务，用微笑感染四方友人，展现苏大学子风采；利用假期参加苏州地铁站的志愿活动，在炎炎夏日争当绿色志愿者，为建设"美丽苏州"贡献自己的力量。

冲锋在前，诠释当代青年的抗疫担当

2020 年新冠疫情暴发后，作为学生党员，他主动报名参加疫情防控工作，成了村里第一个报名的志愿者。春节前夕，他挨家挨户上门询问，排查有无从外省特别是湖北返乡的村民，一旦发现立刻登记信息并第一时间上报，协助配合卫生站的医生上门测量体温，并将测量情况登记留存。为了能让村民第一时间掌握疫情防控知识，他精心制作了防疫的科普漫画，挨家挨户发放疫情防控宣传单，借助翔实易懂的图片和文字，耐心讲解相关的防疫知识。面对部分村民不会正确佩戴口罩的情况，他现场演示正确的佩戴方式和使用后的处理方法。为缓解部分村民紧张焦虑的心情，他组织心理学、社会工作等专业的大学生志愿者开通24小时"社工热线",利用专业知识帮助村民舒缓情绪和压力,对于有特殊困难的村民,他也坚持做到第一时间上门服务。短短一个多月,"社工热线"帮助了一大批村民,获得了大家的一致称赞。

一个党员就是一面旗帜。随着疫情防控进入紧张而关键的时期,村庄开始在道路设卡,限制非必要的人员流动,他主动放弃休息时间,申请前往卡口执勤,登记进出村庄的人员信息,测量途经卡口的人员体温。设卡初期,很多村民不理解不配合,每当遇到这种情况,他都会耐心地再三解释,将上级的政策和意图讲解告知。执勤要面对的不仅有来往车辆,还有风雨和严寒。2月15日夜晚天降雨雪,他和同样是党员的父亲主动请缨,前往卡口执勤。凌晨的气温随着大雪而骤降,温度很快达到零下,但是他和父亲并没有因此懈怠,始终坚守在岗。他说,上阵父子兵,拥有几十年党龄的父亲一直像航标一样引领着他,今天终于有机会和父亲一起战斗,一起践行同样的初心,守护这条人民防线,是件幸福的事。

习近平总书记说,一代人有一代人的长征,一代人有一代人的担当。众多像卜鹏程这样的青年学子,在祖国需要的时刻,站出来、冲上去、挺在前,他们用行动书写着青春使命,用实际行动诠释着新时代学子的使命与担当!

人物简介

刘婕妤

中共预备党员，苏州大学医学部预防医学专业2016级本科生。曾获美国大学生数学建模竞赛二等奖、全国大学生统计建模大赛二等奖等。发表SCI论文8篇（以第一作者发表6篇），申获国家实用新型专利5项。

抗疫卫戍健康，医者初心不辍

2020年初，突如其来的新冠肺炎疫情给中国公共卫生体系敲响了警钟。为了将来更好地参与公共卫生工作，刘婕妤在大学中刻苦钻研，在实践和创新中完善自我，树立了为促进全人类健康事业而不懈努力的志向。"公行天下，卫戍健康"成了她决定践行一生的使命。

本固枝荣，跬步千里

每一个不曾起舞的日子，都是对生命的辜负。刘婕妤总是匆匆走在去教室、自习室、宿舍的路上，她用高标准严格要求自己，深知只有具备扎实的知识基础，才能够在实践中表现出色。她以认真的态度对待每一门课程，绩点连续多年位列专业第一，并一次性高分通过英语四、六级考试和国家计算机二级考试。同时，刘婕妤积极参加各类竞赛活动，获得MCM/ICM美国大学生数学建模竞赛二等奖、全国大学生统计建模大赛二等奖、全国"高教社杯"数学建模竞赛江苏赛区二等奖等多个奖项。此外，她还兴趣广泛，已考取二胡十级证书，撰写的散文也刊登在《青年文摘》官网，音乐和文学让她在忙碌的大学生活中得以静下心来。

守正创新，鼎立潮头

出于对科研的浓厚兴趣，刘婕妤利用课余时间进入流行病与卫生统计学系尹洁云副教授课题组学习。虽然那时的她还未系统学习科研方法和操作，但是她一直坚持自学，不懂就问，从未想过放弃。喜讯很快传来，刘婕妤在大二暑假顺利完成第一篇 SCI 论文并发表，同时她申请到了课外科研基金重点项目"探究人体 GDF-15 与胃癌发生发展的关系及机制"。另一篇有关糖尿病的科学研究成果也刊登在 Disease Markers 杂志上。有了科学研究的基础和"初体验"，她开始尝试独立分析完成原始研究，基于中国东部共计 5 万人次的孕妇大样本数据，她和课题组的同学另辟蹊径，排除万难完成了工程量浩大的整理分析工作，首次报道了妊娠期血压变异度与子痫前期的关联，首次揭示了血压变异度与不良出生结局的风险。随后，她又完成了 3 篇高质量研究论文。

刘婕妤喜欢通过交流来完善对知识的认知，并希望将科学研究的成果应用于实际生活。五年间，她在中国科学院遗传与发育生物学研究所实习，赴澳大利亚悉尼大学游学，去泰国参加国际微生物、寄生虫与免疫知识竞赛，到清华大学参加 IDG/McGovern 神经科学暑期学校，在浙江大学基础医学院进行暑期调研等。这些交流学习经历帮助她开阔了眼界，提高了综合科研素养，同时也让她认识到自己的不足。在拓展自身视野的同时，她还积极将自己的经验和感悟分享给其他同学，希望更多的医学生在学好基本功的同时，重视交叉学科的学习，提升自己的综合素质。她的"坎地沙坦对慢性应激诱导的葡萄糖稳态失衡的影响"研究获得了 5 项国家专利。

"越努力，越幸运"，刘婕妤坚信着这句话，用汗水和拼搏度过了大学五年。功夫不负有心人，她被推免至北京大学医学部读博，去探索更多的未知。

不忘初心，卫戍健康

公共卫生健康关乎着每一个人的切身利益，因此要尽全力让那些还处在信息较为滞后地区的人们懂得相关知识，为自己的健康负责。刘婕妤作为一名公卫人，努力为维护人民健康提供有力保障。作为一名中共预备党员，更将"全心全意为人民服务"的理念融入血脉。

专业实习是医学生的重要学习过程。进入专业实习阶段后，刘婕妤将书本理论知识应用于实际，在老师的指导下，多次参与社区流行病学调研、乡村健康知识普及等活动。

2020 年初，新冠疫情的暴发让她更加坚定要成为一名优秀公卫人的目标。她主动担任社区志愿者，协助社区工作人员一起测量居民体温、宣传医学知识，为维护社区人民健康贡献绵薄之力。

"公共卫生骨子里含着利他主义精神,从来都不是单纯的医学问题",她十分赞同流行病学专家唐金陵的这一说法。想要成为一名优秀的公卫人,仅仅掌握医学知识是远远不够的,刘婕妤利用交叉学科的优势,勤于实践、创新、交流、感悟,努力为人类的健康福祉贡献青年一代的力量。

人物简介

马越纪

苏州大学敬文书院数学与应用数学专业2017级本科生。曾获朱敬文奖学金、校学习优秀特等奖学金、校创新创业特等奖学金、全国大学生数学建模竞赛全国二等奖、全国大学生数学竞赛江苏省一等奖、美国大学生数学建模竞赛一等奖。主持国家级大学生创新创业训练计划1项。

砥砺求真，勇攀数理高峰

"付出是回报的必要条件，书本以外的历练能够让人成长更多。"马越纪是这样说，也是这样做的。四年间，他坚定信念，锐意进取，踏实刻苦，从基础知识开始逐步完善自己的知识体系，每一年的绩点都保持在3.9以上。在困难中咬牙坚持的他终于看到了属于自己的风景。

夯实基础，踏实进取

数学是一门基础性和专业性很强的学科，夯实基础是学习的关键，数学分析和高等代数更是整个后续学习的基础。为了夯实基础，马越纪采用了独特的自上向下的复习方法，首先是对整个课程的知识进行概览和钻研，然后通过提炼和总结确定相关学科的大体知识框架，随后在这个框架上对内容逐步进行细化和划分，确定每一个部分的知识结构，再以此类推确定每一个专题、每一个单元、每一个章节。这样不仅对所有知识有了整体的认知，能快速厘清思路，而且可以对每一个细节有充足的理解。

"三人行，必有我师焉"，伙伴互助也是学习的重要方法之一。马越纪与其他相同专业的同学建立了常态化的学习讨论班，每到周末就一起讨论这周的难点、知识框架。在提问和解答中大家都对知识有了更深刻的理解。就这样，通过一周周的刻苦学习，他对数学分析和高等代数的基础知识有了充分和独特的理解，成绩也稳中有升，最终以第一名的成绩

进入了数学与应用数学基地班。

逆水行舟，越挫越勇

在专业学习的道路上，马越纪并不一帆风顺。由于马越纪高考发挥得并不好，他时常对自己的能力产生怀疑。作为马越纪的高等数学老师，马欣荣老师不仅在专业课程上认真教学，更给予同学们精神上的鼓励。马欣荣老师通过对作业的认真批改，确信马越纪对数学拥有独特的天赋，也正是老师一次次的教导和鼓励让马越纪树立了自信，坚定了要努力学习的心。

在学习中，他将大目标逐步分解，设定一个个踮起脚尖就可以达成的小目标，向竞赛和科研进发，然而马越纪的竞赛道路并不平坦。大二时，他参加全国大学生数学建模竞赛、全国大学生数学竞赛没有获得任何奖项，但是比起入学时的稚嫩，马越纪已经通过一次次考试锻炼出了坚强的内心。他知道如果一直站在失败的阴影中那么永远看不见成功的光芒。建模队友离开了，他便选择新的队友，并认真总结比赛失败的原因。面对数学竞赛中展现出的能力不足，他就减少休息时间来强化自己攻克难题的能力。在第二年的数学建模竞赛中，马越纪负责把握整体建模和撰写论文。他在关键的时间节点上总是铁面无私地催促队友不能偷懒，但同时也提醒队友们按时休息、帮助队友处理来不及完成的问题，就这样，他所在队伍获得了全国二等奖，也是当年苏州大学唯一获得国家级奖项的队伍。他认为：在竞赛中，严格的要求并不代表无情，而是体现整个队伍对胜利的渴望，共同迎接挑战才能建立最坚固的友谊，这也是最珍贵的回忆。

锲而不舍，实践创新

创新探索是理工科学习的重要组成部分，将知识与实践相结合是最终目的。马越纪在主持大学生创新创业计划的过程中，面临过许多挑战：队员们基础知识不足、专业知识差异大等，但他总能在摸索中创造出独特的解决办法。疫情的到来给队伍的创新研究增加了难度，但马越纪敏锐地发现短时间的波动会对股价造成巨大短期变化，因此创新地提出了"到达—检验"模型：只有公司资产低于阈值并维持一段时间才判定违约。这个模型不仅是对"首次到达"模型的一个优化，而且根据布朗运动对于时间的独立性，其计算依旧可以沿用原来成熟的数值求解方法，并没有增加计算复杂度和计算代价。

创新的产生离不开思维的碰撞。马越纪说，自己非常感谢敬文书院的培养，书院一方面给他配备了专业的导师，提升了他的创新思考能力；另一方面强调协作、创新、多元的氛围，促使他不断跳出舒适区，并让他认识到，只有努力成长为一个综合型人才，才能不被时代的浪潮所淘汰。

歌德曾说:"流水在碰到抵触的地方,才把它的活力解放。"马越纪坚信正是一次次的挫折激发了人对成功的渴望,驱动着进步与创新,他的青春也会在一次次战胜挫折的经历中变得更加璀璨和精彩。

人物简介

查振龙

苏州科技大学材料科学与工程学院材料学专业 2018 级硕士研究生。主要开展 Si/C 复合材料在锂二次电池中的应用研究，发表 SCI 论文 2 篇，获实用新型专利 4 项。与团队合作的项目"全自动水质在线无人监测系统"获得第十二届"挑战杯"江苏省大学生创业计划竞赛铜奖，所负责的"无人采样/监测船"项目获太仓市"郑和杯"中德青年创新创业大赛三等奖。

风雨过后，苦尽甘来

所有的成功都需要经历漫长的过程，科研更是如此，需要坚持不懈刻苦努力地学习，需要每个夜晚挑灯夜战，坚持才能胜利。

过去的努力，是宝贵的财富

时间如白驹过隙。转眼间，查振龙已在苏州科技大学学习生活了七年了，从当初懵懂无知的少年，成长为满怀梦想的知识青年。"书山有路勤为径，学海无涯苦作舟。"从上大学的那一刻起，查振龙就牢记学习是第一要务，并不断为之拼搏奋斗。在写本科毕业论文的时候，查振龙第一次接触了科研。科研更注重创新与实用，且严谨求真。科研的过程艰辛复杂，在不断地探索求知过程中，他逐渐体会到了乐趣，科研的种子在他心中深深地扎下了根。就这样，他的大学生活忙碌而充实，他先后获得了校综合三等奖学金、优秀奖学金，并被评为"优秀共青团员"和"优秀学生干部"，且最终以优异成绩留在苏州科技大学继续攻读硕士学位。本科的四年时光让查振龙成长了许多，他的人生观、价值观和世界观逐渐成熟。

现在的坚持，守来了柳暗花明

研究生生涯刚开始的半年里，查振龙跟随学长学姐学习实验操作，同时帮助导师整理资料、搭建实验平台，并有计划地将实验成果写成论文。在第一次英文写作过程中遇到了不少难题，在导师指导下，他一遍又一遍地修改，终于完成了自己的处女作。投稿时他满怀信心，等待的过程漫长而揪心，两个月之后等来的却是无情的退稿信。但是，雄关漫道真如铁，而今迈步从头越！查振龙没有气馁，经过一轮又一轮的反复修改，最终论文得以发表，这一经历让他明白了努力与坚守的意义。一分耕耘一分收获，付出总会有回报！

查振龙在科研领域的探索逐渐深入。在导师的建议下，他初步确定了自己的论文方向。为此，他查阅了上百篇文献，并掌握了国内外相关研究进展。正当他要大干一场时，预研结果却显示之前所选择的体系很难达成目标。不得已，他又重新拟定研究课题——"Si/C复合材料的合成及其储锂性能"。这一课题虽然有很好的前景，但已有大量的研究报道。如何在前人的基础上另辟蹊径、找到突破点，成为他再次面临的问题。这样的经历对他而言是真真切切的挫折和磨炼。然而，查振龙没有轻言放弃！他告诉自己：既然选择了远方，就要风雨兼程。他每天坚守在实验室，读书笔记记得密密麻麻，实验一次次地重复。功夫不负有心人，课题很快有了进展，取得了可喜成果。就这样，查振龙朝着自己的目标一步步向前迈进。付出了汗水之后，他也收获颇丰，获得了研究生综合一等奖学金、"挑战杯"省赛铜奖、中德青年创新创业大赛三等奖等。这些荣誉对他而言不是终点，而是新的起点，鞭策着他不断前行。

无私的奉献，做好身边的榜样

在努力做好科研的同时，查振龙也会热心帮助实验室的学弟学妹。他的耐心和循循善诱的态度在他协助导师指导本科生完成毕业论文的时候表现得尤为突出。本科生在刚刚接触实验室、实验操作的时候难免会感到陌生，这时候他便会耐心地引导，让他们早一些熟悉实验室的环境，更好地掌握实验技能；当他们在实验上存在困惑的时候，他更会不厌其烦地解答；在答辩前，他还会组织本科生进行预答辩，帮助他们分析存在的问题。在他的帮助下，他协助指导的本科生毕业论文均获得了好成绩。

未来的展望，期待绚烂篇章

生活中的查振龙是一个单纯朴素、乐于助人、兴趣广泛、热爱运动的大男孩。他喜欢摄影、擅长图文处理，经常帮助同学拍摄照片、帮助老师剪辑视频。他不是一个只会学习、只会搞科研的"书虫"，而是在努力为理想奋斗，同时也尽情享受生活。七年的光阴

转瞬即逝。回首往昔，如果不是靠着笃定的信念和长久地坚持，就不会有现在的成绩和美好。"有福方能坐读书"，他十分珍惜读书的美好时光。在这有限的时间里，他不断地创造属于自己的奇迹，留下深刻的足迹，这是曾经的荣誉，也是未来的起点，他将用自己的执着与坚毅继续前行，谱写绚丽的青春乐章。

人物简介

田 甜

中共预备党员，苏州科技大学文学院汉语国际教育专业2017级本科生。曾获国家奖学金、校综合特等奖学金、苏州高校排球邀请赛女子组第三名、校运动会啦啦操比赛第一名、校运动会气排球比赛第一名等，被评为校"三好学生标兵""优秀学生干部"等。

静守初心，奔赴暖阳

褪去了初入大学时的稚嫩青涩，如今的田甜更多了一份成熟稳重，她在顾虑、疑惑、探索、追求中不断挑战自我，不断进步。

玲珑剔透，务本中和

提到田甜，大部分老师和同学的评价都是"成绩好""学生工作做得很好"，在大家眼中，田甜是一个综合能力很突出的人。

在学院学生会担任主席团成员、在校社团担任社长、在班级担任学习委员……在各种各样的学生工作中，田甜有着自己的心得。她认为，自己是所服务的集体的一部分，在集体中她可以变得更好，而自己的不断付出也可以提升集体的凝聚力和竞争力，这是一个相互成就的过程。"我喜欢恰到好处，喜欢平衡的状态。"田甜常说，"我很感谢学生工作，不仅是因为我的能力在工作中不断得到提升，更因为在平衡学习、学生工作以及其他日常杂事时，我找寻到了一种'和'的状态。"

在注重学生工作的同时，田甜在学习方面也没有落下，连续三年获校综合特等奖学金。她认为，人的一生是不断学习的，与年龄无关，只有充分地"输入"，才能更好地"输出"，做有价值的事，即使短期看不见回报，但是厚积薄发，始终保持学习的状态，就一定可以有所收获。

静守初心，奔赴暖阳　　田 甜

"为天地立心，为生民立命，为往圣继绝学，为万世开太平。"这一直是田甜的座右铭，保持初心、平衡中和，也一直是她的追求。

热血坚强，赤子之心

因为在体育运动上的出色表现，田甜被同学们戏称"小小的身体，大大的能量"。她就像一个充满生命力的小太阳，在运动场上英姿飒爽，活力四射。排球、跆拳道、短跑、马拉松……她不断开发自己的运动潜力，不断尝试挑战自己。她热爱运动，更享受运动。

从排球菜鸟到排球社社长，再到校排球队队长，对排球的热爱和一点一滴的汗水铸成了她不俗的实力。通过努力，她带领院队获得了校排球比赛第一名，和校队的伙伴们在苏州高校联赛中也取得了好成绩。她说："我喜欢那种和队友并肩作战、互相弥补、互相依靠的感觉。"

对顽强战斗、勇敢拼搏的女排精神，田甜深以为然。她有不少的伤，身上总是青一块紫一块的，每次比赛，都能看到她翻滚救球的身姿。在比赛中，她常常是场上的精神支柱，身体力行地践行着女排精神，因为她坚信"只要球没有落地，比赛就没有结束"。这样热血坚强、怀着赤子之心的"小太阳"，令每一个队友和对手刮目相看。

丘山积卑而为高，江河合水而为大。所有枯燥反复的训练，都是为在赛场上发挥出强大实力奠基。

繁星希望，如林生机

田甜还十分热心于社会活动。她加入了文学院的青协，每周六跟随团队一起去福利院陪伴老人，同时利用寒暑假的时间去支教。

在福利院里，田甜温柔而有耐心，她和老人一起联欢、玩游戏、聊天，听他们讲过去的故事，为他们整理衣物，擦拭家具，陪他们在院子里晒太阳。她和青协的小伙伴们一起，给老人带去了最珍贵的礼物——陪伴。这些陪伴，像是天上的点点繁星，在老人们孤独寂寞的夜空中闪闪发光。在志愿服务中，她发现这其实是一个相互帮助的过程，在服务他人的同时，自己也在收获：她用自己的热情填补老人们的孤独和空虚，老人们也用肯定的话语与笑容，给她带来了感动与成长。

2018年，她作为"孔子行脚"教育关爱团的成员，随团队一起前往徐州市睢宁县参与支教。田甜是一个对孩子严厉但用情很深的老师，刚强中带着温柔。她带的班级里有一个沉默寡言的小男孩，平常不爱跟老师同学们交流，但田甜发现了他绘画的天赋，于是她经常和小男孩一起画画，还把画板报的任务交给了他。渐渐地，在美术课上，小男孩会举手到黑板上画画；下课时，常看见很多小朋友找他画好看的公主和飞机；放学后，他会害羞地递上自己画的老师画像。慢慢地，小男孩打开了自己的心扉。在半个月的相处中，田甜和班里的孩子们形成了一种默契，只要一个眼神，就能明白彼此的心意。

一起支教的小伙伴对田甜有很高的评价：田甜是一个优秀的老师，能够严格地要求自己和孩子们，既使孩子们信服，又赢得他们的尊重。田甜说，她希望自己能在孩子们的心里播下种子，等到他们长大，他们就是新的播种人。

不忘初心，砥砺前行，"心"与"行"彼此需要，密不可分。深埋在心中的理想沸腾着，咆哮着，叫嚣着，无时无刻不在指引着前进的道路；彰显于行动的初心被依托着，呵护着，安抚着，每分每秒都在散发着热烈的青春气息。

"慧心青眼，雅态芳姿"，是她在成长路上留下的美丽印记，"繁星希望，如林生机"，是她在理想路上散发的无穷魅力。

人物简介

杨大伟

中共预备党员，常熟理工学院汽车工程学院车辆工程专业2018级本科生。曾获国家奖学金、校一等奖学金、全国大学生数学竞赛（非数学类）三等奖、江苏省高等数学竞赛一等奖等，被评为校"三好学生""优秀学生干部"等。申获实用新型专利1项。

甘做求学奋进柔波里的水草

在求学奋进的柔波里，

我甘心做一根水草！

那优秀学生背后的不平庸的一员，

不只是清泉，

更是天上的虹；

揉碎在浮藻间，

沉淀着彩虹似的梦。

筑梦！

撑一支长篙，

向青草更青处漫溯；

满载一船星辉，

在星辉斑斓里放歌！

坚守求学奋进之梦，

不忘初心，

时光不语！

被身边人亲切地称为"大伟"的杨大伟，在学习和生活中，常以"不求显山露水，但求务实勤勉"自励，努力做一名好学生，做一个对社会有用的人。这既是他的心愿，也是他的信仰！在学习和生活中，他非常喜欢用这句话来自勉："常存敬畏之心，常葆进取之念，常怀感恩之情。"

厚德载物，以德治学

水滋润万物，使之生长，又从不与万物竞高下、论短长，所以老子认为"上善若水"。在大伟看来，好学生当是耐得住寂寞、潜心钻研的，要有一颗甘于奉献的平常心，如此才不会产生"这山望着那山高"的不平衡心理，才能静下心来安心做自己喜欢的事。大伟是一个埋头做事、不喜张扬、勤勉务实的学生，他非常喜欢做一个"善于琢磨事，不愿琢磨人"的老实人。

大伟爱学习、爱钻研、爱科学。他从小就酷爱数学这门学科，在他看来数学是美的。比如：欧拉公式、麦克斯韦方程组等是简洁有力的美，由这些公式推导出来的东西有力量美，充满了生命的力量。他在初高中就多次参加学校组织的各类数学比赛，并获得奖项。创新是时代的召唤，专业知识需要在实践中掌握，大伟以第一负责人获校级立项，并成功申获两项实用新型专利。

厚德载物，德不厚，人难立。在做人求学中他非常注重培养自己的家国情怀，注重培养自己正确的是非观。自2018年就读于常熟理工学院以来，大伟担任车辆181班班长、车辆201班班主任助理。他凭借自己清晰的学习理念和踏实的工作态度，多次被评为校"三好学生""优秀学生干部"等。大伟认为，班主任助理应该是一个好的"操盘手""引路人""协调员"，跟同学相处应该是"心心相印"而不是"面面相觑"；应该是"若即若离"而不是"形影不离"。

创新驱动，精益求精

大伟是一位"懂突围，能突破"的大学生。他懂得"业精于勤，荒于嬉；行成于思，毁于随"。在他看来，学生首先要真爱学习，课堂和学业才是自己的"主阵地""练兵场"。在学习中，始终要清楚自己的"短板"在哪里，分析清楚制约自己发展的"枷锁"有哪些，把如何突破制约、需要赋能什么真正弄明白，切实理解"如何引领创新、怎么追求原创性成果、怎样打造当代大学生自己的标志性品牌"，让创新的理念根植于自己的心中。

入学以来，他一直坚持认真学习，把学习的任务定位为培养自己的素养。他在数学学习中寻找到乐趣，体悟到学数学的定律——"运算、几何、错题"三要素。通过学习数学，他培养了自己的发散性思维，在数学运算中培养自己的耐心与韧性，在平时学习中树立了

"跨界学习"的观念。他不仅爱数学，爱自己的车辆工程专业，爱文学，也爱体育，努力做到德、智、体、美、劳全面发展。

进入大学以来，他始终坚持树立宗旨意识和目标意识，在完成目标和寻求突破的过程中，始终保持着迎难而上愈挫愈勇的坚韧，始终秉持一种"唯有独立，方可独到"的人生理念，始终铭记"乱作为比不作为更可怕"的训诫，不折不扣地完成各项学习任务，综合测评成绩屡次排名班级第一。

责任千钧，不忘初心

大伟在平时学习之余，还喜欢参加各类体育活动。喜欢打篮球的他热血且富有激情，每场比赛都全力以赴。大一上学期他便加入院篮球队，虽获得不少比赛的胜利，但他依然认为自身技术还比较青涩。每次队内训练结束，他都会自己抱个篮球在场地"偷练"。为了锻炼自己，他勇于挑战自我，积极组建队伍参加"永旺梦乐城"首届篮球3V3比赛，经过五轮挑战拿下团体第一名。大二时，在校运动会上，大伟参加了跳远并取得第一名，他大一也参加了跳远，但是由于赛前状态不佳，遗憾未进决赛。第二年为了"东山再起"，他在运动会前每天都去训练，不断地调整自己的动作，不断调整自己的助跑速度，不断调整自己的比赛心态。一次又一次地跳跃，一次又一次地尝试，他不断突破自己，终于在校运动会上跳出了5米98的成绩，拿下第一，为学院，也为自己争得了荣誉。

大伟从不人云亦云，随波逐流。他懂得修德修才，方可"堂堂正正做人，清清白白求学"，"气势易作，气度难求"。好学生是奋斗出来的，是动态的、发展的，所以必须树立终身学习的理念。

在大伟看来，当代大学生也有"风花雪月"，但那风是"求学清风"，花是"夕拾朝花"，雪是"凌霜傲雪"，月是"海上明月"，这就是新时代大学生的生活味、烟火气。

人物简介

席学志

中共预备党员，苏州城市学院法政系法学专业2018级本科生。曾获2019年全国大学生英语竞赛C类一等奖、2019年江苏省第四届"学宪法，讲宪法"比赛二等奖等，被评为校"优秀共青团干部""优秀团支部书记""十佳魅力团支书""青年志愿服务先进个人"等。主持江苏省大学生创新创业计划训练项目1项。

做一个安静而丰富的人

"文"者文章，"正"者道德。进入苏州城市学院就读以来，席学志时刻不忘学校对每一位文正学子的殷切嘱托，潜心学习，认真工作，热心公益。他在三年的"文正岁月"里，实现的不仅是知识的积累，而且是一个勇攀科研高峰、全心服务同学、主动志愿奉献的优秀"文正人"的成长。

潜心学习，勇攀科研高峰

席学志在校期间学习刻苦努力，所有学期成绩都排名第一。在课堂上，他总是坐在第一排，在认真听讲的同时也做了很多笔记。课后，他会将笔记的内容对照书本再进行整理，打造属于自己的知识体系。他还购买了一些重点学科的习题集，通过反复的训练，增强对知识的记忆和掌握。在2019年江苏省第四届"学宪法，讲宪法"活动中，席学志代表学院先后在苏锡常镇通片区赛和省级决赛中获一等奖和二等奖，这也是学院在此项活动中首次在省级决赛上获奖。席学志非常重视对英语的学习，大一时就通过了大学英语六级考试。他还获得了上海外语口译证书考试英语中级口译笔试的合格证书和剑桥商务英语中级证书，并在2019年的全国大学生英语竞赛中获得C类一等奖。

席学志的专业研学之路并不局限于课堂，在课余时间，他也积极和其他同学探讨各种问题和案例。作为项目负责人，他和同学共同申报了江苏省大学生创新创业计划项目

"无主动物致害的法律责任探究"。为了深入研究课题，席学志花了大量的时间阅读相关文献，甚至经常会看到深夜，从知网的论文到一本本专著，他都仔细阅读，并做好记录和批注。2020 年 7 月，席学志带领法政系党支部"獬豸"实践团队，通过线上线下的问卷调查、访谈、公益普法讲座等一系列活动，进行了有关未成年人权益保护的普法宣传。在团队成员的共同努力下，团队撰写的调研报告成功投稿"中青校园"，并获评 2020 年"大学生'返家乡'社会实践活动优秀调研报告"。在"千校千项"评选中，团队作品成功入选"基层新画卷"项目。

认真工作，全心服务同学

席学志在担任班级团支书期间，积极主动为同学服务，积极配合系、院团委的相关工作，积极完成团员教育、团员发展、"三会两制一课"与"智慧团建"等基础工作，所在班级（团支部）获评 2019 年校"活力团支部""十佳红旗团支部""先进班集体"、江苏省"先进班集体"等。2019 年 11 月 18 日，席学志带领团支部与院团委合办"弘扬法治精神，喜迎 70 华诞"新思想公开课，通过情景剧表演、配音表演、模拟法庭、法治知识竞答、教师寄语等环节，为同学们生动展现了中国法治的重大发展与进步，取得了良好效果，获评 2019—2020 学年度第一学期校"十佳主题团日活动"。

除了在班级担任职务外，席学志还担任院团委办公室主任、2019 法学 2 班班助、《文正法学》杂志副主编等职务，他也是 2020 年苏州大学青年马克思主义者培养工程精英人才计划和领军人才计划学员以及学院团校、政校培训优秀学员。每一个职务都意味着责任和担当，在担任院团委办公室主任期间，他协助老师，努力加强队伍建设，尽心尽责完成每一件事情，力求将每一件事情都做到最好。

热心公益，参加志愿服务

席学志还是学院爱心社的社员，他充分利用周末及寒暑假时间，参加爱心社组织的火车站志愿服务，服务岗位在二楼服务台、大屏幕下、检票口、自动售票机等处，他主要在二楼服务台和检票口工作。

服务台是火车站服务旅客的枢纽，里面有专业的工作人员以及志愿者，主要负责解答旅客的疑问并提供轮椅、针线盒等。相比于站外的导乘工作，站内的工作比较繁忙，几乎每时每刻都有旅客前来咨询，咨询最多的就是列车的检票口在哪里以及改签车票的问题。志愿者往往连喝水的时间都没有，而旅客的问题各种各样，口音也不同，这就非常考验志愿者的业务能力和沟通能力。志愿者在检票口的工作则主要是配合工作人员在人工检票口值守。检票口也是车站人群最集中的地点，很多旅客因为着急通过闸机，没有按照次序一个个进，导致闸机报警或者被闸机夹到，志愿者们都要第一时间上前协助。遇到持送客单的旅客，志愿者也要第一时间联系工作人员。有时遇到行动不便的甚至是乘坐轮椅的旅客，志愿者就要帮助他们将行李拿到站台。由于席学志在志愿服务工作中表现优秀，获评2019年苏州大学"青年志愿服务先进个人"。

"文"意为习得美好文章，"正"意为修得端正美德。仰望星空又脚踏实地的席学志，"文正"还将继续激励他"一路成长，一路蜕变"。

人物简介

郑梦瑶

西交利物浦大学数学系金融数学专业 2016 级本科生。曾获国家奖学金、校一等学业奖学金、2018 年 PNP 人工智能创业黑客马拉松第一名。发表 SCI 文章 2 篇。

"笨小孩"的大学逆袭之旅

在师生们的眼中,能够荣获国家奖学金的同学似乎都拥有共同的优秀品质,他们刻苦认真、锲而不舍、目标坚定……但是他们却并非"生来不同",也绝非"天生神力",那么,他们是如何逐步成长为大家眼中的"学霸"呢?

郑梦瑶的经历就是这样一个关于"笨小孩"逆袭的故事。

不被看好的倔强"笨小孩"

高中的时候,郑梦瑶的朋友们几乎都觉得她会选文科,因为她心思细腻,看历史课本都能感动,同时记忆力超群,有外号叫"人体扫描仪"。连郑梦瑶的数学老师也强烈建议她不要选理科,因为觉得她缺乏"题感"与"直觉",做题太死板,总是想要找到一套"死"规律来套题。但或许正因为这样的"不被看好",又或许是青春年少的倔强,她选择了攻克难题时能给她带来更多"爽感"的理科,选择了一条充满挑战、要下苦功夫的路。

大学本科时,在理科道路上逐渐"摸到门路"的郑梦瑶选择了金融数学专业。曾经那个不被看好的"笨小孩"对于下苦功夫学习依然乐在其中,遇到不懂的,即便不是考点,她也会找遍资料把它搞明白。喜欢"死磕"的郑梦瑶渐渐地明白了学习是要把知识内化成自己的东西,比起分数,把知识点吃透会带给自己更多的成就感。"规律一条条总结,感悟一点点积累"是她学习的箴言。平时她从不刷题,"理科文科化"是郑梦瑶学习的独家秘籍,她的笔记上面写了很多密密麻麻的知识点、自我对话与争辩,以及她构建出的解题趣味小情景。通过这种生动有趣的方式，她开始真正进入到知识海洋畅游。郑梦瑶将数学学习绘制成了一本有趣的小说，用不同的方法，收获了不同的经历。

学会放下的幸福"笨小孩"

大一大二的郑梦瑶基本上没有闲下来的时候，不是在学生会外联部工作，就是在实习、比赛……在外人看来，西浦的大一大二学业压力并没有想象中大，但喜欢下苦功夫的"笨小孩"害怕自己闲下来，所以她将自己的课外时间全部填满。过于忙碌的生活给她带来了巨大的焦虑和压力，当那个下苦功夫的"笨小孩"被焦虑困住，感觉不到快乐的时候，她决定要做出改变。

她静下心来，发现多数时候幸福可以很简单，比如，一个人在安静的地方畅想未来，或者邀请几个好友去餐馆大快朵颐，又或者在每次出成绩后享受努力得偿的喜悦……虽然她不擅长从游戏中获得快乐，但她学会了从生活中的细微变化、点滴进步中感受幸福。那个曾经时刻紧张、焦虑的倔强"笨小孩"在认真寻找幸福的过程中变成了一个学会放松、感受幸福的人。

初涉科研的谦虚"笨小孩"

大三上学期郑梦瑶通过学长学姐了解到新加坡南洋理工大学谭睿老师的实验室正在招研究助理，她抱着试一试的心态给老师发了简历和邮件，并参加了面试，令这个一直觉得自己是"笨小孩"的姑娘感到意外的是，她顺利通过了选拔。经过权衡，郑梦瑶选择了间隔年（gap year），去新加坡南洋理工大学参加科研项目。

在新加坡的一年，锻炼了她的学术能力与抗压能力，她的知识与技能水平也增长很快。实验室良好的科研氛围，乐于分享经验与学习方法的师兄师姐们，还有经验丰富的谭老师，都对郑梦瑶的专业成长提供了巨大的帮助。作为实验室年龄最小的研究助理，她总是虚心请教，找各种文献资料仔细研读，在下苦功夫里感受快乐。

因为要赶实验，她经常写文章到凌晨才回宿舍。此时已经学会放松自己的"笨小孩"不再感到焦虑，反而更加享受拼搏与奋斗的幸福。仅用半年多时间，她就以共同一作的身份发表了一篇IEEE期刊论文、一篇ACM会议文章。

临近毕业的郑梦瑶回首在西浦的学习生活，略带青涩的脸庞上洋溢着对未来的自信，她说她依然是个"笨小孩"，对科研执着而热忱的"笨小孩"。

"笨小孩"还是那个"笨小孩"，"笨小孩"又已不再是那个"笨小孩"。

人物简介

李 康

中共预备党员，苏州市职业大学电子信息工程学院应用电子技术专业 2018 级专科生。曾获国家奖学金、第十四届全国高等职业院校"发明杯"大学生创新创业大赛二等奖、第十三届 iCAN 国际创新创业大赛江苏赛区三等奖，被评为江苏省"大学生抗疫先进个人"、校"优秀学生干部"等。

以红色基因铸就青春底色

习近平总书记在"五四"青年寄语中强调，新时代中国青年要继承和发扬五四精神，坚定理想信念，站稳人民立场，练就过硬本领，投身强国伟业，始终保持艰苦奋斗的前进姿态，同亿万人民一道，在实现中华民族伟大复兴中国梦的新长征路上奋勇搏击。作为一名预备党员，李康始终牢记习总书记重要讲话的精神，按照优秀共产党员的标准严格要求自己，不断锤炼自身本领，争做新时代优秀中国青年！

怀揣梦想，献身国防建设

李康出生于一个普通的家庭，父母从小就教育他男孩子要独立、要拼搏，人生是一分耕耘一分收获，他一直将父母的话牢记在心。高中毕业后在父母的支持下，他积极响应祖国的号召，怀揣豪情壮志与满腔热血扎入火热的军营。

对于军人而言，100 千米战斗体能拉练是一个不小的挑战。它考验的不仅仅是体能，更是军人的意志品质。两年的军旅生涯，他在一次又一次的拉练中破茧重生。破晓时分，伴随着一阵阵短促的紧急集合哨音，他要以负重 30 公斤、徒步奔袭 100 千米的方式，以全副武装却又仅有水和干粮补充体力的条件拉开这场三天两夜行军拉练的大幕。

这是他入伍以来面对的第一个考验。或许是因为首次徒步行军，内心带着的激动与兴奋让他没有感受到丝毫疲惫，但情况很快就发生了翻天覆地的变化。第二天行军结束后，他的脚底已经被磨出了两个比硬币还大的水泡！然而行军还在继续，他选择用针扎破水泡，把线留在里面。他强忍着疼痛，咬紧牙关，完成了接下来25千米的奔袭以及最后5千米负重越野的任务。在年底评功评奖中，第一批拿到"优秀义务兵"荣誉称号是对他努力的最好见证与肯定。两年的军旅生涯，不但赋予了他更加强健的体魄，更培养了他雷厉风行、严谨扎实的工作作风以及不怕困难、坚韧不拔的意志品质，这一切都为他接下来的学习生活打下了坚实的基础。

埋头苦干，彰显无悔青春

2018年秋，他退役正式步入大学的校园。初入大学的他深知自己的理论知识水平已经远不如同龄人，于是暗下决心，一定要好好学习！他给自己制订了严格的计划，从每一节课的学习到每一天的生活，无不提前做好规划，处处彰显着一名军人的自律。他总是在上课时坐在第一排最中间的位置，认真听老师讲解每一个知识点并做好课堂笔记。课后他认真复习，遇到不懂的问题就及时向老师请教，自己潜心钻研的同时也与同学们深入讨论，绝不把任何一点疑问带到第二天的学习中去。

经过一年的不懈努力，在大一学年考核中，他取得了不错的成绩，综合绩点3.43。大二学年，他没有骄傲自满，而是选择继续努力，在保持课业成绩的同时积极参加各类创新创业比赛，不断夯实专业基础，最终在大二学年考核中综合绩点达到了3.88。大三学年，虽然按照入伍优抚政策他本可以免修顶岗实习，但他果断放弃免修，经过面试、笔试等层层考验，顺利进入了与他专业相关的中国科学院苏州纳米技术与纳米仿生研究所进行实习。实习期间，他积极参加指导老师的科研项目，同时利用晚上时间加班加点地进行"专转本"考试的复习，不断追求更好的自己。

不忘初心，牢记使命担当

2020年新冠疫情暴发，作为一名退伍军人，他始终牢记为人民服务的宗旨，坚持退伍不褪色，危难时刻不退缩，奋勇冲锋在一线，为疫情防控工作尽一份心、出一份力。他的家乡南京市高淳区地处苏皖交界，与安徽省宣城市狸桥镇毗邻，省界卡口的防控工作尤为重要。疫情防控阻击战打响以来，他主动到社区报名，认领最为艰苦的夜间疫情防控执勤工作，发挥了一名学生干部的模范带头作用，用实际行动助力战"疫"。

夜间执勤时间通常为晚上8点至第二天早晨7点。2月的冬夜，寒风瑟瑟，偶遇漫天飞雪，他依旧坚守值勤岗位，对自己高标准严要求，不漏掉一辆车，不漏掉一个人，确保检测登记全覆盖，把好防疫战线第一关，用无私奉献的志愿服务精神将防疫的"铜墙铁壁"铸造得愈发牢固。

他还积极协助社区开展防疫宣传服务工作。起初居民们面对层层设卡造成出行不便等一系列问题,是不理解甚至是抱怨的。他用加强防疫宣传的力度和耐心服务的温度,慢慢改变了大家的态度。越来越多的年轻人加入到他们当中来,一同筑造起坚固的青春防疫屏障。

这一路走来,他始终相信青春由磨砺而出彩,人生因奋斗而升华,新时代、新征程,更应不忘初心,牢记使命,让青春在党和人民需要的地方绽放绚丽之花!

人物简介

冉东东

中共预备党员，沙洲职业工学院建筑工程系建筑工程技术专业2018级专科生。曾获国家奖学金、国家励志奖学金，连续五次获校二等奖学金，被评为校"优秀团员""优秀学生干部""优秀青年志愿者""优秀运动员""十佳标兵"等。

向阳而生，逐光而行

2018年9月6日，坐了20多个小时绿皮火车的冉东东，带着期待从1 500千米外的贵州沿河县官舟镇来到沙洲职业工学院，成了一名大专生。在高考失利、亲友规劝复读的情况下，冉东东毅然选择沙洲职业工学院，是因为该校与贵州沿河县有着教育帮扶项目，从学费、生活费到就业，都有相应的帮扶措施。从那天起，这个"个儿不大"的男孩，坚信"来路由己，未来可期"。两年多来，在学校老师的辛勤指导、同学们的帮助下，他通过努力与坚持，一步一个脚印，向阳而生，逐光而行，不断收获成长的果实。

努力，从奔跑开始

少年阶段，冉东东跟着父母辗转各地求学，后因父亲突发疾病才回到家乡务农，由此家庭陷入贫困状态，被纳入当地建档立卡低保户之列，家中姐弟5个，唯有他和弟弟赶上国家脱贫攻坚东西部协作教育合作项目大力实施。入校后，学校各方面的帮扶政策让他在思想上放下了包袱。面对新环境，在与周围大多数来自经济发达地区同学接触的过程中，他对自己的大学生活有了全新的思考。他对自己说，大学三年，总得要做点什么，若不好好把握，便不会有重来的机会。

在入学不久的秋季校运会上，少时就爱好短跑的冉东东一举打破学校多年的100米记录，并带领团队获男子4×100米接力第二名，被评为"优秀运动员"。赛场上的胜利，让他一下子在这个校园里找到了自我。后续的学习生活中，冉东东一直以奔跑的姿态前行，自信、拼搏，怀着必胜的信念。

思想，在实践中进步

　　一年级时，冉东东担任了班长、系学生会体育干事，二年级成了系学生会主席团成员兼任学院文体部长。担任学生干部期间，他帮助所在系部体育文化建设取得突破性进步，并成功牵头组织了一届"沙工杯"系列球类比赛；他还负责管理学校国旗班日常训练工作，亲自示范每一个训练动作，使国旗班每一次都零差错、庄严郑重地完成升旗仪式。在冉东东的带领下，班委团结，同学关系融洽，所在班级班风优良、学风优秀，多名同学代表学院参加各学科竞赛。2020年，他所在班级被评为校"优秀班集体"。冉东东已经成为班级、所在系学生干部中的优秀代表，以自身的人格魅力带动身边的同学一起进步。

　　一次家乡领导来校看望沿河学子，冉东东把对教育帮扶项目的深刻认识向家乡领导做了汇报。他说，成长在这个时代是我的幸运，张家港市政府和沙工老师为我的家乡做了这么多实事，1 500千米连接的是大山里的希望和奔头，以后我也想为别人做些有意义的事。在系党支部的引导下，他参加了学校党校理论学习培训，递交了入党申请书。

本领，在专业中习得

　　不迈出第一步，永远都不知道自己有更多的可能性。放弃本科，选择职业院校就读，在一次次证明自我的过程中，冉东东深知，掌握一项专业技能，是他毕业后实现更多更好可能的起点。他选择建筑工程技术专业源于少时父亲在工地打工，最初的想法很纯朴：施工虽苦了点，但收入能养活家庭。冉东东所在班级是校企合作冠名班，冠名企业是本地一家拥有国家建筑工程施工总承包特级资质、建筑行业（建筑工程、人防工程）设计甲级资质的建筑企业。通过深入企业参观学习，冉东东重新认识了所学专业，愈加坚定了要学好这个专业的决心。

　　中学时地区教育质量差异带来的基础知识掌握的差距，给冉东东学习带来不少压力，尤其是英语。但他性格中乐观、不放弃、敢于挑战的精神，促使他沉下心来，利用休息时间弥补自己的不足，紧跟教学进度，强化专项训练，最终都取得了较好的成绩。在专业实习中，他好学好问的态度让每一位工地师傅都愿意帮他，他也深受实习企业认可。在见习新型建筑模式——PC装配式建筑技术时，他时常研究每一项工艺、反复练习每一个操作，他说，在企业里看到的、学到的知识，在自己的家乡是欠缺的，新建筑模式最适合自己家乡的建设条件，要尽自己最大的能力学精学透，把最先进的建筑工程技术带回到家乡的建设中，将来能在大山里实现自己的建筑梦。凭借着这股热忱，冉东东每学期在学业上都位列班级前4名，先后获得国家奖学金、国家励志奖学金、德丰奖学金，并连续五次获校综合二等奖学金，成为其他学子的学习榜样。

价值，在公益中体现

沙洲职业工学院所在的张家港市，是苏州"三大法宝"之一——张家港精神的发源地，也是国内唯一获评全国文明城市"六连冠"的县级市。从大一开始，冉东东基本每周都去参加志愿服务活动。新生入学时，学校招募接站志愿者，他自告奋勇第一个参加；在张家港"为爱行走"马拉松比赛、垃圾分类广场宣传、"文明养犬"宣传、第二届市台球联赛等活动中，都能看到他的身影。作为学生干部，他还经常组织同学参与社区义工、义务植树等主题活动。

当有同学问到经常做志愿服务不辛苦吗？冉东东笑着说："不苦，很有意思，接触了很多人。"朴实的话语间流露出一种"被需要的幸福"，这种体验只有在真正做志愿服务之后才能切身体会到。他把志愿服务作为自己的一种生活方式，在公益行动中实践青春的宝贵价值。

毕业在即，顶岗实习时本可以选择相对舒适的"甲方"，冉东东却选择艰苦的"乙方"，每天往返40千米，风雨无阻、乐此不疲。他热爱现在每一天的生活，对未来职业目标的追逐也从未停歇，他将在人生的大道上一直这样坚持下去，追逐光、追逐太阳。

人物简介

胡　越

中共预备党员，苏州经贸职业技术学院国际贸易实务专业 2018 级专科生。曾获国家奖学金、第五届中国"互联网＋"大学生创新创业大赛金奖、江苏省"互联网＋"创新创业大赛一等奖等，被评为江苏省"最美职校生"等。主持江苏省大学生创新创业训练项目 1 项，发表论文 2 篇。

青春不迷茫，且思且前行

　　大学生涯像是一场旅程，从起点出发，以三、四年为期，寻找一条通向光明未来的道路。在路上，或有人迷茫，或有人彷徨，但勇者必定会早早探索出自己的路，坚定地走向远方。

定位，以目标为导向前进

　　从进入学校的那刻开始，胡越便确定了自己的目标：圆满完成学业，为创业打下基础。

　　因为家庭的原因，她从小便在心里埋下了一颗创业的种子，她想要创业，但是她也是迷茫的，她不知道自己该做什么、该怎么做。在与老师的交谈中，她逐渐确定了自己的目标。要在学好专业知识的基础上，合理利用大学生创业的优惠政策和学校对于学生创新创业的大力扶持，组建团队，成立公司，为毕业后创业打下坚实基础。

定心，踏踏实实走好每一步

　　目标明确后，胡越很快在老师的帮助下，制订了三年的学习工作计划，并且严格按照计划进度一步步朝目标前进。这是一份非常详细的规划，涵盖了三年学习生涯中一个大学生可能取得的所有进步。

她像每一位新生一样，加入社团、竞选班委、加入团学组织、递交入党申请书、认真上好每一节课。渐渐地，许多同学都松懈了下来，但是胡越却越干越有劲头。在职业生涯规划社团中，她主动找指导老师进行多次沟通，不断地完善自己的创业计划；担任班长时，她每天督促每位同学按时到教室上课，带领班委组织好班级各项活动，班风、学风优秀；在学院创新创业部，她与志同道合的伙伴一起跑市场、做考察，与成功创业的学长进行多次交流。

一年多的时间很快过去，她扎实走好的每一步都逐渐显露了成效：专业综合素质考评第一、班级团结向上、创业团队运行流畅。这个名叫"云SIM流量达人"的创业团队，起初并不起眼，在学院的扶持下，她抓住每一次与企业负责人、专家交谈的机会，将自己的疑问提出，并得到了很好的解答。在她与队员们的共同努力下，公司运营逐渐顺利起来，取得了令人瞩目的收获。被学院推荐参与"互联网+"创新创业大赛后，她非常珍视这个机会。参加国赛前，大家每天都要熬夜到凌晨。她从不喊累，有困难她永远冲在前面。她说："只有这样我才可以更好地明白那些创业者是如何成功的，才可以让今后自己创业时少走弯路，我始终明白我的目标在哪里，路上付出的一切艰辛都是值得的。"她的努力是有回报的，团队以全国第一的成绩荣获第五届中国"互联网+"创新创业大赛金奖。

定力，相信坚持的力量

因为在学业、素养、创新创业等方面的优异表现，胡越被学院树立为成才典型，向在校生们传递成功经验和心得。转眼到了大三，胡越第一时间撰写好了毕业论文，提前很久就交给了导师。她没有想到，这篇论文被导师全盘否定了。导师告诉胡越，文中引用的一些理论早已是过去式，逻辑也不够通顺，完全不符合要求。这一次否定对一向自信的胡越来说不啻于一场打击，然而，她很快调整好了情绪，进行了反思。在追求创业和成功的路上，自己是否忽视了部分专业内容的学习？当初制定好的圆满完成学业的目标，难道就要这么半途而废？之后，胡越又找导师沟通了好几次，拾起学得不够好的一门专业课，通过网课重新学习。许多事项同时进行，让这个女孩变得非常辛苦，但是她还是坚持了下来，并且在一个月内重新交出了优秀的论文初稿。这次经历让她明白，人无完人，但是人可以争取做一个完人，只要坚持和努力，一定可以变成更优秀的自己。

定律，科学奋斗成就智慧人生

在与学弟学妹交流的时候，胡越常常提起学院党委提出的一个理念，即"用科学奋斗成就智慧人生"，尤其是回顾自己的历程，总结成功的规律时，她对这句话更加推崇。"我

们每个人的大学时光，一定或多或少都奋斗过，但是只有科学奋斗才能让你的人生更加出彩",胡越说,"对我而言,尽早制定目标,依据规划踏实做好每件事,加上不懈奋斗的毅力,这就是科学奋斗,在此过程中,我不仅收获了成功,也收获了做人、做事的规律和方法,这将令我终身受益。"

在前进的道路上,有光辉喜悦,也有辛苦奔波。小小的成功,为大学生活画上完美句号,同时又成了崭新征程的起点。"征途漫漫,唯有奋斗",愿所有青年能通过奋力前行,看到更美的风景。

人物简介

付彬泉

苏州健雄职业技术学院人工智能学院软件技术专业2018级本科生。曾获国家励志奖学金、全国大学生软件测试大赛总决赛自主可控测试二等奖、全国高职院校信息素养大赛全国总决赛学生组优秀奖、江苏省软博会工业APP软件测试比赛团队赛二等奖、江苏省高职院校信息素养大赛一等奖等,被评为苏州市"最美高职生"、江苏省"三好学生"等。

奋斗是青春的源代码

初秋的夜晚,已充满凉意。时针指向了晚上7点,大三定岗实习的付彬泉面对电脑时而眉头紧锁,时而面露喜色,只为解决程序上的一个个小难题。

农村少年进取路

付彬泉来自江西省抚州市临川区湖南乡一个小村庄的贫寒家庭,他家是当地的低保户,也是精准扶贫户。

曾经,他和同龄人一样,拥有一个幸福美满的家庭,但是这样的生活并没有持续很久。12岁的时候,父亲去世,母亲独自把他抚养成人。从街坊口中,他渐渐明白,母亲在他身上付出了太多的心血。他虽懵懂,但始终清楚,读书是他改变命运的唯一机会。他发奋苦读,考入了市重点高中,可高考失利了。他一度自责自己辜负了母亲的厚望,但母亲说:"继续读书吧,你现在是我唯一的希望,你这么大了,也懂事了。我老了,你去闯闯吧。"带着母亲的信任,他踏上了来苏州求学的道路。

虽然国家的精准扶贫政策和学生资助政策为清贫的家境减轻了很多负担,但他始终知道,扶贫先扶志,贫穷不是获得别人同情和帮助的资本。他将这两句话带进了今后的学习、工作和生活,并且鼓励自己绝不做人穷志短、甘于平庸的人,他发誓要通过自立自强改变自己、改变家庭、改变家乡。

在努力学习的同时，他积极主动地向党组织靠拢。学院团总支书记周老师感慨："付彬泉是整个 2018 级学生中最积极向上、最自立自强的。"2018 年 12 月，他参加了学院党总支第十九期业余党校学习并顺利结业，同时获评"优秀学员"。2019 年 11 月 25 日，经学院公推大会投票，他成为 2020 年度学生党员发展对象。

技能大赛发烧友

学习上，身为软件技术专业的学生，付彬泉除了认真完成老师课堂留下的"敲代码"、修复 bug 等任务以外，还经常利用课余时间到图书馆和机房自习，以加深对专业知识的理解和应用。大二开学后不久，他在自习室突然接到了辅导员周老师的电话，手机那头传来了兴奋的声音："付彬泉，恭喜你完成'大满贯'！这次学校一等奖学金、国家励志奖学金、校'三好学生'都有你的名字！"2020 年 6 月，他又获评江苏省"三好学生"。

对付彬泉这样一个"大胃王"来说，仅课堂学习是满足不了他的。他积极参与各类专业技能大赛，通过自己对专业知识的钻研以及与团队其他成员的密切协作，取得了不少成绩。院程序设计大赛、校软件测试竞赛、江苏省软件测试比赛、全国大学生软件测试大赛、全国高职院校信息素养大赛等赛事中都能看到他获奖的身影，他拿下了全国大学生软件测试大赛总决赛自主可控测试二等奖、全国高职院校信息素养大赛全国总决赛学生组优秀奖等多个奖项。

10 月 24 日"程序员节"那天，付彬泉难得发了条朋友圈：对于程序员来说，生活没有那么多诗和远方，只有加不完的班、写不完的代码和修不完的 bug。舍友评论道：大哥即将成为 406 宿舍秃头第一人、黑眼圈第一人。他苦笑道："在科学的道路上没有平坦的大道，只有不畏劳苦沿着陡峭山路攀登的人，才有希望达到光辉的顶点。"

社会实践小达人

付彬泉除了是学校青年马克思主义者理论研究协会的成员外，还在 2019 年 6 月被选为校图书馆值班小组负责人，同时积极带动宿舍及班级同学阅读，图书馆借阅量前十名中皆有他班级的同学。他还协助图书馆老师策划"读书节——我是讲书人"活动、"书山寻宝"活动等，在活动中组织有力，团结同学，充分发挥了模范带头作用。

付彬泉还担任了半年的学院机房管理员助理。在勤工助学的过程中，他不仅获得了物质的回报，更获得了精神的满足。一方面，要动脑筋尽最大努力去协助管理员工作，要做老师的"左右手"；另一方面也要敢于表达自己的想法，给老师做参考，帮助老师提高工作效率；更重要的是做事要有责任心、耐心，这样才能够更好地服务教学、服务师生。在这个过程中，他体会到了用劳动收获果实的那份喜悦，以及用付出赢得尊重的那份自豪。

2020年寒假，面对突如其来的新冠疫情，在得知居委会人手不足的情况下，付彬泉主动投身疫情防控工作。他对各个村居民的健康信息进行采集汇总，并耐心向居民们普及防疫知识。开学报到时，他积极主动参与到学校防疫志愿活动中，帮助同学们拎行李，指引同学们到指定点测量体温、登记健康信息、完成报到登记。

在发展学生党员公推大会上，他这么总结道："回望自己一路走来的历程，很感谢有那么多来自师长的关怀和朋友的鼓励支持，让我拥有了坚强和自信、执着和勇气、达观和内敛。我在自立自强中学会了分享和承担，并深刻意识到作为一名新时代的中国青年大学生应当承担的责任和义务！"

付彬泉的自强之路才刚刚开始。今后，他还会脚踏实地，以"莫等闲"的姿态继续奋斗在追梦路上，描绘出一段又一段绚烂的人生画卷！

人物简介

孙 杰

南通大学医学院临床医学专业2018级硕士研究生。曾获国家奖学金、校研究生首年学业奖学金、校学业一等奖学金，被评为校"优秀共青团员""优秀研究生""优秀研究生干部""南通大学附属医院优秀住院医师"。主持江苏省研究生创新计划1项，以共同第一作者发表SCI论文2篇。

不为良相，便为良医

"祈通中西，力求精进"，八年的南通大学医学院学习生活带给孙杰的不仅仅是知识的丰富，更重要的是品德修养的锤炼和个人素质的提升。孙杰以通大人自强不息的精神严格要求自己，将"大医精诚"的品质融入自己的血液，秉持着"谦虚谨慎，戒骄戒躁"的信念，在医学领域执着前行，努力将自己打造成具有创新精神、胸怀远大志向的全方位人才。

仁心仁术，志存高远

"心中有阳光，脚下有力量"，为了理想能坚持、不懈怠，才能创造无愧于时代的人生。孙杰从小就有个"医生梦"，经过高中三年的不懈努力他终于考取了心仪的南通大学，成了一名临床医学专业的学生。入学教育给他留下了深刻的印象，"把我的遗体制成标本，让医学生摸着我的骨骼，走进医学神圣的殿堂……"夏元贞教授从医近六十年，最后将自己的身体捐给了医学事业；黄竺如教授将自己的心脏永远留在母校的病理实验室；陈瑛教授捐赠的角膜、眼球永远珍藏于中国眼科博物馆。这都给孙杰带来了深深的震撼，并让他在无数名医榜样的感召下下定决心提升自我，磨炼品性，砥砺前行！

五年的大学本科学习使孙杰掌握了扎实的理论知识，树立了治病救人的信念，在研究生考试时他毅然选择了骨科，决心为无数病人接骨疗伤。作为一名专业型硕士研究生，临床工作成了他的主要任务，每天早上七点半他就来到病房开始一天的忙碌，查房时耐心与病人交流，动作轻柔地为患者换药，缓解病人紧张的情绪，认真仔细地书写病历……繁忙的工作常常持续到晚上。尽管任务繁重，但他还是对病人保持耐心，经常把微笑挂在脸上，因为他知道作为医生就是要时时刻刻为病人着想，尊重每一位病人，用自己的知识为他们解除病痛。"有时治愈，常常缓解，总是安慰"，无论患者有什么疑问，他总是仔细地解答，让病人和家属都能对病情有详细的了解。

自从走上了医生这个岗位，他就始终将病人放在第一位，急病人所急，想病人所想，力求细致耐心地做好每一项工作，有时患者虽只是来咨询，但他也耐心解释，使他们满意而归，为患者消除心中的疑虑成了他的快乐源泉。一个医生只有德艺双馨才能更好地救治他人，面对患者时温和耐心的态度才能最大限度地宽慰他们。

有信念、有梦想、有奋斗、有奉献的人生，才是有意义的人生。胸怀治病救人的坚定志向，孙杰在医学的道路上脚踏实地地认真前行。"道不可坐论，德不能空谈"，实实在在将"大医精诚"的理念做到实处成了孙杰的不懈追求。

知物由学，业广惟勤

"人才有高下，知物由学"，面对宝贵的研究生学习机会，孙杰十分珍惜，尽管平日里临床工作繁忙，但他还是尽量抽出时间学习理论知识：每天阅读文献，随时关注相关领域的前沿进展，将老师所讲、临床所见和国内外的文献报道结合起来，全面地了解相关疾病知识，为今后的工作打下坚实的基础。从进入学校的第一天起，他就牢记学生的天职就是学习，他如饥似渴地学习各种知识，并不断地在实践中操练，将之转换为自身的营养。

"板凳要坐十年冷，文章不写一句空"，除了病房，实验室成了他最常出现的地方。在导师的带领和指引下，他在研究生一年级的时候就确立了自己的研究方向，激素性股骨头坏死是医学上的一个难题，自从立题后，他反复研究，将自己的想法一次次地用实验去验证。研究之路并不顺利，他经历了很多挫折与困惑，坐在图书馆里反复钻研，向导师多次请教，一年多的努力没有白费，他终于将实验完成了！

"苟日新，日日新，又日新"，青年人是社会上最富有活力、最具创造性的群体，理所当然应该走在创新创造的前列。他深知，做学问，光靠死读书是不行的，要学会在学习与实践中寻找创新的火花，争做锐意进取、创新进步的青年。每次在遇到问题后他总是要问问自己还有没有别的解决方法，有没有什么别人还没想到的地方，决不把自己的思维禁锢在现有的领域，而是通过思考与创新不断开阔自己的眼界。每次跟导师外出开会，他总是很兴奋，因为可以近距离地聆听专家学者们在最新领域的理论讲解，每每都觉得茅塞顿开，获益匪浅。

研究生三年期间，他一直坚持认认真真做事，踏踏实实做人，一步一个脚印地将自己所学的知识应用于实践，妥善处理工作与学习中遇到的各种问题，先后以共同第一作者在国外期刊发表SCI论文2篇，被评为校"优秀共青团员"，并多次荣获校学业奖学金。他坚信天道酬勤，只有勤奋刻苦地努力才能换来自身的进步，同时更要保持一颗谦虚谨慎的赤子之心，才能使自己不断突破自我，勇攀高峰。

一路走来，他经历了挫折与磨难，也享受了成功与喜悦，自律与努力是他解决难题的主要工具，愿他继续珍惜韶华，不负青春，自强不息，行胜于言。

人物简介

吴英成

中共党员，南通大学医学院临床医学专业2016级本科生。曾获国家奖学金两次、第十六届"挑战杯"全国大学生课外学术科技作品竞赛特等奖、中国青少年科技创新奖等。以第一作者发表SCI论文5篇。

生命路上的"追光者"

2016年，吴英成怀揣梦想考入了南通大学医学院，大一的一次医院见习经历，使他认识到国内的许多晚期肿瘤患者几乎无药可治，吴英成深知"人类同疾病较量最有力的武器就是科学技术"，作为一名医学生，他渴望着能为祖国的肿瘤学事业做点什么，更渴望为患者解除病痛，做人类生命路上的"追光者"。

潜心科研求真创新

吴英成入学的这一年，恰巧也是PD-L1肿瘤免疫疗法临床试验在美国取得巨大成功的一年。PD-L1抗体被认为是当时最有潜力治疗晚期癌症的药物之一。但是，我国的大部分药企都没有能力量产此抗体。吴英成在临床见习期间与晚期肿瘤患者接触的过程中，亲眼看到了他们几乎无药可治的痛苦，即使患者有经济能力使用这种进口药物，也会因为PD-L1抗体疗效的个体差异而仍旧希望渺茫。从那时起，他就立志，作为一名临床专业的医学生，应该为祖国的肿瘤学事业做出点贡献。2017年，通过学院专为新生开设的"双创课堂"，吴英成正式加入了江苏省特聘教授范义辉的团队，接受肿瘤免疫学科研系统训练。

然而，这条路并不平坦。当时，国内外涉及PD-L1表现调控机制的文献仅几十篇，吴英成只能从零开始慢慢摸索。一开始面对"黑压压"的英文文献时，他手足无措，但

困难并没有吓退他。从那时起，他就逼迫自己养成每天阅读文献的习惯，并将此作为每天最重要的事情。精读、泛读10篇文章，是他强制自己每天必须完成的任务。哪怕到深夜，只要这项任务没有完成，他就不会休息。从刚接触科研到现在，他每天都要把当天相关领域的最新文献浏览一遍，觉得话题相关或者有趣的，就记录下标题与研究结构等关键内容，然后再分门别类整理。特别感兴趣的文章他会集中存储起来，抽时间仔细研读。在大量的积累后，他形成了自己的科研"审美观"，经他筛选分类收集的文献容量已达20G，这些专属文件夹已经成为他引以为豪的宝贝。从大一到大四，一千多个日日夜夜，他就这样持之以恒地与文献为伴、与实验为伴。正是因为这种坚持，他才能及时跟踪国际科研最新动向，把握科学的前沿脉动。

随着研究的深入，他所积累的新发现也越来越多。在范义辉教授的指导下，他所在的本科生科研小组"免疫检查点PD-1/PD-L1（PD-L2）的调控机制研究"项目，在被誉为中国大学生科技创新创业的"奥林匹克"盛会的第十六届全国"挑战杯"大赛中，从1 212个项目中脱颖而出，斩获特等奖。2019年12月，国际一流期刊Cell子刊Cell Rep报道了他们在肿瘤免疫学的重要突破：发现了肿瘤免疫疗法的新靶点——超级增强子。文章发表后，国际著名学术机构和著名生物医学媒体对此纷纷发表评论。

踏实工作尽责奉献

在潜心科研的同时，吴英成还积极投身学生工作。在老师和同学的眼中，他为人谦和、性格开朗、工作认真、责任心强。他是老师眼中的得力助手，同学眼中的好伙伴。作为年级学生会副主席、班级团支书，吴英成认真贯彻推进团支部"三会两制一课"制度，既能扎实细致地做好团情统计、团费收缴、民主团员评议等基础性工作，又能以支部团员青年喜闻乐见的形式举办形式多样的团日活动，如校团日观摩活动、观影交流活动、"青年学习社"、读书分享会等，充分发挥优秀群体对团员的引领作用，带领团支部成员共同进步。作为科研小达人，吴英成还加入了学校优秀学生宣讲团，为学弟学妹们讲述"科研那点事儿"，发挥朋辈引领的作用，在大学生群体中掀起双创热潮。他个人也被授予校"优秀学生干部""优秀共青团干部"等荣誉称号。

勇于担当服务社会

2020年，新冠疫情突如其来。疫情就是命令，防控就是责任！作为一名共产党员，吴英成紧跟时代步伐，在疫情中勇于担当，积极投身于社区疫情防控志愿服务工作。他戴上袖套和口罩，在社区防疫卡点进行值守，对进出人员、车辆进行检查登记，协助社区工作者在周边居民小区中发放居民告知书、健康科普知识宣传单等材料，利用专业知识为居民讲解疫情的防控知识以及病症的一些主要表现。面对疫情，吴英成展现了青年学子的责任与担当。

信仰无声，拳拳赤子心就是最好的名声；生命无华，殷殷报国行就是最好的芳华。疫情让吴英成对医学未来的发展有了更多的思考。他将坚守学术初心和科研本心，追求务实创新，追寻肿瘤治疗的生命之光，为实现中华民族伟大复兴贡献青春和力量！

人物简介

肖 瑶

江苏工程职业技术学院工程造价专业2018级专科生。曾获校一等奖学金四次、中国国际"互联网+"大学生创新创业大赛江苏省一等奖、第十四届全国高职院校"发明杯"创新创业大赛一等奖等，被评为南通市"勤学上进好青年""三好学生"等。参与申获实用新型专利9项，发表省刊论文3篇。

走在梦想的花路上

大学是人生最美好的阶段，回首这段光阴，怎样才能不因虚度年华而悔恨？不因碌碌无为而羞愧？肖瑶用多项荣誉称号和各类创新创业大奖向青春递交了一份闪光的答卷。她只是一个平凡的女生，但她愿意挥洒汗水、播种希望、披荆斩棘、勇往直前，走出一条属于自己的梦想花路！

创新萌芽，梦想启程

学习是学生的第一要务，刻苦钻研也是她一直以来内化的习惯，她坚信：越努力，越幸运；越自律，越自由。在以精益求精的态度对待本专业课程的同时，她广泛涉猎各个领域的新知识。在一次偶然的优秀学生发言中，她听到了"专利"这个名词，出于对新知识的渴望，她开始将自己的新想法进行实用新型专利的申报。由于对专利并不了解，她便上网查询专利的申报流程并购买相关书籍进行学习，申报过程是复杂且困难的，并不了解如何附图的她，在两个月的时间里通过网络自学相关课程，按照规定自主绘制了图表，经过不断更改及完善，终于成功申报了专利。自此，在"大众创业、万众创新"背景下，她明确了自己的目标：结合自己的专业优势开展创新创业项目。于是，她报名参加了学校组织的SYB培训等创新创业课程，系统地学习有关知识，开始了自己的创新创业之旅。

披荆斩棘，锲而不舍

梦想照进现实是很不容易的，从组建创新团队到选择项目再到赛前集训，每前进一小步都需要付出巨大的努力。让她印象最深刻的是参加第十四届全国高等职业院校"发明杯"创新创业大赛，她和几名机器人专业的同学在老师的指导下，针对当前建筑需要工人高空作业的问题，大胆设计出一种新型爬壁建筑施工机器人。在备赛过程中，他们利用暑假深入到多个建筑工地实习调研，积累了大量的实践经验，在一次次的调研、实践与讨论中，探索出了一种适合建筑施工的机器人运行方式——爬壁，机器人通过底部的真空泵，牢牢地吸附在建筑物表面。这项研究对她来说并不容易，需要带领团队开展全天性的实验，而制作机器人的过程更是充满挑战，从复杂的线路对接到各式各样的仪器检测，不仅要学会使用仪器，还要对出现的各类故障进行排查检修。两个月的时间里，他们整天"两点一线"地奔波在图书馆和实验室之间，顶着高温废寝忘食地开展研究，从起初的无从下手，到机械难成型、吸壁困难再到机器人基本成型，当团队第一次对成果进行检验时，机器人由于风压原因无法实现爬壁，大家都想放弃了，这时候她鼓励大家：成功就是在快要放弃的时候再坚持一下！基于出现的风压问题，她仔细思考机器成型过程，不断重复检测机器的各部分零件，积极地请教专业领域的老师，夜以继日地研究相关领域成果，一产生灵感和启发就与团队共享，最后他们设计出微电脑驱动程序，根据不同建筑面的粗糙程度不同，通过真空泵自动改变气压差，彻底解决了风压问题。正是她锲而不舍的精神带给团队充足的信心，也正是凭借着科学信念和创新精神，团队击破一个个难关，坚持到最后，终于捧回了一等奖。从校赛到省赛再到国赛，这是一段难忘的历程，之后，他们又用汗水接连收获了众多荣誉：中国国际"互联网+"大学生创新创业大赛江苏省一等奖、第十六届"挑战杯"大学生课外学术科技作品竞赛江苏省三等奖……

以点带面，协同创新

"一花独放不是春，百花齐放春满园。"在了解到身边有不少同学也对创新创业感兴趣以后，老师鼓励她创建了海门校区大学生科技创新协会。由于同学们对这个领域并不了解，以至于招募成员的过程十分艰辛，但她仍然坚持宣传和普及创新知识，最后吸纳会员600多人。以自身的经历带动更多志同道合的人一起为梦想努力，这是一件多么有意义的事，对她来说更是一个全新的挑战！她对这个庞大的社团投入了极大的心血，不仅要策划管理社团的日常运营，更需要将自己在创新创业方面的参赛经验分享给社团的成员，让大家都能感受到创新创业的魅力。虽然这个社团很年轻，但是通过大家的共同努力收获颇丰：共组织开展200人以上的科技讲座13次，获得南通市"优秀先进集体"、校"创新创

业好青年团队"等荣誉称号。同学们的创新创业热情被激发了,大家经常在创新交流会上畅所欲言,思维的火花互相碰撞,产生了无数的好点子,她仿佛看到更多的同学像她一样在各级创新创业大赛上摘金夺银。

  在大学时光中,她总在不断挖掘着自己的潜能,朝着创新创业的梦想而奋进。她知道通往梦想的花路上也许会布满荆棘,但无论是顺境还是逆境,得意还是失意,她都会用上进的心要求自己,用感恩的心对待他人,用欣赏的心拥抱美好,用期待的心展望明天!

人物简介

王雨晨

江苏商贸职业学院世博艺术与传媒学院动漫制作技术专业2018级专科生。曾获国家奖学金、江苏商贸职业学院一等奖学金、江苏商贸职业学院"插画设计"比赛二等奖、第一届校园话剧比赛一等奖等,被评为南通市"三好学生"、校"十佳学生干部""优秀班主任助理""优秀青年志愿者""优秀团员"等。

以梦为马,诗书趁年华

作家奥斯特洛夫斯基曾说:"生活赋予我们的一种巨大的和无限高贵的礼品,这就是青春:充满着力量,充满着期待、志愿,充满着求知和斗争的志向,充满着希望、信心的青春。"诚然,倘若青春没有使命感,那便是失去活力的青春。作为新时代的青年大学生,王雨晨心中有梦,以梦为马,志存高远,她具有强烈的信念感,不忘初心,勇担使命,在大学的舞台上唱响属于自己的青春之歌!

功崇惟志远,业广惟勤者

王雨晨出生在山东的一个普通家庭,从小父母就教导她"天道酬勤",她明白一分耕耘一分收获的道理,机遇总是垂青那些刻苦勤学的人。革命家邓拓的一句话让她受益至今:古来一切有成就者,都很严肃地对待自己的生命,当他活着一天,总要尽量多劳动,多工作,多学习,不肯虚度年华,不让时间白白地浪费掉。青年是增长智慧的良好时期,在大学期间,王雨晨始终保持着一颗强烈进取的心,努力丰富理论知识,练习专业技能,提高综合能力。她为自己明确了学习目标,并以高效的执行力认真落实。在以"专转本"为目标的同时,她也未忽略其他课程的学习,她坚信"不积跬步,无以至千里",只要坚持不懈地学习和积累,总有一天能实现梦想,到达诗意的远方。

丰碑无语,行胜于言,在日常的学习生活中,王雨晨也时刻以朝气蓬勃的面貌、奋发

有为的状态面对身边的人。她曾与需要帮助的同学组成"一帮一"英语学习小组，在她的积极帮助与引导下，这位同学的学习态度愈发积极，目标愈发坚定，经过一个月的不懈努力，该同学的期末英语成绩提升了23分。作为一名"小老师"，可把她高兴坏了，她自己的学习也因此更加动力十足。

时时有事做，事事有落实

学习只是一个方面，王雨晨通过竞选成了世博艺术与传媒学院学生会主席。从干事到主席，她深刻地了解组织内的每一份工作，带着认真负责、为同学服务的责任感走过这几年。她善于发现、总结问题，及时了解各方的想法和意见，努力搭建学生组织与学生之间的桥梁，促进学院、班级、学生共同发展。同时，她大胆创新，敢于直面新情况、难问题，敢于打破常规、展开新思路。

没有规矩不成方圆，王雨晨在任期间完善了《学生会章程》，使制度更好地服务于学生会工作。在她的带领下，学生与学生会间也有了更加紧密的联系，其中最具有代表性的是她组织的团队夺得了第一届校园话剧比赛冠军。在那短短的一个月里，从选角、磨合、排练到最终会演，她带领全队起早贪黑、全力以赴。表演结束后，她们获得了经久不息的掌声。这段经历促使这个可爱的团队里所有人之间结下深厚的"革命"友谊，这段难忘的经历对她来说也是大学期间最珍贵的回忆。

读书要明智，育才更育德

习近平总书记说过，"新时代属于每一个人，每一个人都是新时代的见证者、开创者、建设者"。作为新时代的大学生，王雨晨牢记德、智、体、美、劳全面发展的要求，不断提高自己的综合素质，多方面培养自己的兴趣爱好。在校期间，她曾多次前往三余镇探望孤寡老人、利用课余时间义务清理河道、积极参与学校迎新工作；在校外，她曾利用暑假时间前往南通市福利院帮助残障儿童；疫情期间，她也投入到了家乡社区新冠疫情防控工作中，带着热心和责任心，配合居委会做好社区的防护工作，身穿红马甲、手握测温枪，感恩之情怀揣在心，用实际行动践行社会主义核心价值观，守护着居民们的健康安全。

"理论是灰色的，而生活之树常青。"她热衷于参加各种校园活动，校园歌手大赛、辩论赛、运动会、演讲比赛、绘画比赛等大小活动中都能看到她的身影，她也被评为"社会实践先进个人"和"运动会组织先进个人"。在这些过程中，她不仅收获了丰富的知识和实践经验，更重要的是获得了帮助他人的满足和喜悦，在这些实践活动中她努力做到了全面发展。

海阔凭鱼跃，天高任鸟飞

吴玉章说："青年人首先要树雄心，立大志；其次要度衡量力，决心为国家、人民作一个有用的人才。"校园只是一个起点，只有不断地攀登，才能登上那座属于自己的高山，俯瞰脚下的风景。青年人从不畏惧高山大河，王雨晨坚信，古之成大事者，不惟有超世之才，亦有坚韧不拔之志。

光阴似箭，三年的大学生活一晃而过，大一的青涩纯真、大二的凌云壮志、大三的青春无悔都是成长的印迹，王雨晨做到了脚踏实地，用努力拼搏来追梦，用勤奋刻苦来圆梦。在未来的生活中，她将继续努力，坚定理想，恪尽职守，以更旺盛的斗志投入到后面的学习和工作中，勇敢迎接更大的挑战，谱写属于自己的恢宏乐章。

人物简介

吴雨含

中共预备党员，江苏海洋大学文法学院汉语言文学专业2018级本科生。曾获国家奖学金、校一等奖学金、2020年全国商务秘书职业技能大赛团体一等奖、全国大学生英语竞赛三等奖、连云港市教师节征文特等奖等。

时不我待，只争朝夕

她是中共预备党员，是学生干部，是校园记者，更是一名大学生。她在有限的大学时光里不断发掘自己的可能性，不仅懂得了知识本身就是最宝贵的财富，更懂得了承担责任，学会了用笔尖传递身边的美好。

源于热爱，坚定纯粹

"从来没有多考虑，坚定地选择汉语言文学专业。"2018年9月，她带着早已决定的方向和积蓄已久的热爱走进淮海园，开启全新的大学生活。为了实现自己的目标，她从未停止奔跑。大学期间，她参与了多项比赛，从擅长的征文领域到职业生涯规划大赛，从蹲在校园角落写消息到在艺术团打架子鼓，甚至是参加与自己专业看似毫无关联的"挑战杯"全国大学生课外学术科技作品竞赛，她感到周围的一切仿佛都因为"热爱"而闪闪发光。

大一时参加职业生涯规划大赛促使她坚定了职业理想。在很多人"为了比赛而比赛"时，她认为，其实目的可以纯粹一些，在过程中，困惑的云雾会慢慢散开，眼前的路也会渐渐变得清晰。她第一次一个人着手完成一份上万字的职业生涯规划书，测试、图表、分析……一切对于一个刚进入大一的孩子都是陌生而困难的，但是她咬了咬牙，选择相信自己。经过层层筛选，她制作的以"灵魂唤醒家"为主题的职业规划方案出乎意料地获得了校一等奖、江苏省本科组三等奖。

后来，她有幸通过面试进入了"Tedx CangwuPark 创意组"，为这个致力于传承发扬地方文化的团队进行文案编写与策划，并且为连云港市西游文化馆撰写了她人生中的第一篇微信公众号推文，获得了志愿者证书。也是在这里，她结识到了许多优秀的学长学姐们，更认识到，大学生不应当只是自己专业领域内的独行者，更应是广袤知识海洋里的弄潮儿。

经过近三年的锻炼，她在 2018—2019 学年度获得了校一等奖学金、校"优秀学生干部"称号，2019—2020 年度以专业第一的成绩获得国家奖学金、校一等奖学金、校"三好学生"等荣誉。她还参与了国家级大创社交礼仪项目，在 2018 年连云港市教师节征文中获得特等奖。

懂得责任，我将无我

吴雨含担任学院团委学生副书记、中文 182 班团支书以及中文 202 班助理班主任。作为一名预备党员，她始终以党员的标准严格要求自己，随时随地践行"为人民服务"的誓言。任职期间，她积极配合老师做好学生工作，管理与组织实施团委基本工作，积极协助学院开展组织育人、思想育人、文化育人等方面工作，提高学院共青团员的政治意识，积极开展团组织建设，成为学生干部的中坚力量。

荣誉的背后，是吴雨含和团队的默默付出。因为责任与热爱，他们甘于做这样的"幕后英雄"。其他同学出去玩耍的时候，吴雨含却要一头扎进表格与文件。常常有学弟学妹问她如何平衡学习与工作的关系、如何缓解焦虑的情绪，在她看来，越是焦虑的时候，越是说明此时的工作紧急和不能掉以轻心，这个时候更需要迎难而上。在被问道"累吗"，她笑了笑说，"这是一种选择，虽然会累，但是值得。"

青春美好，十分珍惜

她沉浸于知识，读万卷书，也徜徉于实践，行万里路。除了学习与工作，吴雨含还注重以实践支撑理论，积极参加实践活动。2020 年暑假，她在连云港市报业传媒集团实习期间，在《连云港日报》《苍梧晚报》上发文共计十余篇。与此同时，她带领的暑期社会实践团队"千里本是远行客，寻迹莫道异乡人——唐宋八大家江苏行记"团队将实践范围扩大到江苏省，团队中来自无锡、苏州、扬州等地的同学分别返乡，探究唐宋八大家在江苏的足迹、留下的作品，致力于推动地方文化的发展。策划、组队、写讲解稿、拍摄剪辑视频、网站投稿……每一项工作她都反复打磨细节、耐心与队员们商讨。10 月，团队获校 2020 年暑期社会实践"十佳优秀团队"称号，她获得"先进个人"称号。11 月，在"慧文杯"全国秘书职业技能大赛中，吴雨含所在团队以总分第一的成绩获得本科组国家

一等奖。对此，吴雨含表示："我们绝对相信队友，相信团队的力量。"

在校党委宣传部大学生通讯社担任全媒体记者以来，吴雨含不仅为学校典型人物、获奖赛事等撰写报道，在校报上发文共计三十余篇，而且在老师的指导下在"学习强国""交汇点新闻"等平台发表多篇文章。她说，新闻稿不同于日常随笔，必须考虑到事实、立场等多方面的问题。满身疲惫的她常常在漆黑的夜晚，在获得灵感的一刹那燃起斗志，继续在键盘上敲打。有时候清晨完成稿件，站在阳台能够看到山后的曙光、晨跑的同学，那时，她觉得，心里无比满足和踏实，世界的一切都是美好的。

青春可以用来挥洒汗水，但是不能用来挥霍生命。进入大学的三年来，她始终保持心不蒙尘，独立思考，并且真诚地感谢生命中遇到的每一个人，未来她也会坚持如此，努力让自己的青春之花绚烂绽放。

人物简介

孙嘉慧

中共预备党员，江苏财会职业学院会计系会计专业2018级本科生。曾获第二届"科云杯"全国职业院校高职组税务技能大赛一等奖、江苏省一等奖及"全国十强"称号、第十三届"新道杯"全国大学生会计信息化技能大赛管理会计赛项二等奖、江苏省职业院校会计技能大赛一等奖等。

台上十分钟，台下十年功

在纪念"五四"运动100周年大会上，习近平总书记嘱托年轻人，要担负时代重任，有想吃苦、敢吃苦、能吃苦、会吃苦的奋斗精神。作为一名新时代大学生，孙嘉慧把习近平总书记的话牢记于心，不怕吃苦，敢挑战，敢创新。她一直用实际行动践行：奋斗，才是青春最亮丽的底色。

技能竞赛练内功

孙嘉慧在2019年通过层层选拔进入了会计系技能队，她说："备战是一次长跑，参赛是一次成长。"从2019年8月开始，她一直在备战各类技能竞赛。她在财务会计中担任审核岗、在管理会计中担任运营岗，都是题量大、复杂性强、计算较多的岗位。她放弃了周末和寒暑假的时间，日复一日，每天训练十几个小时。在技能训练的日子里，支撑着她坚持训练的就是她心中的信念，她敢于挑战自己，不怕吃苦，永远保持一颗热血的心去面对每一天的训练。备战是辛苦的，因长期集训作息不规律，孙嘉慧身体健康状况不佳，但她仍带病坚持。在这一年多的时间里，她总是排除万难，从生理到心理做好充分的准备。原定于3月举行的比赛受新冠疫情影响推迟，甚至可能取消，但她仍坚定信念，苦练技能，不受外界的干扰，使自己的专业知识和技能更上一个台阶。她还宽慰队友，鼓励她们奋勇拼搏。在比赛前最后一个月的倒计时里，她更是压缩自己的休息时间，全身心投入到对平

台题目、书本知识的查漏补缺中。紧张、兴奋、期待的心情一直持续到比赛前一晚。在赛场上，她表现出了一名新时代大学生良好的心理素质以及专业技能素养。她沉着冷静地应对各种突发情况，不畏"强敌"，凭借自己扎实的专业知识，稳定发挥，取得了很好的成绩。经过这次比赛，孙嘉慧的专业理论知识、专业技能和团队协作能力，都得到了很大的提升。

孙嘉慧深知团队协作的重要性，全体队员一定要精诚合作、目标一致、协同共进。2019年11月天气骤冷，技能队中的另一名同学感冒发烧许久没有好转，孙嘉慧每天认真梳理老师讲的专业知识，为落课的这名同学讲解。训练初期她出谋划策，与负责报税岗位的同学共同探讨，深究内涵；队伍中有同学心理素质略差，点钞时总是出错，她便耐心陪着她一起训练，同进共赢；成本会计岗位计算量大，计算时大家都不熟练，她便鼓励所有人一起练习，从而为做好审核工作打下了坚实基础。自孙嘉慧加入技能队以来，团队已收获各类奖项7项，其中国家级4项，省级1项，校级2项。

全面发展绽芳华

在思想上，孙嘉慧积极向党组织靠拢。进入大学不久，孙嘉慧便递交了入党申请书，随后，她按时向党支部上交思想汇报，不忘党训，平时以共产党员的身份严格要求自己，曾在发展对象培训班中被评为"优秀学员"。在学习上，她曾多次获得校一等奖学金，拿到了初级会计职称，通过了计算机一级、二级等级考试，拿到了普通话二级甲等证书，英语B级考试也达到了优秀的水平。在生活上，她积极乐观，以饱满的热情迎接每一天，努力实践作为一名新时代大学生的义务，真正发挥了先锋模范的作用。她兴趣爱好广泛，喜欢读书、绘画；训练之余，总能在图书馆看到她静静阅读的身影。她认为："虽然我们大学生不能做多么伟大的贡献，但我们可以从身边的每一件小事做起。" 2020年是国家全面决胜建成小康社会年，作为一名预备党员，她尽最大努力带动身边的人，尽绵薄之力帮助那些需要的人。

她是一个渴望完美也努力追求完美的女孩，一个追求梦想不断挑战自己的女孩，一个想要成功敢于战胜困难的女孩。"努力到无能为力，拼搏到感动自己。"这句座右铭陪伴她度过了十几个严寒酷暑。她喜欢梅花，因为梅花能顶着寒冬绽放。她愿自己也能像梅花一样，面对困难永不退缩，尽情绽放出生命的美丽。

人物简介

陈可莹

中共党员，淮阴师范学院音乐学院舞蹈编导专业2017级本科生。曾获国家奖学金、国家励志奖学金、全国大学生创意节舞蹈三等奖、全国高等院校健身气功比赛一等奖、江苏省健身气功站点联赛一等奖等，被评为江苏省"优秀学生干部"、校"才艺之星""三好学生""优秀学生干部"等。主持江苏省大学生创新创业项目1项，公开发表省级学术论文1篇。

在青春最好处翩然起舞

生命的意义要靠自己定义，要以花的姿态行走，让自己真真切切地盛放一场。大学四年，陈可莹以舞为桨，在艺术的瀚海里遨游，在青春最美处翩然起舞。

在逐梦的土里破茧

"不疯魔，不成活。"这是电影《霸王别姬》中的经典台词，历久弥新，也是一直激励她前行的精神力量。无论是备战艺考、还是临近高考复习文化课时，她都用200%的努力，时刻提醒着自己，这是人生的第一次重要转折点，一定不要让自己回首往昔时只单留下一个"悔"字。练习舞蹈时，她每天腿上绑着10斤的沙袋，撕腿、压腿、踢腿、耗腿，重复了一次又一次，但那段时间的她好像有着用不完的力量，汗水夹杂着泪水，边擦眼泪边跳已是常态，每天在墙上耗腿五个小时，直到脚麻木得没有知觉才算完。那时她常望着窗外，心里给自己暗暗打气，总有一天现在的努力会结出累累硕果。然而在艺考结束后的第一次省模考中，文化课成绩就给了她当头一棒。从那以后，她更是没日没夜地背课文、做习题，就连在上下课的路上也不忘背诵课文。慢慢地，她的成绩上升了，短短的90多天，从270分到330分，从330分到360分，直到390分。回想起那段日子，她的内心充满着感动，是老师教授她专业上的知识，不断给她鼓励，让她充满希望，渐渐焕发出属于自己的光彩。

她十分感谢舞蹈教会了自己承受、努力和脚踏实地。在不断打磨自己的同时，她也发现了人生中的另一种风景。成长是一辈子的事，想要成蝶必须经过破茧的蜕变，而破茧的意义，并不只是可以自由地飞翔，更重要的是突破束缚，能够前往更广阔的世界挑战和探索。

在青春的舞台上舞动

凤翅舞动，蹁跹是短歌一阕。

2017年，她以优异的成绩迈进淮阴师范学院的大门，初进班级，她发现更优秀、更努力的同学那么多，压力又向她涌来。但是她并没有被压垮，面对压力，她开始奋起直追。每天早上她准时准点去排练场地，一遍又一遍地练习、打磨动作，一练就是一整天，晚上回到宿舍也不放松自己。在一遍又一遍的练习中，她体会到了舞蹈的美好与严肃，更加深了对舞蹈的热爱。功夫不负有心人，半个学期过后，她的基本功和技巧都比刚进校时有了很大进步。在学校2017年新生才艺大赛和舞林大会中，她分别取得了一等奖、二等奖的好成绩，荣获校"才艺之星"称号。此后，她陆续参加了第12届红铜鼓中国东盟艺术教育成果展演、江苏舞蹈莲花奖暨第六届青年演员舞蹈大赛等国内外艺术比赛并获奖，参加央视中秋晚会、淮安市春晚等30余场大型文艺演出，在学校、地市乃至国家的舞台上绽放光彩。

在艺术的瀚海里遨游

她十分享受站在舞台上的聚光灯下忘我起舞的感觉。练舞之外，她还参加了气功训练，继续在艺术的浩瀚里畅游，先后获得了20余个气功比赛奖项。

四年来，她不断增强专业能力，除了获得多个奖项之外，还在《当代旅游》发表题为《文化与旅游资源融合——以大运河江苏段"非遗"传统舞蹈传承与开发为例》的学术论文，主持江苏省大学生创新创业训练计划项目1项。同时，她还积极参与学生组织工作，服务师生。

不畏困难、坚毅前行，脚踏实地、舞出自我。她始终坚信在不久的将来，会有一缕阳光射入她的世界，不仅会照亮她的心田，而且会照亮她的人生路。

人物简介

安少珂

中共党员，淮阴工学院交通工程学院交通运输专业2017级本科生。曾获国家奖学金、国家励志奖学金、中国电信奖学金、校特等奖学金、"创青春"全国大学生创业大赛金奖、第二届中华职业教育创新创业大赛铜奖，被评为中国大学生"自强之星"、江苏省"优秀学生干部"等。

逐梦"领头蚁"

安少珂认为，"人在世上，就该像蚂蚁那样尽本分不停朝前爬"。她刻苦钻研，**做事严谨，对人诚恳。纵然前进的道路上布满荆棘与坎坷，她也会鼓起勇气不停向前，只争朝夕，不负韶华。**

学"蚁"，探索未知

她像蚂蚁那样，对环境的变化有可寻，对未知的世界善探寻，是同窗好友的"定心丸"，是创新创业团队的"领头蚁"。2018年6月，她通过"创青春"培育计划小组层层选拔，以项目第一答辩者的身份进入"创客"实验室展开了集训。半月磨砺终出鞘，她与团队参加"创客"中国区域赛，晋级决赛，获江苏省决赛二等奖。

同年，她参与"创青春"全国大学生创业大赛。备战中数个日夜的苦练，她不断向优秀者学习，成长的脚步从未停止；从爱晕车，到从容地在车上修改竞赛资料，最紧张的决赛"闭关"备战时，数日与团队挤在15平方米的实验室，全靠坚定的信念在支撑她前行。当作为项目主答辩走下讲台时，这段经历成为她最宝贵的人生财富。最终，她们斩获了"创青春"全国大学生创业大赛金奖，也给自己的初心交了一份满意的答卷。

探索之路上，经历多，困难多，成长才更快。

步入二年级，逐渐丰富的竞赛经历使她越来越自信，也坚定了她精耕专业的理想和信

心。她通过各种分享会与同学们分享自己的经历，帮助更多同学打开探索与求知的窗，机械学院的梦想大讲堂、交通学院的团课、翔宇学院的专题讲座……都留下了她分享经验的身影。

世界充满着不确定性，很多事情即使你特别努力，而且使用了正确的方法也未必成功；唯有学习，是让人充满掌握感的事情，你可以做到日日精进，也可以感受快乐。

"蚁"力，挑战未来

她是我们的"领头蚁"，班级同学都这么称赞安少珂。喜爱的事情就专注地做细、做好，这是大学时代她对自身提出的要求。

她将学业基础打牢，以学习为本。作为一名学生党员，她以身作则，秉承着独立思考、刻苦钻研的作风，一次性通过英语四、六级考试，学习成绩一直名列前茅。在她的带领下，班级学风优良，获得江苏省"先进班集体"、淮安市"周恩来班"等荣誉称号。

"尚不能做民族的脊梁，那就先做脊梁里的一块骨头。"作为校学生会副主席，她分管着社团管理部和艺术与体育发展部。她积极协助指导老师对各个社团进行日常管理与组织活动开展，此外还包括国旗班、广播站等组织的活动指导。

在老师的眼中，她是一个执行力很强的好助手。作为学生干部，能力是做出来的，也是积累出来的，除了配合老师完成工作，更重要的是学会思考，在淮阴工学院第八次学生代表大会上，她征集并听取了各二级学院关于学生生活和权益维护方面的提案，将学生的权益落到实处。工作中大家都戏谑地称她为"安导"，生活里小伙伴们常常唤她一声"小安姐"。

在她看来，思想引领并非是生硬的教导，也可以是柔和的劝慰，与各个学院学生组织保持良好的沟通也是分内之责。她开玩笑地说，自己身材不够魁梧做不了"桥梁"，只想努力做好一根"红线"，把同学们的想法连接到一起不打结，让每一个加入学生组织的同学都能找到自己的闪光点就很好了。

"蚁"愿，立志报国

刚上大学，她就主动去周恩来纪念馆参观。她说，周恩来总理是她从心里最崇拜的人，她想要成为一个像周总理那样有理想、有能力、有温度的人。

她是温暖的大姐姐，涟水留守儿童这样说。作为陶欣伯助学基金会的一名"小陶"，她时刻牢记"自助、互助、助人"。三年来，她策划并参与公益活动30余项，关爱留守儿童、残障儿童。从被爱到爱人，公益让她明白生命的重量。

于她而言，大学生校长助理，更像是和谐校园志愿者，搭建起了学生与学校之间沟通的桥梁。成为校长助理后的第一个任务，就是关于学生浴室的调查，她走班进舍地与同学们沟通，搜集最真实的数据并整理出结果，形成调研报告反馈上报。遇到同学们关心的问题，在充分了解事实情况后她总是积极协调，耐心沟通，正如她所说："我想成为一个有温度的桥梁！"

疫情期间，她通过大学生校长助理和校学生会的平台，传达学校的相关防疫措施，用实际行动联系同学们在家停课不停学。此外，她加入了村里的志愿防疫队，服务总时长超过800个小时。她在疏导点劝返车辆，在村口测量进出者的体温，给公共设施喷洒消毒剂，教村民们科学防疫，疏散聚集的群众。她说，当国家、社会需要我们的时候，能尽自己的力量做点什么，是很幸福的事。

锦瑟流年，花开花落，岁月蹉跎而过，再无少年时。青春易逝，安少珂正在用探索与挑战编织梦想，谱写青春最美篇章。

人物简介

王琛强

中共预备党员,江苏电子信息职业学院机械制造与自动化专业 2018 级专科生。曾获国家奖学金、汉彬奖学金、国家励志奖学金、全国大学生机器人大赛 Robotac 赛事一等奖、全国大学生数学建模竞赛江苏省一等奖等。

从山里娃到国赛冠军

经历了六次共约 7 小时的转车换乘,再乘坐 21 小时的硬座火车,我,一个山里娃,带着对家乡的眷恋和对大学的憧憬踏入了江苏电子信息职业学院的大门。那一刻,我似乎明白了大学的"大"为何意,是知识的博大,亦是志向的远大。两年间,我不忘初心,风雨兼程,用汗水和智慧在这方天地谱写出属于自己的青春篇章。

穷且益坚,不坠青云之志

我是来自甘肃大山里的孩子,家乡是国家级贫困地区,父母都是农民,家庭的微薄收入来自几亩田地的收成。从小就生活在大山里的我,渴望看见外面的风景,渴望通过自己的努力改变贫困的家境。高考结束后我就去兰州打零工,补贴家用。艰难的生活磨炼了我的意志,也让我认识到只有知识才能改变命运。进入大学,我特别珍惜来之不易的学习时光。学习上,我始终坚持"今日事,今日毕"的原则,积极投入到基础课和专业课的学习中,学习目标明确、不达目的不罢休。我时常告诉自己,眉毛上的汗水和眉毛下的泪水,你必须选择一样!图书馆成为我最常去的地方,台灯成为我夜读的最好伙伴,实验室里我一遍遍地拆装各种机器人,了解硬件结构和软件原理。周末的早晨,室友们都还在温暖的被窝里享受假日的惬意,我已在做兼职的路上奔波。一分耕耘一分收获,两年来我的专业成绩、综合测评成绩始终名列全班第一。

刻苦钻研，带伤战国赛

为了将理论付诸实践，我积极参加各种科研实践和竞赛活动，培养专业技术能力和素养。2019年暑假，我第一次参加国家级的机器人竞赛。当身边的同学们都沉浸在假期的愉悦中时，我已投入到全国大学生机器人大赛高强度的备赛中。为了争分夺秒，饿了，我就啃几口压缩饼干，累了，我就在场地里垫一块纸板休息。每天近17个小时的训练，不仅让我的能力迅速提升，更磨炼了我坚韧不拔的意志。在机器人的研发过程中，有时一整晚守候在机器旁边只为了一个零件的成型，而一个程序的调试，至少需要数十次的优化。熬夜通宵不知不觉已经成为日常，我带着几根干辣椒抵御困倦的办法也成为团队的法宝。备赛期间，因为团队成员对机器性能不熟悉，导致我的手臂及手指多处受伤，不得不进医院治疗，这起事故使得队员们打起了退堂鼓。作为队长，我从未产生退缩之意，我安慰鼓励他们，重新安排分工，冒着伤口感染的风险和他们继续奋战。长达两个月的备赛，二十多个日夜的研发调试，100多个小时的刻苦训练，最终我们在全国大学生机器人大赛中以傲人的成绩夺得冠军。

一往情深，赠玫瑰手留香

来自贫困山区的我，深切感受过生活贫困的无奈，所以接受了国家、社会关爱的我更能体会被爱的甘甜与温暖，我也立志成为赠人玫瑰的人。两年来，我利用空余时间，积极参加校内外的志愿服务活动，用行动践行我在党旗下的誓言。我到小学开展科技知识讲座和机器人展示科普活动，到敬老院关怀孤寡老人，到社区帮扶困难群众并开展"学雷锋"志愿者活动，多次组织学院志愿者前往社区开展文明大走访活动。暑期"三下乡"社会实践活动中我关爱留守儿童，疫情期间我作为志愿者活跃在家乡新冠疫情防控前线。我深刻体会到奉献、友爱、互助、进步的志愿精神，我相信，冬天不难度过，春天定会来临。

2019年春天，我应淮安市机器人协会的邀请为小学的孩子们进行为期四天的培训辅导。为了带给他们不一样的乐趣，开阔他们的视野，激发他们对科技的兴趣，前期我查阅大量资料，与同班教师一起对教学的整个环节进行了精心设计。站在讲台上，看着下面一张张稚嫩的面孔、一双双明亮的眼睛，我感受到自己肩上的责任。课堂上的精彩讲解、课后的积极互动，我成了孩子们最喜欢的"小强老师"。放学后孩子们围着我欢快地说："小强老师，下次我还到你班上，你一定要在！"简单的一句话，令我感动不已。一次次的志愿服务活动，就是一次次心与心的碰撞。

两年多的时光，我很庆幸自己能将大学生活过得丰富多彩。一步步走来，虽然风雨兼程、坎坷相随，但我用自己的实际行动踏踏实实地谱写了一首激昂奋进的青春之歌！无论前路如何，我会继续披荆斩棘，一路高歌前行！

人物简介

李雪儿

江苏食品药品职业技术学院药学院药学专业2018级专科生。曾获国家奖学金、国家励志奖学金、校一等奖学金、"武进人才杯"江苏省第十五届大学生职业规划大赛特等奖等，被评为江苏省"优秀学生干部"等。

理想三旬，道是滇西寻淮阴

"寻一块空青明目，在青黛岁月中沉浮，昨叶何草理荒秽，葛上亭长逐瘀回，王不留行，当归？当归？理想三旬不虚归。"这句涵盖了六味中药的话，李雪儿写在笔记本上时时激励自己。年幼时，跟随外公上山采草药的经历让她在心中种下了学医药的种子，从云南到江苏，跨越了2 000多千米。"寻医问药"，她一直在路上。

热泪的崩坏，只是没抵达的存在

有人说，高考是一座独木桥，桥下是汹涌的大海，有的人鱼跃龙门，金榜题名，有的人暗暗垂头，放弃机会，落入水中。李雪儿的高考成绩不理想，在复读和专科中，她选择了就读专科，"我想先出去看看，审视自己，定位自己，再重新出发。"和父母沟通过后，她便独自踏上了通往淮安的火车。

如果说高中是一条河流，那么大学便是一片汪洋大海。在这里，李雪儿看到了独具特色的社团部落，接触到了丰富多元的文汇活动。在本草药妆社团，她参与了"慧眼识英雄——辨识中药材""山中药、画中仙——中药标本展示及制作教学""皓腕凝霜雪——中药制剂展示""善变的药材——中药炮制体验"等有趣的中药科普类活动，并与社员们学习制作中药口红、药皂、中药香囊等手工艺品，用"口红展""药妆展"等形式向同学们科普药理知识。在学生会，她加入了宣传部，努力钻研通讯稿的写作方法，学习摄影绘画技巧，制作微信推文，不断锻炼自己的文笔，《藏文化的传播者——次仁扎西》《浮舟沧海 立马昆仑》等作品刊发于校报，通讯稿也多次在学校官网上发布。她还加入了"学周知周"志愿服务队，与志愿者们一起前往周恩来纪念馆等地开展志愿活动。从寻找自我到融入团队，李雪儿知道，所有的热泪盈眶，都是来自热爱与坚持。

繁星润湿窗口，光影跳动着

入学以来，李雪儿的身份一直在转换：学习委员、社团成员、社团副主席、院学生会干事、院宣传部部长、院学生会主席，一步一个脚印，身份的转变并没有让她丢失初心，她静默地走着，踏出理想的脚印。

因为疫情，虽不能如期返校，但她和团队成员在老师的带领下，线上线下相结合，拍摄了战"疫"MV《让世界充满爱》、开展了"弘扬雷锋精神，凝聚抗疫力量"线上主题团日活动等，抒发爱国情、立下报国志，许下让青春之花在祖国最需要的地方绽放的美丽誓言。回忆那段时光，李雪儿说道，最令她印象深刻的是举办线上"弘药崇德"文化节。由于缺乏举办线上活动的经验，如何把"弘药"这方面需要的药材直观展现出来成了最亟须解决的问题。在同学们的集思广益下，学院先后开展了本草知识竞赛、寻找身边的本草、如何正确看待网上流传的抗病毒药物以及如何从药理知识出发科学防疫等主题活动，并用视频直播来展示中医药文化，让同学们看到了中医药独特的优势，也让她更加坚定成为一名医药从业者的初心。

2020年5月，"武进人才杯"江苏省第十五届大学生职业规划大赛启动，李雪儿立刻报名参加。从制作职业生涯规划书、与职业人物访谈交流、前往公司实际体验到最后现场展示，历时八个月。在学校、院系和指导老师的大力支持下，李雪儿以"愿为炮制师，执剑守天门"为主题走上了自己的决赛之路，激情饱满的讲述、深刻的自我认知和行业认知、深入的职业体验，以及将人生理想融入国家和民族事业的决心，获得了评委们的高度赞赏，最终斩获专科组特等奖。"非常感谢这次职业生涯规划比赛，让我有机会给自己的未来出了一份试卷，从一道又一道题的答案中不断追寻自己的初心与使命，朝着自己想要的模样走去。"

梦坍塌的地方，今已爬满青苔

李雪儿始终坚信三毛的那句话："不断的自我突破、自我调整、自我修正，才是一生中向上爬的力量。"三年来，李雪儿担任班级学习委员，始终以优异的成绩做好表率，并协助老师做好常规的教学工作。面对同学们学习上的困惑和建议，她总是第一时间与任课老师交流，做出改进方案。三年的班干经历让她变得更加沉着稳重，她求真务实、干脆利

落、精益求精的工作作风也赢得了老师和同学们的一致称赞。

"青年一代有理想、有本领、有担当，国家就有前途，民族就有希望。"这是习近平总书记对新时代青年的深情寄语，也是她的座右铭。虽然大学已近尾声，但在她心中，奋斗最当时，有一分热发一分光。她已经在苏州实习并备考专转本，《理想三旬》是李雪儿最喜欢的一首歌，从年少时的懵懂，到三旬过后的一如少年模样，每一个早晨，都是未来可期。

人物简介

毛小丫

中共党员，盐城师范学院文学院汉语言文学师范专业2017级本科生。曾获国家星光奖学金、校奖学金，被评为江苏省"优秀学生干部"、校"优秀学生干部""三好学生""先进个人"等。

每一个定位上的自我都在砥砺前行

朱熹说："敬者何？不怠慢、不放荡之谓也。"毛小丫从不曾停下攀登的脚步。

信仰是伟大的情感，一种创造力量

作为一名共产党员，坚定的信仰是毛小丫学习的动力。

毛小丫始终将信仰放在心中，落实在实践中。她带领同学们参观盐城市新四军纪念馆，看到先辈们攻坚克难，牢记使命，敢当开路先锋，毛小丫深受感动，备受激励。她积极投身暑期社会实践活动，开展了"传承铁军精神，争做先锋少年"等系列活动。活动过程中，毛小丫主动联系盐城市电视台，积极沟通，对参加过四平战役的新四军老战士进行了实地专访。通过采访，既留下了珍贵的历史资料，又让同学们深受教育，产生了良好的反响。

一日不书，百事荒芜

作为学生，学习是毛小丫日常的重心。

为了更好地朝着优秀师范生的目标迈进，毛小丫将提升师范生技能作为专业学习的重要任务之一，不断参加校内外各类微课竞赛，加上繁忙的基础课业任务，一直以来，她的生活都是紧张而充实的。

参加校讲课大赛是毛小丫入学后较为深刻而特别的体验。回顾那段"受虐"的日子，她感到过程虽然艰辛，但收获满满。毛小丫从一开始没有气场，演讲紧张、害羞到表达精准、逻辑严密；从站在台上腿软手抖、舌头打结到表现自如、言之有物，她的表现让人耳目一新，最终获得校讲课比赛二等奖。毛小丫回忆说，讲课比赛既是一场实力战更是一场心理战，期间经历的困难与挫折真正让她体会到了"无奋斗，不青春"的意义。成功的背后，是一次次对镜练习不断调整的努力，是熊熊燃烧的斗志，是求实、自律的精神。

毛小丫不仅在专业技能上取得了突破，学业成绩也是名列前茅。她曾连续五个学期学业排名保持班级前三，获得国家星光奖学金、两次校一等奖学金。同时，毛小丫的付出和努力赢得了老师、同学的一致认可，先后获评校"三好学生""优秀学生干部""优秀团干部"等。她主持的江苏省大学生科研创新项目"从水浒传的方言看作者的籍贯问题"也顺利结项。

人生须知负责任的苦处，才能知道尽责任的乐趣

作为学生干部，做好学生工作是毛小丫的责任。

大学期间，毛小丫担任了团支书、组织部部长等职务，组织开展团工作、带队参加各类社会实践活动、策划团支部活动是她的日常工作。

身为时代青年，应当勇担使命，奋发作为。毛小丫积极担当班集体、团支部建设的责任，与班委、团委成员共同努力，倾心投入，最终她所在的班级（团支部）获评校"先进班集体"和"优秀团支部"。在学院开展的学生工作中，常常能够看到毛小丫忙碌的身影，同学们都觉得她就是活力满满的"女超人"。作为院团委组织部的负责人，她充分发挥专业特长，边做边写，联合其他部门共同运营微信公众号，及时发布团学新闻，扩大了活动的影响力。她爱思考，各种奇思妙想层出不穷，她紧跟时代潮流，贡献的"金点子"让团学活动更加贴近同学，深受师生的赞扬。"我热爱学生工作，我更享受尽责中的苦与乐"，毛小丫这样说。

毛小丫的身份是多样的，她在每个身份中找准方向，也在每个身份中砥砺前行，更在每个身份中收获快乐与成长。

人物简介

吴玉森

盐城工学院优培学院机械设计制造及其自动化专业 2018 级本科生。曾获国家奖学金、全国大学生数学建模竞赛二等奖、第十五届全国大学生智能汽车竞赛一等奖、全国大学生先进成图技术与产品建模创新大赛机械类二等奖、全国大学生英语竞赛三等奖等，被评为江苏省"优秀学生干部"等。

"机械人"的工匠精神

"'一日之计在于晨'，起床是我一天中最快乐的事，尤其要按时按点起，起晚了，就不快乐了。"来自盐城工学院的吴玉森这样说。两年半里，他每天都坚持早晨 6 点起床。

拥有"机械魂"的"机械人"

2020 年 7 月，吴玉森在惠学芹老师的指导下报名参加了第十三届"高教杯"全国大学生先进成图技术与产品信息建模创新大赛，这个比赛是"机械人"的试金石。由于新冠疫情的影响，本该暑期留校的集训变成了在家中的线上培训。吴玉森的母亲说："他以前上高中的时候放假回来从没有这样积极过，不知道上了两年大学咋变这么刻苦了。"38℃的三伏天，屋子外烈日炎炎没有一丁点儿风，屋子内，他汗如雨下，眼里只有压在手下的工图，萦绕在他耳边的是大一工图老师说的"长对正，宽相等，高平齐，粗实线 0.5 毫米，细实线 0.3 毫米……"他尽量坐直腰身让汗水顺着脖子流下去而不至于滴在图纸上弄花笔下的工图。

吴玉森认为，只有把专业素养融入骨子里，成为拥有"机械魂"的"机械人"，将来才有希望成为大国工匠，为祖国的发展贡献自己的一份力量。

同学眼中的"绝活哥"

"Matlab 小王子""单片机小王子",吴玉森的舍友曹龙经常这样称呼他。类似的称呼还有很多,总的来说,在同学眼里他就是一个"绝活哥"。可是大家都不知道他也时常一个人叹气。他叹自己掌握的知识太少;叹自己表达能力弱;叹自己还不够优秀。不过气叹完了,便又是一个快乐的呆头呆脑的"傻憨憨"。吴玉森的同窗好友张文乐这样描述他:"吴玉森老傻憨了,明明很牛,却还总说自己菜,从来没见他难过伤心,就像个小孩子一样没有烦恼顾虑。"吴玉森是班长,在同学和老师需要的时候,他总能在第一时间站出来,尽自己所能去帮助有需要的同学,保质保量地完成老师交给他的任务,收获无数"好人卡"。

"我不是什么'绝活哥',我真的啥也不会,头脑也不灵活,说话表达也不利索,但我知道勤能补拙、乐而致远,我舍友曹龙经常跟我说:'天天起这么早,不累吗?对自己好一点!多睡一会儿!'可我觉得勤奋学习,收获知识是无比快乐的一件事情,仅此而已。"吴玉森这样说。听起来很是"凡尔赛"的话语,却表现了他的谦逊与努力。

男儿当自强,自强则国强

吴玉森出生在一个工人家庭,他的父母靠的是一身力气赚钱养家。2018 年学校创建"盐工家长教室",旨在构建家校共育、全员育人的联合培养机制,在吴玉森的个人成长中,父母和学校培养了他的爱心、耐心和责任心,用爱为吴玉森的成长之路铺垫了良好基石。在吴玉森眼里父母的辛勤劳苦是他好好学习勤奋努力的动力,他渴望早日成为一个独立自强的男子汉,成为家中的顶梁柱。

制造业是国民经济的主体,是立国之本、兴国之器、强国之基。国家的发展亟须机械制造的专业人才,在学院老师的关心指导下,吴玉森制定了大学四年的成长发展规划,搭建了提升能力的实践平台,不断增强自身主体意识,激发内生动力,在实践中培养自己,在培养中提高自己。吴玉森常说:"国家奖学金是我大学学习的目标,国家奖学金获得者是我学习的榜样,而榜样的力量是我不断前行的驱动力,三人行必有我师,行百里者半九十,我一定充分发扬'盐粒子'下得去、耐得住、肯吃苦、有作为的精神,好好学习,刻苦钻研,早日回报父母,回报社会。男儿当自强,自强则国强!"

人物简介

胥姝雯

江苏医药职业学院医学技术学院2018级医学检验技术1班专科生。曾获国家奖学金、专业一等奖学金、新加坡游学全额奖学金、全国高校创新英语挑战赛（专科组）优秀奖、第二届"外教社杯"江苏省大学生跨文化能力大赛二等奖，被评为盐城市"优秀共青团员"等。

涅槃重生的医学追梦人

胥姝雯，从小就渴望能够成为一名医务工作者，经过努力，终于在2015年如愿以偿地考上江苏医药职业技术学院，并在医学技术学院进行医学检验技术的专业学习。

艰难困苦，玉汝于成

天有不测风云，就在胥姝雯憧憬着大学生活时，却因突患急性白血病不得不延迟入学。期间，学校辅导员和同学们与她保持密切联系、给予充分关怀，这些举动让胥姝雯在等待中感受到了希望，她期盼着早日见到这群热情善良的小伙伴们。

在苏州大学附属第一人民医院治疗近三年后，2018年胥姝雯终于复学了，在学校领导的关心下，她坐到了2018级医学检验技术1班的教室里。每天奔向班级听老师讲课是她最大的快乐，面对困难，胥姝雯时刻铭记要怀着一颗感恩的心，抱着对生活的热忱在校园里不断进步。在这短短的两年里，她凭借着自己的努力在各方面取得了优异的成绩。

天行健，君子以自强不息

大学生活刚开始时，胥姝雯感到些许迷茫，对自己的专业和未来都知之甚少，大学里

更加自律的学习方式在无形中也带给她困惑和压力。但是她想,人不正是在离开自己的舒适区之后才能够成长吗?想通之后,胥姝雯学会勇敢面对学习中遇到的阻碍,勉励自己要勤学好问、多思多做。

在课程学习中,她深信一分耕耘方能有一分收获。大学是学习知识的黄金时期,只有充分利用起来方能过得充实,所以她时常告诫自己珍惜现在的好时光,抓住大学里这些能够心无旁骛而又能自由选择的学习机会,认真听好每一堂课,发掘自己对课程的兴趣,也培养自己的思辨能力。从大一时的跌跌撞撞、懵懵懂懂,到大三时的目标明确、敢想敢做,无论是学习成绩还是综合测评,每一年的她都在进步,成就了一个更好的自己。

在课余时间,胥姝雯也找到了一个自己热爱的好去处——图书馆。大学里的知识浩如烟海,只取一瓢饮当然是不够的。她意识到,除了课本之外,还应该充分利用图书馆的学习资源,对课堂学习形成补充,亦求拓展思维、提升眼界。在阅读的时候,她能够放下杂念,专注地投入,这对她来说是非常享受的事,读书让她认识自己,也更靠近真理。

胥姝雯在学好本专业的基础上,不断提高自己的综合素质,她积极参加各项综合类比赛并获得了多个奖项,以扎实和勤奋为依托,以锐意进取和踏实诚信为标杆,赢得了老师和同学们的信任和赞誉。许是厚积薄发,许是钝学累功,许是想要以优异的成绩来报答身边的老师和同学对她的帮助,她始终将诚实做人、忠实做事作为她的准则,将"天道酬勤"视为她的信念,将"自强不息"作为她的追求。在苏医的莘莘学子中,她并非资质最好的学生,但她却因为拥有不懈奋斗的信念,愈战愈强的精神和踏实肯干的作风脱颖而出。

投之以桃,报之以李

作为一名即将进入医院工作的医学生,学业繁重,可是她却始终没有忘记在接受别人帮助的同时,也尽自己的一份力回报社会。每个周末,胥姝雯都会去盐城市大铜马广场的献血屋做志愿者,帮助工作人员对献血者进行采血,面对献血者,她始终保持耐心和热情。由于身体原因,她自己不能献血,看着同学们都积极献血,胥姝雯虽有遗憾但是也在用自己的方式做着贡献。

2019年夏天,她作为学校的优秀代表远赴新加坡参加游学,期间,她与新加坡国立大学的奖学金得主交流了专业生活等诸多方面的内容,参观了新加坡国立大学这所闻名的学府,出色地完成了这一次游学任务。一次又一次的宝贵机会让胥姝雯收获许多,也帮助她不断进步。

她不是最优秀的,但却是最坚强的;不是最聪明的,但却是最努力的。这两年来胥姝雯的进步所有人有目共睹,她在校园里珍惜学习时光,掌握好专业技能的同时,积极参与各项综合类比赛与社会实践，尊敬师长，友爱同学。面对困境，她始终积极乐观，对待生活始终保持热忱，对身边给予她帮助的老师和同学心怀感恩，始终秉持"滴水之恩，当涌泉相报"的信念，以自己的方式帮助身边的人。

2020年的春节是灰色的，新冠疫情在中国大地吹响了危急和严峻的号角。在这国家危难时刻，多少医护人员递上一封封请战书，签下一个个名字，他们不惧生死，奋战一线！牺牲小我，成就大我。医护人员虽逆光而行，却向阳而生，这些无畏的医护人员正是她的榜样。一个偶然的机会胥姝雯得知社区里有一个为灾区捐献口罩的活动，来不及想家中的口罩也很短缺，她匆忙揣了一包就送去了社区。虽然只有一包口罩，但胥姝雯高兴自己终于能为抗疫尽一点绵薄之力了！

从医难，道不尽风光背后的辛酸，说不完登峰途中的艰难。她作为未来的医护人员，既然选择了远方，便只顾风雨兼程，砥砺前行。

人物简介

孙　津

扬州大学美术与设计学院美术学专业2018级硕士研究生。曾获全国大学生志愿服务西部计划"优秀志愿者"、江苏省"优秀学生干部"、校"志愿先锋"等荣誉称号。作品获"祖国印记"学生篆刻大赛三等奖、优秀奖,全国大学生广告艺术大赛江苏省优秀奖等。2017年本科毕业后休学一年,赴贵州进行支教志愿服务工作,团队获中国青年志愿服务项目大赛金奖,被评为贵州省"优秀志愿服务集体"等。

到祖国最需要的地方去

2017年,从扬州大学本科毕业后,成绩斐然的孙津如愿保送了本校研究生,继续自己的学习生涯。本该顺利升学读书的她,却毅然决定休学一年,担任第十九届扬州大学研究生支教团的团长,与团队成员一起投身于条件艰苦、师资缺乏的贵州进行支教志愿服务工作,将梦想根植在祖国最需要的地方。以梦为马,烛照学子,孙津在认真做好教师本职工作的同时,还与团队成员们积极开展"马背上的第二课堂"公益扶助项目、青年志愿者脱贫攻坚夜校等活动,为西部的孩子们点亮希望之灯。

奉献情深,用一年西部行唱响志愿之歌

孙津来自河北农村的一个普通家庭,2013年怀揣着梦想的她来到扬州大学开启了自己的大学生活。刚入校,她便加入了青年志愿者协会,多次赴扬州市特殊教育学校、扬州市安养中心进行志愿服务活动。大二时,她带领团队成员在西湖花园社区建立希望村塾,定期为社区的孩子们进行免费的艺术辅导,并在之后将希望村塾推广至杨庙镇赵庄村、翠岗花园社区等地,为那里的孩子们送去温暖。"志愿服务只有起点,没有终点。"她用三年的时间书写了自己多彩的大学生活,但在大四毕业之际却犹豫了:是去工作赚钱补贴家用,还是继续读研?当她想起村塾里孩子们一双双渴望的眼睛时,犹豫不决的她下定了决

心：去支教，一定要尽己所能为孩子们打开一扇看世界的窗！

已经成功保研的她选择休学一年，同其他6名已具有保研资格的学生，组建第十九届扬州大学研究生支教团，前往贵州进行为期一年的支教服务。

他们对点帮扶的小学大都位于贵州大山的最深处，那里交通闭塞，经济落后，通往山外的唯一道路往返需要近6个小时。这些地区的留守儿童很多，其中有三成以上的孩子来自单亲家庭或是孤儿。孙津至今还记得第一次走进木厂小学开展"第二课堂"教学活动时的情景，五个年级共有58个孩子，每一双眼睛都满盈着希望。

第一节手工课是和孩子们一起做叶拓。一开始，孩子们害羞，教室里鸦雀无声，孙津有点不知所措，她不知道孩子们是因为听不懂还是因为不喜欢。尽管如此，她还是坚持给孩子们发完了手工工具，给孩子们讲解叶拓的制作过程，和他们沟通交流做游戏，很快第一个小朋友举起了手，紧接着越来越多的小朋友举起了手，场面越发活跃了，一个个喊着："老师，我喜欢这个树叶！""老师，我想用红色的！"……伴随着孩子们的欢声笑语，孙津心中的不安与担忧一扫而空，更坚定了信心。在课程结束前，孙津对孩子们说："大家可以在叶拓上写上自己的名字，然后送给喜欢的人。"没过多久，一个一直安安静静画画的女孩子走到孙津面前，怯生生地拿着自己做好的叶拓递给她，说："老师，送给你。"那一瞬间，她感受到了心里有一股暖流，有了劲头，也有了热泪。58个孩子，58份叶拓，孙津一直将这些礼物悉心珍藏着。

一堂手工课，孙津变成了孩子们"喜欢的人"，欣慰的同时她也有些惭愧，自己完全可以做得更好，她决心一定要用自己的知识和爱心为孩子们飞出大山的梦插上翅膀。

孙津和团队成员们在支教地开设手工创作公益课程、建立心理诊聊室、组建科普实验室，并争取公益款项为贫困村小新建教学楼、修建操场、建立图书室……山村学校的面貌在他们的努力下一点点改变，而且未来会更好。支教期间，她和团队成员累计为偏远村小筹集了70余万元公益物资，援建了教学楼、运动场等基础设施，累计开展各类主题活动70余项，开展"第二课堂"近4 000课时。

"大山里的孩子是淳朴、善良、天真、可爱的，同时也是脆弱、敏感、迷茫、无措的，他们需要另一种爱去填补父母不在身边的孤单。我们愿意去给他们这另一种爱。"孙津坚守着支教的初心，用心用情画好扶贫与扶智的同心圆。

坚苦自立，用一颗公益心书写壮丽人生

为打赢脱贫攻坚战，贵州省创办青年志愿者脱贫攻坚夜校。作为志愿者，孙津积极参与到夜校的筹备工作中去，同时受聘成为脱贫攻坚夜校教师、安顺市"新时代农民（市民）讲习员"，帮助贫困群众学会写汉字，学习使用普通话与人交流，学习就业创业、脱

贫致富的技能，为脱贫攻坚工作添砖加瓦。

在基础扫盲课上，一位把孩子背在背篓里前来上课的罗小兰大姐，在学会写自己的名字后，拉着孙津的手说："老师，能不能也教我写一下娃儿的名字？"技能培训课上，布依族阿姨吴坤英第一次用微信给自己在外求学的女儿转去生活费，以后再也不用辗转6个小时的山路到银行汇款。每次看到村民主动而急切地与志愿者们交流，孙津都情不自禁地竖起大拇指为大家点赞。

简嘎乡喜妹村夜校路途遥远、交通不畅，也曾有人质疑，"每次往返都要6个小时，就为了90分钟的课，性价比这么低，值吗？"但每当孙津走进夜校的课堂，少数民族群众信任的眼神，他们渴望了解外界知识和信息的迫切需求，都深深感动并鼓舞着她。在脱贫攻坚战中，她步履不停、风雨无阻，先后在喜妹村夜校开展"基础扫盲""智能手机的使用""假钞识别"等各类公益课程40余项，600余人直接受益，她还帮助多名外出务工青年留在家乡创业。

跬步千里，薪火相传。2018年是全国研究生支教团组建实施的二十周年，也是扬州大学研究生支教团扎根贵州的第五年。2018年4月25日，孙津联名团队成员给贵州省委书记孙志刚写信，汇报团队成员坚定理想信念、践行志愿精神、服务贵州发展的努力与收获。5月3日，她作为全省唯一的研究生支教团代表参加青年座谈会，向孙志刚书记汇报工作情况。5月7日，她收到孙志刚书记的回信，在信中孙志刚书记充分肯定了成员们支教服务所取得的成绩，并勉励成员们在未来的学习生活中取得更大的进步。

"一年不长的时间，做一件终生难忘的事。"她坚持着志愿公益的梦想，在祖国西部践行奉献精神，志愿芳华书不尽。天道酬勤，她的努力和坚持也得到了收获，她被评为全国大学生志愿服务西部计划"优秀志愿者"、贵州省"优秀志愿者"、安顺市"最美志愿者"。她的支教事迹被央视新闻"1+1"、贵州省新闻联播、中国教育报等媒体报道。团队也荣获多项表彰。

一年的志愿服务期满，孙津回到学校继续攻读硕士学位，认真完成学业的同时，她积极参与各类专业实践，并担任学生干部，协助老师做好学生工作。

"正值青春年少，那就敢于追梦。"孙津把自己的青春和梦想洒在了贵州大地，不惧风雨、无悔奋斗、无私奉献，并将继续怀一腔热血，用自己的执着与毅力不断前行。

人物简介

吴慧敏

中共党员，扬州大学马克思主义学院思想政治教育专业2017级本科生。曾任政教1701班团支书、班长，学院宣传报道中心主任。曾获国家奖学金、费孝通立德奖学金、校长奖学金一等奖、扬州大学"互联网+"创新创业大赛二等奖、江苏省师范生教学基本功大赛三等奖，被评为江苏省"优秀学生干部"、校"优秀学生干部""三好学生""优秀团支部书记"。在省级期刊发表论文1篇。现已推免至四川大学攻读硕士学位。

以梦为马，行远自迩

习近平总书记说："马克思给我们留下的最有价值、最具影响力的精神财富，就是以他名字命名的科学理论——马克思主义。这一理论犹如壮丽的日出，照亮了人类探索历史规律和寻求自身解放的道路。"2017年9月，吴慧敏来到扬州大学马克思主义学院读书，从踏入大学起，吴慧敏就被马克思主义的光辉吸引着，循着先人的足迹踏上了这座高峰，开启了她"学马""用马""传马"的旅途。对吴慧敏而言，崎岖的"山路"固然有些吃力，但她始终怀着坚定的信念。她说："心怀马克思主义信仰，天地宽广任驰骋，日行千里而不知疲倦。"

认真"学马"，做有根有魂的信仰坚守者

真理的味道非常甜。

大学第一堂课上，老师讲述了陈望道先生翻译、传播、实践《共产党宣言》的故事，其中陈先生因为过于投入而蘸着墨汁吃粽子的情节，深深触动了吴慧敏。"甜，真甜！"她一直在思考，蘸着墨汁吃粽子，为什么那么甜？如今她明白了，因为这墨汁书写的是共产党人的信仰，信仰的味道当然是甜的！

行源于心，力源于志。作为一名马克思主义学院的学生，吴慧敏怀着对本专业的热爱

与坚持，始终严格要求自己，学习成绩也是班级第一名。她利用在校图书馆勤工助学的机会负责管理书库的工作，空闲时间就忘我地沉浸在探索真理的世界中。她勤奋钻研马克思主义理论，精读马克思主义经典著作，将马克思主义的信仰根植心底。

梦想有多大，舞台就有多大。毕业前夕，优秀的吴慧敏已经收到多份工作邀约。但她都一一婉拒，在她看来，自己依旧像一个干涸的海绵，她对知识和真理的渴求，从未停歇。

后来，她积极争取到了研究生推免资格，将在四川大学马克思主义学院继续攻读马克思主义发展史专业方向的硕士，未来她必将用自己的坚守与奋斗，为马克思主义的发展贡献力量。

笃实"用马"，做热血滚烫的理论践行者

知之而不行，虽敦必困。马克思主义理论是指导实践的重要武器。

大二学年，吴慧敏积极参加了扬州大学的大学生科创项目，并作为项目负责人获得校重点立项。通过对扬州市沿湖村进行实地调研与个案分析，她与所在团队详细了解了农村基层党组织组织力建设的基本情况，分析并总结了沿湖村党组织的建设成效及组织力提升面临的困境，进而为有效提升农村基层党组织组织力提供了优化路径。

大三学年，她主持了项目"'红色基因'修身所"，参加扬州大学第六届中国"互联网+"创新创业大赛并获二等奖，与扬州市宝应县柳堡镇二妹子民兵连达成合作。她和团队成员通过互联网技术帮助当地农民将多余的农副产品外销，同时设计了形式多样的红色文创产品，用新颖的形式传播红色文化，推动当地旅游业的发展，帮助红色革命老区思想脱贫、经济脱贫。

2020年，面对新冠疫情，作为一名共产党员，吴慧敏冲锋在前，敢于担当，第一时间前往居委会报名成为抗疫志愿者，主动承担当地进出人员的体温测量、登记、可疑人员应急处置等工作。在志愿服务工作之余，她还自觉参与到社会的抗疫宣传工作中，为社区居民宣传关于新冠疫情的防控知识。由于工作认真负责，她获得了南京市高淳区的表彰。

心有所信，方能行远。在服务他人、服务社会中，吴慧敏不断贡献着自己的力量，实现着自身的价值，真正做到了心中有信仰，脚下有力量。

"在马传马"，做心怀赤诚的思想传播者

作为一名思想政治教育专业的师范生，吴慧敏认为，积极传播马克思主义伟大思想，既是专业需求，更是理想追求。

2018年7月，吴慧敏积极报名参加了扬州大学"豫你同行"暑期河南支教团，前往

焦裕禄的故乡——河南兰考进行支教。在志愿教育活动中，她每天都同当地留守儿童在一起，根据具体情况认真备课上课，将基础知识教学和个人能力拓展相结合，启发孩子们主动探索世界，让当地孩子们在获取必备知识的同时，开发自身潜能，培养多方面兴趣。

炎炎夏日，支教团经历了长时间的断水、断电、断网，条件艰苦，但看到孩子们求知的眼神，吴慧敏觉得所有的付出都是值得的。她通过生动的描述将伟人马克思的生平事迹讲给孩子们听，用马克思主义信仰充实乡村少年的精神力量。

此外，吴慧敏还积极参加扬州大学马克思主义学院大学生红色理论宣讲团，前往扬州30余个中小学和社区居民服务中心开展宣讲，志愿投身新时代文明实践中心建设。大学四年，她和团队参加各类宣讲活动50余场，被大家亲切地称为"红色理论宣讲的轻骑兵"。在宣讲中，吴慧敏不断勉励自己，坚定理想信念，在弘扬和践行社会主义核心价值观中修养品德，服务社会。

信仰是辉煌的光，照亮他人，也引领自身。作为新时代的青年大学生，吴慧敏博学笃行，修炼内功，坚定信仰，提升本领，以学习促发展，以发展促实践。她在努力用青春走好新时代长征路，在信仰的道路上砥砺前行，为实现"两个一百年"奋斗目标、实现中华民族伟大复兴的"中国梦"凝心聚力，贡献力量。

人物简介

徐雨歌

中共预备党员,扬州工业职业技术学院建筑工程学院2018级本科生。曾获国家励志奖学金、校特等奖学金、第五届中国"互联网+"大学生创新创业大赛国赛银奖、第十六届"挑战杯"全国竞赛江苏省一等奖、第十四届全国高等职业院校"发明杯"大学生创新创业大赛一等奖等。申请实用新型专利7项。

承重,方可出众

奥斯特洛夫斯基说:"钢是在烈火和急剧冷却里锻炼出来的,所以才能坚硬和什么也不怕。"在大学这座"炼钢厂",有人选择迎面挑战,有人选择放纵自我,回顾三年来的每一个选择,徐雨歌无怨无悔,因为她知道一个人的成功不是偶然,而是用汗水坚持浇灌的结果。

以短板为重,奋力补之

徐雨歌来自江苏南通农村的一个普通家庭,从小艰苦的生活让她知道唯有学习才能改变命运,然而高考失利让她与理想中的大学失之交臂,这让她一度感到迷惘和焦虑。2018年9月,她怀揣着全家人的希望来到了扬州工业职业技术学院,开启了自己的逐梦之旅。

步入大学,高考失利的情绪一直萦绕在徐雨歌心头,面对晦涩的专业知识,她曾感到迷茫甚至自暴自弃,但这种想法很快就被她否定了,因为她知道懦弱是人的天性,战胜恐惧最好的办法就是积极面对,所以她决定用加倍的努力去弥补自己的短板。

李苦禅说:"鸟欲高飞先振翅,人求上进先读书。"大学期间,徐雨歌坚持课前预习、课上记录、课后复习,遇到困惑及时向任课老师请教。大一寒假期间,她积极参加了学院BIM培训班,利用闲暇时间,不断提升自己的专业素养,因为她知道只要比别人更加努力,付出更多的汗水,终会有所收获。大学期间,她的学习成绩连续多次名列班级第一、并考取了工程测量证书、钢筋工证书等。

以创新为重，不懈战之

大一下学期，徐雨歌加入了学校创新班学习。在创新创业与建筑工程的双专业课程学习中，她对本专业的理解加深了，明白了学习专业知识不应该仅仅停留在书本上，更是要大胆创新，将专业知识应用到日常生活实践中。

2019年4月，在学院老师的推荐下，徐雨歌加入了隧道支护研究团队，该团队主要研究中短隧道的修复、改建和乡村公路隧道的支护，为了使团队研究项目能够切实可行，徐雨歌经常会为一个细节和团队成员争得面红耳赤。最终，经过团队的不断努力，隧道支护生产实现了工业化、规模化，因其结构性能优良，较传统支护结构承载能力提升约54.13%，有效缩短约35%的施工工期，在理想工况下造价可比传统支护结构降低约39.1%，具有极高的经济和社会效益。2019年10月，她所研究的项目荣获第五届中国"互联网+"大学生创新创业大赛国赛银奖，她本人也申请实用新型专利7项。

在前进的路上，有坎坷有艰辛，但徐雨歌深知"看日出必须守到拂晓"。于是她本着将专业知识与研究成果运用到实际中去，为社会做贡献的想法，2019年7月组建团队参加江苏省志愿者暑期文化科技卫生"三下乡"社会实践活动。团队成员牺牲暑假时间，深夜对隧道进行测量，用微不足道的力量为隧道的安全保障做出贡献。最终，团队被评为江苏省"重点实践团队"，团队出具的调研报告被评为江苏省"优秀调研报告"。世间万物，皆有因果，徐雨歌始终相信付出的努力、流淌的汗水会变成灿烂的明天。

以责任为重，勤恳行之

一路前进、一路思考，寻找生活的本质，追寻本我的舞台。大一进校，徐雨歌不仅第一时间递交了入党申请书，更是积极参加班委竞选，成了班级的团支书。在不断提升自身素养的同时，她始终以求真务实的态度严格要求自己，认真完成各项班级工作，成为老师与班级同学之间的桥梁。

在校期间，她不愿意失去任何锻炼自己的机会。加入院学生会的文娱部后，她积极参与大小活动的组织工作，积累工作经验。大二上学期，她担任院学生会副主席兼文娱部部长，始终以"今日事，今日毕"的原则做好每一件事。在完成本职工作之余，她还配合其他部门完成工作，为学院同学服务之余，也提升了大家各方面的能力。

无论是文艺类的晚会还是志愿活动，她都用全部的热情去参与。因为良好的工作态度，她被评为校"优秀学生干部""优秀团干部"、江苏省"优秀学生干部"，她所在的班

级被评为校"五四红旗团支部""文明班级"、江苏省"先进班集体"。在她看来，这些荣誉是对她的认可与激励，她会更加努力，继续奋斗，怀着感恩的心不断前进。经过党组织的重重考验，2020年6月，徐雨歌成了一名预备党员，她将继续以高标准要求自己，不断提高政治思想觉悟和专业技能水平。

人生的路途有很多的岔路口，每一个人都会面对很多未知的挑战，享受或承受过程里的快乐或沮丧，得到或失去一些重要或不重要的东西。在徐雨歌看来，所有这些最终会转化成前进的动力，助她不停地战斗、前进，让她在有限时间里创造无限可能。

人物简介

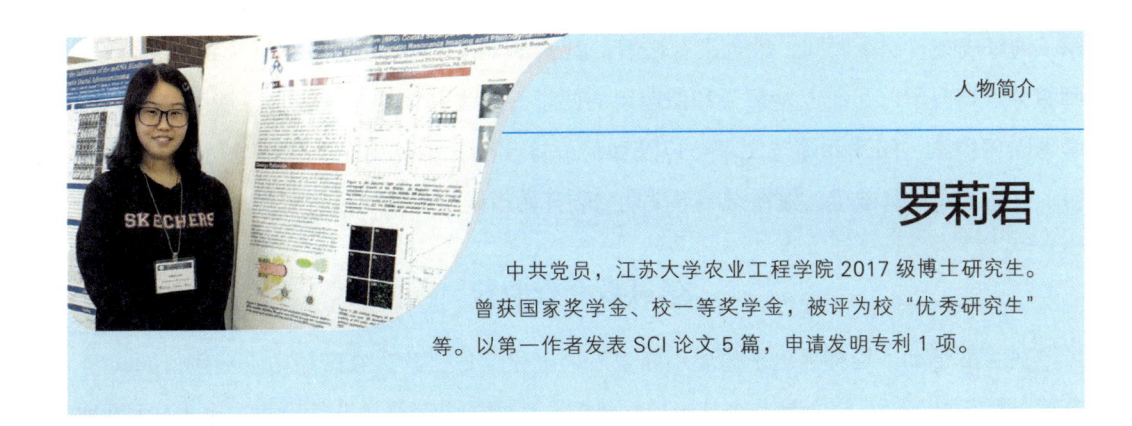

罗莉君

中共党员，江苏大学农业工程学院 2017 级博士研究生。曾获国家奖学金、校一等奖学金，被评为校"优秀研究生"等。以第一作者发表 SCI 论文 5 篇，申请发明专利 1 项。

脚踏实地，终会出彩

"吃得苦中苦，方为人上人。"大学四年级的时候，罗莉君和很多临近毕业的大学生一样，迷茫、不知所措，不知道应该如何选择自己未来的职业道路，周围的同学朋友有选择读研的，有准备考公务员的，也有直接工作的。一个月的高中化学老师的实习经历帮助她做了一个选择，她认真地和老师们交流沟通之后，决定要在科研道路上继续追寻自己的梦想。

抓紧时间，放慢脚步

当她通过努力顺利拿到研究生录取通知书的那刻，她就暗下决心，要全心全意地投身科研，争取做自己心目中的"最佳科研人"。虽然她在刚进入研究生阶段的时候，依旧懵懂，但幸运的是她遇到了一位让她受益终身的导师——由天艳教授。在和导师的第一次聊天时，导师就提出两点要求：一要脚踏实地。她不会要求学生有多优秀，但是一定要踏踏实实地做好每一件事，包括学习、科研和生活。二是进入课题组之后，要把课题组当成一个家，和课题组的成员相亲相爱，和睦相处。这两点要求一下子给罗莉君即将展开的研究生生活指明了方向，她一直谨记导师的这两点要求，在之后的工作学习中严格要求和鞭策自己。

作为研究生最重要的还是专业知识的学习，因此她每天刻苦学习，认真上课，并在课后积极和同学沟通交流，在研一阶段就将专业必修课和选修课程全部完成，并取得了年级

第一的好成绩。课余时间，她也没有松懈，由于导师的课题组是初创，没有高年级的师兄师姐可以询问学习，所以她每天和课题组的同学一起去其他的课题组学习基础实验操作，学习如何检索、阅读和筛选文献，以及如何设计实验，如何用专业软件分析实验结果等等。打好了这些基础后，她在研一下学期顺利开始了属于自己的科研项目。

尝试就会有收获

　　研一下学期，导师提出了想要用新发展的电化学方法解决农产品中农药残留的问题，这对于罗莉君来说，完全是一个从未接触过的全新领域。于是她开始检索这个方向目前的相关研究现状、优势、局限性和可拓展的空间，在阅读大量文献之后，她开始着手设计自己的实验。然而一切却没有她想象中那么顺利，她想寻找一种制备方法简单且产量高的碳量子点作为一种新型共反应剂，来构建灵敏度高且稳定性好的传感器用于苯酚类农药残留检测。根据文献中的方法，可以通过简单的三电极体系采用电化学剥离法从石墨碳棒表面得到碳量子点。但是刚开始实验的时候她得到的碳量子点信号很弱，而且效率也不高。即使在进行了多次重复实验后，结果依然如此。和实验室的同学们交流讨论后，也没有找到问题所在，这让她一度陷入迷茫，但是她没有放弃，一直坚持，并和导师及同学们就实验的细节反复讨论，终于发现了问题所在。于是她在此基础上改进了制备方法，最终成功得到了一种产量高且信号强的碳量子点，并将其成功应用于农药残留的检测中，取得极好的检测范围和检测限，并实现了较好的稳定性和重现性。在得到导师与专家的认可后，她将这一科研项目成果撰文并发表了自己的第一篇 SCI 文章。这篇文章的成功发表，让罗莉君更加坚定了在科研道路上走下去的信心，也让她收获了最重要的科研心得：做科学研究需要学会独立思考、不怕失败、积极交流、学会总结。

随心而行

　　步入研二后，她继续保持初心，并养成了每天早晨到工作室先写下自己一天的计划，然后晚上休息之前再一一核对完成情况的习惯。她每天坚持做好自己规划的每一件事，如果有未完成的工作或者是工作中出现了问题和不足，就会及时反思并改进。

　　另外，作为研二的学姐，她也迎来了一个新挑战——指导师弟师妹们。当导师给她安排这项任务时，她感到困惑和焦虑，一方面她觉得自己能力不够，怕不能给师弟师妹们提供有效的指导和帮助，另一方面她认为指导别人会占用自己的时间和精力，会耽误自己的实验进度。但是转念一想，自己当初踏入科研大门时，也获得过很多师兄师姐的指导和帮助，而且指导他人也是锻炼自己能力的一种方式，一方面可以加深和巩固自己对所学知识的理解和认知，另一方面还可以在指导他人的过程中发现问题并予以解决，这也是对自己进一步的提高，于是她欣然接受了导师的委托。为了让师弟师妹们对科研产生更加浓厚的兴趣和更好地适应实验室的学习工作，她制定了多种方案，包括文献检索阅读和标记、实验的设计、实验仪器的操作、专业软件的数据处理等，帮助师弟师妹们快速掌握科研的基本技能，夯实实验基础。虽然这样一来她的科研生活相对于研一更加忙碌了，但是她却受益匪浅。在指导师弟师妹的过程中，她发现有很多自己以往没有遇到过的问题，在和师弟师妹们的交流沟通中也拓展了自己的知识面。同时，她也深深体会到之前导师一步步指导她的良苦用心，她很感激导师给了她这样的机会，让她体验了科研中不一样的生活。

基于优异的学业成绩和科研成果，她在研二的时候成功申请到硕博连读的机会。进入博士阶段的学习后，她在做好科研的同时还报名了雅思学习班，希望可以通过学习进一步提升自己的英语应用能力。最开始的时候她不敢开口说，怕发音不标准、怕说错表达不清楚。幸运的是她遇到了一群热心的同学，他们每天一起坚持练习口语，她从一开始不敢说到后来英语口语渐渐流畅，这也为她后来参加国际学术会议并做口头汇报，以及出国交流奠定了坚实的基础。

在校期间，罗莉君还经常参与学校组织的知识竞赛活动，注重学术交流对个人专业能力的提升。博二时她成功申请到去美国宾夕法尼亚大学交流学习两年的机会，因为要面对新的环境新的科研氛围，她曾非常紧张，担心自己的科研水平受到国外导师的质疑。但是她迎难而上，脚踏实地，不会的就自己检索文献或者主动和导师以及课题组其他人交流，学习和掌握了多种制备纳米颗粒的方法。正是因为持之以恒地努力，在交流访学尚未结束的两年里，她已经以第一作者发表SCI论文1篇，以第二作者和共同作者发表SCI论文2篇，这些文章的发表是对她工作能力的肯定，也更加坚定了她回国后继续在科研道路上走下去做出更好成绩的信念。

弹指一挥间，罗莉君在江苏大学已经度过十年光阴，她一直保持着积极向上、勤奋努力的态度，在各方面都取得了优异的成绩。虽然取得了很大的进步，但是她仍保持一颗谦逊的心，正视并努力改正自己的缺点，要求自己变得更好。面对未来，她立志要一直脚踏实地，在科研路上走出自己独特的风采。

人物简介

杜 甜

江苏大学管理学院公共事业管理专业 2017 级本科生。曾获校长奖学金、国家奖学金、江苏省政府奖学金、校学业优秀奖学金一等奖等,被评为江苏省"优秀学生干部"、校"三好学生标兵""优秀学生共产党员""菁英之星""优秀共青团干部"等。主持江苏大学科研立项和大学生创业创新项目各 1 项,并发表相关学术论文。

全心奔赴,不负韶华

三江楼前来来往往,青春路上匆匆忙忙,一年又一年,一届又一届,初入学的青涩,大二大三的奋斗努力,大四的成长收获……回忆大学三年来的时光,杜甜感慨道:"虽然不是所有的努力付出都会开花结果,但那些全力奔赴的日子,是大学里最美的时光。"

静心求知,以奋斗谱青春

对于学习,杜甜始终保持着一种"求知"的劲头。她觉得每门课程最重要的,除了需要反复背诵记忆核心知识点外,还有老师课堂讲授的拓展知识。下课后她会积极主动与老师交流讨论、自行查阅资料;在课程汇报、小组讨论中,她总是能承担起小组长和汇报人的角色,利用课堂实践环节对兴趣点进行深入研究。她格外珍惜大学里的每一堂课,始终坚信兴趣才是最好的引路者。课堂之余,杜甜还主动聆听学科相关讲座,了解更多前沿热点问题,拓展学术视野,让知识变得更加立体。

杜甜热爱英语,但由于缺乏对口语的模块化训练,在日常交流中存在思维转换太慢、发音不够准确的情况。为提升英语口语水平,她主动加强口语课程学习,从最基础的音标学起,反复练习,和同学相约英语早读、互相督促口语练习打卡,她始终保持着积极的学习态度和良好的练习习惯,口语水平逐步提升。大二时她报名了全程由外教授课的"耶鲁学堂",课程考核方案是以小组为单位进行全英文主题的汇报展示。在小组内她主动和一位孟加拉国留学生沟通,结合两国文化差异设计汇报内容,独具小组特色,最终获得江苏大学第十四期"耶鲁学堂"成果汇报会一等奖。2019年暑假她报名参加了赴英国曼彻斯特大学交流学习的项目,得益于扎实的口语训练,她顺利通过了全英文选拔面试与全英文考核。

不积跬步,无以至千里;不积小流,无以成江海。机会总是青睐有准备的人,杜甜以点滴积累汇聚成节节进步,以实际行动谱写精彩青春。

潜心学术,以科研筑未来

杜甜不仅对知识有着强烈的追求和渴望,对学术研究也充满热情和向往。刚进大学,她便成功报名菁英学院,成为菁英1704班的一员。菁英学院组织了多场优秀学长学姐的经验分享会,在学长学姐的引领下,她慢慢懂得了如何与导师探讨问题,学会了申报课题。大学期间,她主持完成了江苏大学科研项目"基于'时间银行'的互助养老模式的认知度和参与度调查研究——以镇江市为例"和江苏大学大学生创新创业项目"新冠疫情下社交网站使用强度对大学生心理健康的影响",并参与了其他科研项目,锻炼了学术思维,积累了科研经验。同时,她还积极参与科技竞赛,围绕居民生活垃圾处理这一主题,组建实践小组查阅大量文献、进行实地调研分析,最终形成了学术论文《基于居民支付意愿的生活垃圾处理行为及其影响调查研究》,在江苏大学第11届节能减排社会实践与科技竞赛中获调查类作品二等奖。疫情期间,她积极响应学院举办的新型冠状病毒肺炎防控主题征文大赛,结合国家疫情防控的有力举措和公共事业管理的专业知识,撰写了论文《我国突发公共卫生事件中医疗卫生资源的配置及其优化》。

大二年级,她参加了江苏省高校公共管理案例分析大赛。比赛从7月持续到10月,她和团队经历了多次调研、分析和总结,这是一段令她难忘的成长经历。团队两次深入丹阳智慧养老试点社区进行调研,获得了一手数据和资料,并撰写了题为《智慧养老真的智慧吗?——基于丹阳市晓墟社区智慧养老实践的调研》的案例分析报告。准备汇报答辩时,学院党委书记亲自指导,团队成员认真吸取建议,反复修改文本与PPT、完善答辩陈述,最终该项目获得江苏省高校公共管理案例分析大赛本科组二等奖。

路漫漫其修远兮,吾将上下而求索。在保研阶段,杜甜以丰富的成果、优异的成绩通过层层选拔,成功推免至南京大学政府管理学院社会医学与卫生事业管理专业。

热心实践,以服务促成长

杜甜在担任团支部书记期间,始终坚持全心全意为同学服务的理念,深入了解团支部

成员思想动态，组织开展一系列活动，加强校级、院级团委与基层团支部的沟通交流，不断增强团支部凝聚力、丰富同学们的课余生活，扎实做好班级与团组织建设工作。

大一时，她邀请学院的藏族同学组建实践团队，共同实施"承千年藏药，济百世万家——藏医药传承现状及弘扬推广研究"暑期社会实践项目。调研前期，她多次与导师商讨、全面查询资料、反复论证实践方案，为顺利开展调研做了充分准备。然而调研期间依旧困难重重，由于语言不通，问卷调查时需要藏族同学逐字逐句翻译沟通才能获得藏民的回答，甚至时常被拒绝；在进行名医访谈时，也是由于语言不通而缺少些许当面访谈的灵活性……在历时八天的社会实践调研中，她作为团队负责人，既要统筹实践方案又要兼顾实践过程，要在不断调整实践计划时寻求更加行之有效的方案，经过不懈努力，调研活动终于顺利完成。一个人、一群人的力量是有限的，她希望可以用自己微弱的力量呼吁更多人关注藏医藏药，关注民族传统医药的发展。

纸上得来终觉浅，绝知此事要躬行。杜甜一次次勇敢迈出自己的舒适圈，在实践服务中受教育、长才干、做贡献。

芳华一世，不负此生。杜甜深知，未来定会面临更多的难题和挑战，她将坚守"自强厚德、实干求真"的江大精神，不忘初心，砥砺前行。

人物简介

王浩陈

江苏科技大学电子信息学院控制工程专业 2018 级硕士研究生。曾获研究生国家奖学金、校研究生学业奖学金一等奖。发表论文 3 篇，其中 SCI 收录 1 篇，EI 收录 1 篇。申请发明专利 30 余项，其中以第一发明人申请 14 项，获授权 5 项。申请并主持江苏省研究生科研创新计划 1 项。

经世致用，实干求真

王浩陈的求学之路上，有挫折、有成长、有突破，他时刻牢记江苏科技大学"笃学明德、经世致用"的校训，并用实践展示了江科大学子"吃得了苦、扎得下根、干得成事"的特质。

艰苦奋斗、百折不挠

王浩陈本科期间就是一位热爱参加各种科技创新实践活动的学生。他倾向于选修工程技术类的课程，并利用课余时间参加了学校的本科生创新计划项目，曾代表学校在 2014 年江苏省大学生电子设计大赛中获得一等奖，在第三届"AB 杯"全国大学生自动化系统应用大赛中获得二等奖。通过参加各类竞赛，他找到了将理论知识转化为实践的乐趣。

本科毕业后，依托学校的船舶专业特色，王浩陈进入招商局重工（江苏）有限公司工作，立志要把所学的船舶电气知识最大限度地运用到现代化船舶设计建造中。经过两年的磨炼，他积累了一定的工作经验，也逐渐了解到当时的船舶电气设计只是需求设计，很多船舶电气系统设备技术被国外垄断，电气设备的制造和船舶控制系统主要依靠供应商。这让他感到无力，以他目前的知识储备并不能对提高工业自动化控制技术水平带来实质性的改变，因此他萌生了继续深造，探索更多前沿技术的想法。后来，王浩陈了解到国家目前在大力推动高校与企业"产学研用",这更加坚定了他读研的心。

辞去工作后,王浩陈离开了工作的城市,在母校江科大旁租了一间房子,回到曾经最熟悉的环境准备考研。备考期间,他独自一人在小房间里日夜奋战,与孤独做伴,无怨无悔。终于,功夫不负苦心人,经过半年的复习,他以初试第一名的优异成绩考入了母校的控制工程专业。

勇于创新、实学实干

进入读研生涯,王浩陈格外珍惜这新的开始,一入学就给自己制订了满满的学习计划——学习控制理论和仿真算法、查阅文献、撰写论文和申请专利。当其他室友还未起床的时候,他在查阅文献;当其他同学在休闲娱乐的时候,他在敲代码、做实验;当其他同学准备休息的时候,他在申报专利。经过一年的勤奋学习,他成功申请了5项发明专利;各科成绩均为优秀,并获得了学业奖学金一等奖。

作为一名有企业工作经验的研究生,他深知科研方向与实际应用结合的重要性,发现问题、思考问题、解决问题才能创造出更多的社会价值。在探索研究课题方面,他充分利用学校的各种资源,通过聆听名师讲座、参加企业调研等方式,不断开阔视野、丰富知识体系。在一次企业参观学习的时候他找到了研究方向:在两轮电动车的基于霍尔传感器的永磁同步电机控制中存在两个常见的问题,即霍尔安装偏差和霍尔故障——这两个问题制约着控制器的控制性能和使用寿命。这是一个少有学者研究的领域,和导师探讨后,他决定以此作为自己的研究课题。他先后走访了数家电动车控制器研发企业,逐一比较分析后找到了问题所在,经过努力研究创造了一种新的算法并申请了国际专利。

厚积薄发、砥砺奋进

为了更好地完成课题研究,让自己的研究成果应用于实践,同时进一步锻炼自己的实践能力,研一下学期课程结束后王浩陈便进入企业实习。在一年多时间里,他参与了公司多个重要项目。从广东唯品会仓库的摆轮系统到威海顺丰仓库的摆轮系统,从车辆一体化系统的打造到多电子挡位的驱动系统研发,这些都流淌着他的汗水,蕴含着他的智慧,实实在在解决了企业需求,丰富了课题组研究成果。在研究中他有数十次创新突破,因深知知识产权保护的重要性,他申请专利30余项,其中以第一发明人申请专利14项,且均已进入实审阶段。有新的理论方法及应用实践作为支撑,他的研究课题也获得2020年江苏省研究生科研创新计划立项。当看到自己的努力有所收获,他更加坚定自己的选择——走"产学研用"的科研模式,将"经世致用"的校训落到实处。

习近平总书记曾寄语青年学生,"要勇于创新,深刻理解把握时代潮流和国家需要,敢为人先、敢于突破,以聪明才智贡献国家,以开拓进取服务社会。要实学实干,脚踏实地、埋头苦干,孜孜不倦、如饥似渴,在攀登知识高峰中追求卓越,在肩负时代重任时行胜于言,在真刀真枪的实干中成就一番事业。"王浩陈用自己的实际行动展示了"勇于创新、实学实干"的青年风采。

人物简介

蒋华明

中共党员,江苏科技大学经济管理学院经济学专业2017级本科生。曾获国家奖学金、人民奖学金一等奖、国家励志奖学金、"诺得物流"奖学金、第六届"互联网+"江苏省大学生创新创业大赛金奖、第十二届"挑战杯"中国大学生创业计划竞赛江苏省铜奖,被评为江苏省"优秀学生干部"、镇江市"暑期社会实践先进个人",校"优秀学生干部""优秀共青团员""三好学生""人武部优秀学员"等。

梦溪旗手,扬帆致远

"自信人生二百年,会当水击三千里",成长的道路往往荆棘丛生、充满挑战,但蒋华明总是迎难而上、勇克难关。他用奋斗诠释青春的内涵,用行动践行报国的理想。

出旗,步伐坚毅,筑梦国防

蒋华明的伯父是一名老兵,自幼伯父就教育他:站要有站相、坐要有坐样。端正身姿让他学会了自律和独立。入校后怀着对军营的向往,蒋华明参加了学校国防教育拓展班的队员选拔。国旗队高强度的体能训练,让他吃了不少苦头,在第一次体能考核中就被"将了一军"。酷暑时3 000米长跑考核,他坚持到最后400米时感觉喉咙里冒着火,腿上像灌了铅怎么也跑不动,最后还是咬着牙冲过终点线。考核结束,蒋华明沮丧的心情不自觉地挂在了脸上,队友安慰他说:"就是摸个底,不用太放在心上!"但一向认真的蒋华明做不到"不放在心上"。那天起,3 000米长跑便成了他心中必须要越过的"火焰山"。除了日常训练,只要休息他就清晨加练一小时体能,中午顶着烈日加练长跑、百米冲刺……汗水打湿了衣服,皮肤也被晒得脱了皮,但拼搏的信念在他的心里一刻也未动摇。渐渐地蒋华明适应了高强度的训练,在国旗队年度考核中取得了队列、体能总评优秀的好成绩,从"吊车尾"变成了"领头羊"。最终蒋华明成为国旗队的一员,满怀信仰、步伐坚毅，圆满完成37次升国旗任务，先后两次以大学生教官身份顺利完成江苏省阜宁中学的军训工作。幼年时心中那颗当一名军人的种子，在汗水浇灌下终于成长为一棵挺拔的胡杨。

护旗，笃志好学，锐意进取

国旗队的训练磨炼了蒋华明的意志，他在学习的道路上也不甘落后，勤学苦练当尖兵。他明白只有学好知识、掌握本领，才能护好心中的那面旗。对他而言，每天最幸福的时刻莫过于完成学习任务后回到寝室，纵使身体疲惫，内心却无比充实。三年来，课堂上他始终坐在前排，贪婪地汲取知识；课堂外他长期坚持自学，并在实践中巩固学习成果。即使拿到专业第一的好成绩，蒋华明也并未满足，他深知以知促行、知行合一的重要性，为此他积极参加创新创业大赛。

2020年6月，蒋华明组建的团队代表学校参加江苏省第六届"互联网+"大学生创新创业大赛，大赛汇集了来自全省150所高校和132所中职校的6.8万支团队，其中不乏高手和强手。蒋华明并未胆怯，狭路相逢勇者胜，他拿出训练3 000米长跑的狠劲来。整个暑假他和团队全身心地投入到比赛中，每天都是"一对一"的辅导和项目路演，压力和紧迫感充斥着大脑。从计划书的撰写、市场环境的调研、商业模式的调整、PPT设计、答辩演练，再到近百次的修改和完善，困难被他们一个个地克服。欣喜的是付出终于有了回报，蒋华明带领的团队和另外一支团队双双挺进决赛，斩获两项金奖。获奖时，以往流汗不流泪的蒋华明哭了，因为付出，所以动情，这泪水是奋斗、是勇敢、更是无畏青春的见证。

展旗，以身示范，争做引领

奋斗是青春最亮丽的底色，蒋华明无论是在学习还是在工作中，始终争做排头兵、擎旗手。课余他积极投入学生工作，在每一次服务与奉献中，锤炼本领，强化素质。作为经济管理学院的团委副书记，蒋华明重责负责，肯学肯干。他坚持贯彻执行"三会两制一课"制度，扎实开展各项基础团务工作，定期组织团员进行政治理论学习，累计开展18场院级信仰公开课，覆盖7 891人次。同时他在工作中构建新思路，发挥基层团组织新力量，荣获江苏科技大学"团建创新奖"。

蒋华明始终坚持做学生工作的记录者，团学工作的思考者，他说："我们的工作要以服务青年、引领青年、凝聚青年、赢得青年为宗旨。"作为学生干部，他对待工作的服从意识、服务精神为他赢得了全院师生的认同与尊重。从校园文化到服务维权活动，从信仰公开课到学生社会实践，每一份反复修改直至完善的活动策划书，都见证了他的

努力与蜕变。三年的学生工作经历让他成长为一个脚踏实地、胸怀理想的有志青年，也更加坚定了他当初的选择和努力奋斗的信心。

"道虽迩，不行不至；事虽小，不为不成"，蒋华明的每一分努力都在青春的枝叶上闪闪发亮，他锐意进取，顽强拼搏，充分展示自己求真求新的价值追求，展示自己为国家民族的发展贡献青春力量的责任与担当。

人物简介

谢修之

镇江市高等专科学校医药技术学院眼视光专业2018级专科生。曾获国家奖学金、校一等奖学金、校"久善奖学金"宝岛眼镜企业入学奖学金、2020全球青年精英学术分析挑战赛镇江市一等奖、全国大学生网络安全知识竞赛一等奖等。

谢庭兰玉修自身，甘之如饴不言弃

2018年9月的镇江暑气熏蒸，谢修之与家人匆匆告别后，便来到了十里长山，在未来的三年里，她将在此度过珍贵的大学时光。父亲素来少言，临行时只嘱咐了："修之，只希望你能如自己名字般成长——谢庭兰玉修自身，甘之如饴不言弃。"十八年来他的温和坚定，给予谢修之不断前行的力量，这次也是一样。

眼有星辰，胸有丘壑

离家的第一个晚上，谢修之辗转反侧，第一次睡在上铺让她有些微微的不适应，南方特有的湿热更是让她烦闷。但回想起老师们循循善诱的话语、学长学姐们亲切的鼓励、同学们热情洋溢的面庞，她又感到无比踏实，新生活就这样开始了。很快，她加入了学校的眼博社，负责向全校学生宣传安全用眼的常识；她担任了班级的宣传委员，第一时间将好的活动带到班级同学身边；她组织的辩论小组势如破竹，斩获校辩论赛"优秀小组"称号；她鼓励同学们把专业实践经历以演讲的方式呈现，受到同学师长的一致好评；她与室友共同设计的"拮抗色谱拼图块"在学校"学习雷锋节俭精神，旧物回收利用"大赛中获得第二名。这些活动磨砺了她，也让她越来越自信开朗。这个小个子的女生渐渐在大学校园里有了知名度，路上也经常会有学弟学妹们亲切地走上前来打招呼。

道阻且长，行则将至

在很多人眼中，谢修之的人生一路平顺，无论是文化成绩还是综合测评，入校以来她一直是专业第一，上天似乎特别眷顾这个女孩。但在这些成绩的背后，谢修之付出了很多。自律是一个人最好的修行，现实与梦想之间有一条唯有自律者才能跨越的鸿沟。谢修之把自律作为行动的准则，将学习计划精确到每天，逐渐形成了一套属于自己的学习方法，她将老师的课堂讲解、教科书上的理论、大段的教学视频，以做笔记的方式变成为己所用的知识，再用联想的方法将这些知识串联起来，形成一张系统的知识网络。有了足够的专注和细水长流的坚持，晦涩的专业知识被一点点啃下来，虽然过程十分艰辛，但她觉得这一切都是值得的，她是幸运的。

渺小启程，伟大结尾

在各项体育运动中，谢修之最青睐长跑。她有每天夜跑的习惯，每次在操场运动结束后仰望着夜空时，她都会觉得格外平静。纵然感受到自己只是宇宙间的一粒小小尘埃，但也想竭尽全力地变得伟大一些，哪怕只是那么一点点。能坚持长跑的人不多，在每一天的坚持里，她收获的不仅仅是健康的体魄，还有对待生活足够的耐性，直面困顿的勇气。今年夏天，谢修之参加了"兰州银行杯"兰州马拉松半程比赛，风景如过眼云烟，只有赛道上形形色色的人才能给人以触动。这些人来自不同圈子，连年纪都相差甚远。可看到这么多人为了共同的目标站在同一条赛道上，谢修之感叹道："原来有如此多的人都在坚持。"长跑让她从原本身体孱弱的状态中走出来，跑步让她感到快乐，她更充分理解了什么叫先苦后甜，什么叫延迟满足。

凡是过往，皆为序章

谢修之珍惜和感恩所有的收获。在收获成果的时候除了开心和满足，她的心里还有一丝不安，她觉得自己收获的已远比付出的多，她是幸运的，她拥有太多来自老师和朋友的帮助。她怀着虔诚的心加入了"久善奖学金"校友计划，"久善奖学金"是由镇江市高等专科学校医药技术学院1993届的校友们创立的，随着时间推移，越来越多的校友加入到这一基金计划中来，每年都有数十名医药技术学院的学生能够获得这一基金计划的帮扶。她也希望能在走上社会之后，用自己的点点微光，反哺母校的学弟学妹们。

凡是过往，皆为序章。所有的经历对谢修之来说都弥足珍贵。想到这，她告诉自己："你要更努力，才能留住这份幸运。"

人物简介

方欣烨

中共预备党员，江苏农林职业技术学院风景园林学院园林工程技术专业2018级专科。曾获国家奖学金、茅以升家乡教育奖、校一等奖学金、第十二届"挑战杯"中国大学生创业计划竞赛铜奖、江苏省职业院校技能大赛一等奖，被评为江苏省"优秀学生干部"、校"三好学生"等。获实用新型专利和外观设计专利各1项。

向阳而生，从"欣"出发

习近平总书记曾说过："在奋斗中释放青春激情、追逐青春理想，以青春之我、奋斗之我，为民族复兴铺路架桥，为祖国建设添砖加瓦。"我始终以此为自己的座右铭，时刻提醒自己，新时代大学生要勤于学习、勇于实践、心如花木、向阳而生，成为更好的自己，才能为社会做更多贡献。

以学体修身，做优秀学子

"上课永远坐在第一排，每节课都会提出自己的疑问，专业课很扎实……"这是老师同学们对我的印象。我知道只有自觉自律、温故知新，才能把路走长、将格局变大。学测量时，我可以站在太阳下暴晒几个小时，只为熟练使用测量仪器；学画图软件时，我可以废寝忘食地泡在机房里建模，只为让设计方案更真实美观。有次老师和我开玩笑说："往届在研发楼通宵过的学长学姐，现在可都是当大老板的啊。"我笑笑，"我没想过当大老板，只想我设计的方案能一次通过，获得认可。"我深知自己学的不仅是专业知识，还是能在大千世界立足的一技之长。正是有着这样一种清醒的认知，我刻苦好学、严谨踏实，专业成绩始终名列前茅。

长久的学习需要健康的身体，好的工匠更需要强健的身体素质。我坚持"以学修身，以体强身"。课余，学校的体育场上总能见到我积极锻炼的身姿，喜欢运动不仅让我身体

强健，还让我在游泳、定向越野、田径等体育竞赛中获得多项荣誉。

以艺技助长，创园林新地

我生长于温州这座"海上花园"，雁山云影，瓯海潮踪。海湾与花园的碰撞，在我的心中埋下了一颗"园林"的种子，而江苏农林职业技术学院助力了这颗种子向下扎根、向上成长。

"育一颗心、造一个园"，是学院教会我"什么是匠心精神"，也使我鼓起勇气向技能比赛迈进。建筑木工又称大木作，这个赛项非常特殊，它既需要精细木工的精准度，又需要形似亭、台的大构建，因此对选手的脑力和体力都是一种磨炼。我知道往届都是男生被选中参赛，但我三番五次地去办公室申请，在我的再三坚持下，老师被我这个"犟丫头"的真诚所打动，我终以学校首位女选手的身份参加到了此次比赛中。两天的比赛时间紧迫，从算料配料、切割打磨，到最后组装成完整花架，期间"放弃""崩溃"这些想法时不时在我脑海中出现。"流水不争先，争的是滔滔不绝"，想要弃赛的我咬牙坚持下来，第二天的比赛我超常发挥，精致的花架在众多作品中脱颖而出获得一等奖。

如果个人赛考验的是意志力，那"园林景观设计与施工"这项比赛则是考验团队的分工与配合。从选拔赛、校赛到省赛，由于疫情，我们在短短半年的训练时间里经历了两次延赛，又六次大改设计方案，赛前还遇到了队友生病住院的情况。这些困难考验了我们，也使我们化茧成蝶，最终获得江苏省职业院校技能大赛一等奖第一名。有了丰富比赛经验的我又加入到"蒯祥匠心——数字化的古建筑保护平台"这项大学生创新创业训练计划项目中，最终我们获得了"一种壁灯支架式角柱节点加固与抗震耗能结构"实用技术专利和"景墙（中式）"外观设计创作专利，这项专利被运用到2019年北京世园会室外展园江苏园中。2020年初，我组建了"智园荟·匠心工坊"团队，运用所学的园林生态排水法、智慧管养系统等专业知识，设计打造出集文化、生态、科技于一体的现代化庭院。我们的项目从校赛中突围，在省赛中复活，直通国赛，最终荣获第十二届"挑战杯"中国大学生创业计划竞赛铜奖。这些经历让我对"匠心精神"有了更为深刻的体验，只有耐下心、吃得苦、勤实践、勇创新，才能守得云开见月明！

以行动奉献，耀灿烂青春

作为学生会副主席我主要负责学院新媒体微信平台的工作。三年时间里，我从那个天不怕地不怕想着可以依靠部长的小干事，成长为运筹帷幄有能力做决定的副主席，领导学院官方微信一支强大的幕后运营团队。任职期间，我审核、修改推文215次，撰写发文66篇，文章总浏览量达17 678次，推送各类新闻报道30余次，推文广受学生喜爱。2020

年暑假，我带领"笔尖下的美丽乡村"暑期社会实践团队奔赴句容市边城镇伥池村和青山村开展为期十天的墙绘志愿服务，我们运用山水、彩绘、书法等艺术手法，绘制乡风明德文化墙14面，总面积达863.8平方米，将手绘墙打造成乡村文明的新窗口，为美丽乡村建设添砖加瓦。实践团队的成果展示在"学习强国"和"中青校园"等平台上。国际马拉松赛、赤山湖铁人三项等赛事服务，校园招聘会、交通安全日等活动中也有我的身影。暑假期间，我响应基层党组织号召，成为社区"百姓书屋"的一名防疫志愿者，协助居委会工作人员对来访读者进行登记，并指导他们使用自助机器，减少人员的密切接触，还运用所学知识制作青年战"疫"海报，为社区传递正能量献一份力。

  青春虚度无所成，白首衔悲亦何及。我用自己的勤奋和坚韧赢得荣誉和认可。在未来的学习和生活中，不管是康庄大道还是荆棘小路我都不会退缩。青春正盛，阳光灿烂，我如向阳花木，秉持初心，满怀憧憬，坚持热爱，欣欣向荣！

人物简介

张济安

江苏农牧科技职业学院水产科技学院水产养殖技术专业2016级专科生。曾获中国大学生自强之星奖学金、国家奖学金、校长奖学金、全国高职院校"发明杯"大学生创新创业大赛一等奖、江苏省青少年科技创新大赛二等奖、"挑战杯"全国竞赛江苏省选拔赛三等奖、泰州市科技创新市长奖提名奖等,被评为"江苏好青年"、江苏省"三好学生""最美职校生"、泰州市"最美青年""最美职校生"等。

报国兴渔,振兴乡村

在大学几年的锻炼中,张济安坚定了目标——成长为"一懂两爱"的技术技能型人才,为乡村振兴奉献青春力量。

勤奋争上进,实践出真知

他时刻铭记学习是最重要的事。他认真上好每一堂课,吃透每个知识点,四年来取得了综合排名和成绩排名均列专业第一的优异成绩,多次获学校一等奖学金。

山再高,往上攀,总能登顶;路再长,走下去,定能到达目的地。2017—2019年,连续三年暑假他都参与了学院组建的社会实践团队,完成了"行走在城市中的水族医生""生态甲鱼养殖产业现状调查""厕所革命现状调查"项目。在"行走在城市的水族医生"实践活动中,他们走进学校附近8个社区,利用自己所学的水产知识,对社区居民进行水产基础理论知识宣讲及技术帮助,获得了小区居民的一致好评。在"生态甲鱼"养殖产业现状调查实践活动中,他们走访了宝应、高邮、盐城、建湖等地,在当地的甲鱼养殖户的塘口上进行走访与问卷调查。他撰写的报告文章发表于中国青年网,受到国内多家媒体关注,取得了很好的社会反响。2019年寒假他参加江苏省"水产饲料与营养特训营",活动过程中,在"走近渔村""了解渔企""体验渔事"的主题活动学习中,他逐渐明白了一名水产人的责任和担当,励志做一名优秀的水产青年。

科技促发展,创新谋未来

生活从不眷顾因循守旧、满足现状者,从不等待不思进取、坐享其成者,而是将更多机会留给善于和勇于创新的人们。因为热爱,他加入了水产学院创新创业训练营"启航水族馆",成了学校创新创业团队的一员。因为从小喜欢养乌龟,训练营里也接触到乌龟养殖,所以很快他就发现很多乌龟爱好者都会遇到的共性问题——缺乏科学简便的乌龟养殖设备,于是,设计一款科学实用的乌龟养殖设备便成了他的一个小目标。在创新创业团队指导老师王建国的指导下,他将过滤功能融入乌龟缸的设计,制作出了一款新型乌龟缸,凭借这个产品,他获得了江苏省创新创业大赛二等奖和第四届泰州市青少年科技创新市长奖提名奖。但是他没有因为这些荣誉沾沾自喜,反而进一步发现了新型乌龟缸的弊端。发现问题就要解决问题,他主动找到指导老师和比赛时认识的专家交流,提出在乌龟缸侧面开口,将水引出,过滤装置低于水缸的设想。凭借新型乌龟缸第二代产品他荣获全国高职院校"发明杯"大学生创新创业大赛一等奖,同时还申请了实用新型专利。

树立远大理想、勇于砥砺奋斗、练就过硬本领、锤炼品德修为,用专业技术创造价值,用工匠精神书写青春乐章。他主动参与各类比赛和志愿活动,荣获60余个奖项。

举旗跟党走,挥汗写华章

2019年他任泰州市青年讲师团成员,同年任校梦想公开课讲师团成员,从一名学生的角度讲述围绕习近平新时代中国特色社会主义思想付诸实践的故事,共开展了十余场宣讲。

他还受邀任学校官方微信公众号主编,带领运营团队累计发表文章300余篇。他发表的文章《快来pick你心中的"最美营队"吧!》阅读量超过3万次,是近三年中微信公众号推文阅读量最高的。他一直在思考如何在校园里做好宣传的"指示牌",做好新思想的引路人。

在学校的四年时间里,他积极参加各类素质拓展活动,累计参与活动千余次。在社团工作中,他成功组织举办各类主题专业活动,开展各项团日活动,走近同学,倾听同学意见,丰富大家的大学生活。同时他与指导老师密切联系,积极鼓励社团成员加入老师的实验室,他创建的"自然之友"研究协会从创建到获得校"五星级社团"称号,仅用了一年的时间。

回望在这扬子江畔、大运河边的美好校园生活,他曾经无数次战胜前进路上的沮丧和焦虑,在与朋友和老师的激烈探讨中收获成长。他为自己孜孜不倦的求知心、敢于创造的

满足感和坚持不懈的决心与勇气而感到骄傲、自豪。张济安用"不忘初心，方得始终"的座右铭勉励了自己五年，用"敢闯敢试、敢为人先"的精神拼搏到了今天，传承并发扬了"团结拼搏、负重奋进、坚韧不拔、争创第一"的牧院精神。

人物简介

杜雨轩

南京大学金陵学院艺术学院广播电视编导专业 2017 级本科生。曾获国家奖学金，被评为江苏省"三好学生"等。拍摄作品多次入围国际独立电影节，并获好莱坞电影金奖、纽约国际电影奖最佳学生影片奖、IFOOTAGE 国际创新视频大赛杰出项目奖、中国高校电视奖（纪录片类）一等奖、IM 两岸青年电影节优秀剧情短片奖等。

乘着光影去旅行

杜雨轩热爱自己的专业，热爱电影，将成为电影摄影师作为自己的目标，连续三年取得全系第一的成绩，获得人民奖学金一等奖，并被评为校"栋梁学子"，他渴望能得到更多的学习机会，也自发地去校外拓展实践。

少年派的奇幻漂流

为了能接触到一线的电影资源，他用积蓄自费参加了由苏州大学举办的"达·芬奇影视调色强化班""大型斯坦尼康培训"，以及由影视工业网前副总裁——杜昌博先生举办的"电影摄影高级培训班"，学习符合大银幕制播标准的电影摄影技术，参观了佳能中国总部、国家中影数字制作基地、HOMEBOY 电影数字洗印厂等一线的影视生产、制作中心。这些经历开拓了他的眼界，丰富了理论基础。虽然那是他最囊中羞涩的一段时间，甚至连眼镜架坏了也换不起，但他戴着那副裹着厚厚胶带的眼镜，度过了最充实的一个暑假。

2019 年初，他有幸参与了浙江卫视《奔跑吧》第五季的节目录制，在摄像组参与前期拍摄、素材整合等工作，第一次亲历国内的大型综艺节目制作，对他来说是又紧张又兴奋的，由于每场录制的机会只有一次，艺人活动范围较大，所以很难精确捕捉到镜头，但他依靠着扎实的基本功完成了任务，帮助节目顺利播出。鉴于在《奔跑吧》摄制中的优异表现，杜雨轩又得到了更多更大的机遇。

2020年的一天，他突然收到了老师的一条消息："邱礼涛、刘德华的电影组需要一名DIT（数字影像工程师）。"他几乎没有犹豫就决定了要去，因为能参与这个级别的电影制作对于一个学生来说意义非凡，但DIT是一个负责所有数据财产管理的岗位，对于一个院线标准的电影来说数据动辄值千万元，充满着未知与不确定性。距离开拍仅剩一周时间，他不分昼夜地补习相关知识，向前辈求教，直到准备得无可挑剔。开拍后他每天在剧组工作长达15小时，时常昼夜颠倒，电影的总数据量高达200TB，却不允许产生超过1MB的误差，这对于一个学生来说压力巨大。经历了一个多月的拍摄，电影顺利杀青，他也将数据完整交付给后期，同事和领导都对他的工作表示了肯定。

尽管这些内容在学校专业学习上已经"超纲"，但他非常享受这种富有挑战性的学习，他总是以高标准要求自己，正如他所说，只有在实践中检验自己，才能把看不见的问题放到最大。

步履不停

经过之前大量的实践学习，杜雨轩有了一定的经验，开始创作属于自己的作品。前期没有足够的经费支持，他便从纪录片着手，用镜头记录下传统文化、匠人匠心的片断，这样既没有太大的经济压力，又富有意义。从珠落玉盘的扬州古琴，到修身养性的宜兴茶道；从流离失所的猫狗动物，到舍身战"疫"的中国医生，他跑遍大江南北，挑战未知的困难，只为将当时的每一份感动留存。

他拍摄的纪录片《琴缘》参与了IFOOTAGE国际创新视频大赛，在来自世界各地的500部参赛作品中，经过层层选拔，顺利入围全球前30，最终获得了杰出项目奖。他和浙江传媒学院的同学联合拍摄，由他担任摄像、航拍、后期制作等工作的纪录片《一叶茶缘》，与来自清华、北大等近百所高校的作品同台竞技，拔得头筹，拿下中国高校电视奖（纪录片类）一等奖，并被江苏学习平台推送至"学习强国"作为教育资料投放。

当幸福来敲门

杜雨轩一直有个愿望，就是自己当主创拍摄一部剧情片。他觉得是时候实现它了，经过四个月的筹备，剧本终于敲定，但经费的问题接踵而至，他每天驾车百余公里寻找场景，油费是笔不小的开支，他和导演几人东拼西凑了几万块钱，来维持拍摄的正常进行。他们挨家挨户地去谈场地、四处请朋友帮忙，剩下的钱满打满算只够拍摄两天，但硬着头皮也要拍完，所有人都做好了熬两个通宵的准备。就在开机前12个小时，两个场地不约而同突然违约，这对他们来说几乎是毁灭性的打击，作为核心成员的杜雨轩当时是极度崩溃的，可最不能表现出崩溃的也是他，凭着最后一丝信念他找到了一处废弃车间,决定用一晚时间临时搭景,紧接着第二天早上6点开机,拍到了第三天早上6点,又从第三天上午11点拍到了第四天晚上11点。72小时后,这部历经磨难的《红石榴》总算"杀青"了。

后来他们尝试着拿它去参加一些电影节,没想到获得了不小的反响。在洛杉矶和曼哈顿的好莱坞电影金奖和纽约国际电影奖评选中,他们的作品不但入围了,还代表中国赢得了最佳学生影片奖,得到了国际专业人士的认可。除此之外,这部短片还在国内斩获IM两岸青年电影节的优秀剧情短片奖以及"空地×壹起"影展的最佳美术奖,并且入围了DCCFF华盛顿华语电影节光羽特别展映单元、罗马独立电影奖、伊斯坦布尔电影奖等国际独立电影节最佳影片的候选行列。

靠着决不轻易放弃的韧劲,他完成了一次次的挑战,用热爱证明没有不可能只有不够坚持。未来,他会继续鼓足信心和勇气在电影这条道路上笃定前行。

人物简介

王　聃

东南大学成贤学院土木与交通工程学院建筑工程专业2017级本科生。2017—2018学年获"五四"文体活动奖章、综合一等奖学金，2018—2019学年获校第四届大学生力学竞赛三等奖、"五四"社会实践奖章、学习优秀奖、"三好学生标兵"称号、综合一等奖学金，2019—2020学年获东南大学第八届测绘实践技能竞赛一等奖等。

让优秀成为一种习惯

她以4.5的平均学分绩点稳居学院第一，并在各类创新竞赛中拿奖拿到手软，是当之无愧的"超级学霸"；她能力突出，是带领班级共同进步的"魅力女神"；她热心参与社会公益活动，是孩子们信赖的"知心姐姐"。

规划指引人生，让成长在点滴间"蜕变"

行远自迩，笃行不怠。王聃知道任何事都不能一蹴而就，只有脚踏实地，认真努力，才能达到新境界。每学期开学，她就早早地将课程表和教学计划表打印下来，根据教学目标提前在书本上用红笔标注重点内容，蓝笔标注次重点内容，以便正式上课时记笔记有详有略。摸透每门课老师的授课方式、作业多少和课程难度之后，她还会将写好的日计划、周计划和月目标贴在书桌上，保证每天学习时间达12小时。在繁忙又短暂的大三上学期，除了课内学习，她还积极准备雅思考试和各类竞赛。她利用课间预习课本，午休时进行竞赛训练，周末还要分板块进行听说读写的限时练习，有时甚至连吃饭都顾不上。功夫不负有心人，她获得了学院第一的学分绩点和各类荣誉证书。

纸上得来终觉浅，绝知此事要躬行。王聃在专注学习之外，也积极参与各种创新实践活动，不断提高专业素养、磨炼专业技能。因在测量实习中表现突出，王聃所在小组被推荐参加东南大学举办的第八届测绘实践技能竞赛。离竞赛只剩一周练习时间时，她带领队友每天放弃休息不断地练习，从最初一小时才能勉强完成测量任务到20分钟就能完成的熟练掌握，她们付出了大量的时间和精力。凭借过硬的心理素质和扎实的实践能力，团队最终获得一等奖的好成绩。

魅力示范引领，让进步在班级里"复制"

王聃作为班级学习委员，总是以集体利益为出发点，带动全班同学共同进步。她注重与同学沟通交流，热心为同学解决疑难点，及时将共性问题反馈给老师，做好学生和老师之间沟通的桥梁。期末考试前她会整理好各科学习的重难点，并将考点按题型分类，对照往年考卷出题给同学们练习，以便大家有针对性地复习，查漏补缺。对于学习有困难的同学，她专门找了一间空教室给他们开"小灶"，从单元分析到整体分析再到刚度矩阵，只要是涉及考试的概念和重点内容通通详细讲解；疫情期间她还通过线上会议，帮助同学圈考试重点和难点。通过充分调动同学们的学习主动性，大家的自主思考能力得到提升，全班平均分从75.7分提升到80分。

班级之外，她还在校团委组织部担任学生干部。她多次参与团日活动大赛、校合唱比赛、换届选举等大型活动的策划工作。她自学图片编辑等技能，充分发挥想象力和创造力，制作海报和宣传片。每次策划宣传活动的过程都很辛苦，还时常要应对某些突发状况，但活动圆满落幕后她又能感到前所未有的幸福与满足。这些经历都充实了她的精神世界，丰富了她的大学生活。

积小善成大爱，让感恩在服务中"传承"

心怀大爱，笃行致远。每个人的成长都离不开父母师长的关爱，更离不开社会与国家的支持。用实际行动感恩国家、奉献社会，王聃大学期间一直致力于公益志愿服务。患有自闭症的孩子被称为"星星的孩子"，一次志愿活动给了她接触这群孩子的机会，让她切身感受到自闭症儿童的世界。王聃本担心自己会和他们处不来，接触之后发现他们也有着孩童的猎奇心理，纯真顽皮，跟普通孩子一样有着爱玩的天性。有一名叫欣怡的小女孩，只要旁人一接近她就立刻跑开，别人说啥她都置若罔闻，常盯着窗外发呆。通过细心观察，王聃发现她很喜欢涂色，就耐心教她画图填色和描写字帖，培养她的绘画兴趣和专注力，欣怡也慢慢接受了她的陪伴。三年来，王聃作为志愿者帮助和引导自闭症儿童自行控制多动行为，照顾他们敏感而自尊的心，让孩子们感受到来自社会的关爱与平等对待的尊重。

王聃还是社区儿童课堂的志愿者，负责检查留守儿童家庭作业的完成情况，为他们细心纠错解答疑惑；她也经常参与南京古生物博物馆义工活动和地铁站志愿引导工作，帮助

行动不便的人群安全通过闸口、疏导人流等等。她在侵华日军南京大屠杀遇难同胞纪念馆参与志愿服务12次，主要负责场馆的宣传引导和文化传播工作，比如接待外国游客，为游客讲解相关历史知识，午休时间帮助翻译海外电子邮件和摘录外文报刊等。至今，王聃志愿服务累计时间超过100个小时。

"恰同学少年，风华正茂"，相信在未来的学习生活中，王聃会不断充实自己，让优秀成为一种习惯。"理想其未远，振翼而腾飞"，她的下一个目标是进入理想的大学，继续进行学术研究。她坚信，只要脚踏实地，不懈奋斗，就能离自己的梦想更进一步。

人物简介

孙怡佳

中共党员，南京航空航天大学金城学院信息工程学院信息工程专业 2017 级本科生。曾获国家奖学金、校优秀学生奖学金一等奖等，被评为江苏省"优秀学生干部"、校"十大青年先锋""三好学生标兵"等。

向下生长，向上成长

还记得刚入学时第一次班委竞选，站在讲台上的孙怡佳红着脸大声地告诉大家："我叫孙怡佳，来自江苏徐州。"四年的大学时光，她从普通学生到学生党员，从团委干事到学生会副书记，从"新生引路志愿者"到"小班主任"，青春的花路上她不断前行，尽管前方满地荆棘。

以事业抱负为路径，练过硬本领

"我一定会尽我所能帮助大家解决问题，希望可以得到大家的支持！"第一次羞涩地突破自己，她成功竞选上了班长一职，并在团委招新时成了一名青年发展部干事。她始终奉行"向下生长，向上成长"的信念，在基层深深扎了根。大一那年的暑期社会实践宣讲会，是她独自负责的第一个活动，无论是活动策划、嘉宾邀请还是人员安排、现场布置，每个环节她都反复考虑，虽然她知道作为干事从事的都是非常琐碎的工作，但她并没有丝毫怠慢。在全心全意服务同学的过程中她积极向党组织靠拢，在大三时成了一名共产党员。身为学生干部同时还是一名学生党员，她带领团队创建了一批"第二课堂"精品课程，积极带动基层团支部建设，真正做到落实活动意义，拒绝形式主义，并以此为特色连续两年带领团支部荣获"五四红旗团委"称号。

在成为班长的那一刻，她就知道自己担起了重任，从班风学风建设，到日常"三会两

………… 向下生长，向上成长　　孙怡佳

制一课"的开展，再到组织开展团日活动，班级在她的带动下，有了质的进步。班级获得"周恩来邓颖超提名班"称号后，她开始思考，作为"周恩来班"，如何才能将周、邓的伟人精神发扬出去呢？在她的提议下，支部用周、邓班提名阶段奖金成立"周、邓精神传承基金"并将全部奖金用来购买相关文化产品，赠予南京尚洪社区幼儿园和其他申报班级，当和孩子们讲起周总理那句"为中华之崛起而读书"时，孩子们大声地回应："姐姐我记住了！"这时她知道自己做的一切有了意义。她带领的班级也获得了江苏省"先进班集体"等荣誉称号。

以专业品质为基础，匠金砖技艺

在大家的眼中，她不仅是一名兢兢业业的学生干部，还是一名勤奋好学的学习标兵。在同学们的印象里她总是很忙，被大家问得最多的问题就是："你怎么有空学习的呢？"她说："哪有什么天赋异禀，其实就是百炼成钢。"她是一名基层团建工作者，但她知道，对学生工作的热爱，不能成为她在学习上偷懒松懈的理由，从大一到大四，教室里的第二排，始终是她抢占的最佳听课位置，时间紧，学习任务重，在一次次的打磨中，她找到了属于自己的时间管理方法，每天坚持早起，抓紧课间十分钟思考会议内容，吃饭时构思活动方案，午休时给同学们"开小灶"，就这样她利用碎片化时间学习，不断提高学习效率，始终保持专业前三的成绩。随身携带一本本子一支笔，是她的秘诀。

科研创新方面她也没有落下，参加比赛的那些日子里她努力填补专业知识，与队友在自习室热烈讨论，倦了就趴在桌子上休息一会儿，饿了就下楼买个面包垫垫肚子。就这样她在实验室中不断摸索寻求进步，和团队研究开发了"绘图仪设备参数转换系统"和"基于路径规划的智能机器分拣运送装置"，获大学生创造活动校级重点立项、大学生创意活动概念设计奖。

以敬业精神为驱动，持奉献意识

于无字句处读书，实践是检验真理的途径。大一初到南京时，她在学校地铁、各类纪念馆里都能看到志愿者的身影，她告诉自己要努力成为他们中的一员，入学以来，她用428个小时投身志愿服务工作，包括当南京地铁的安检员、南京利济巷慰安妇旧址陈列馆讲解员、尚洪社区的联络员等等。

大二那年，她坚持每周六赶最早的一趟地铁去南京利济巷慰安妇旧址陈列馆进行志愿服务。她珍惜每一次的讲解工作，她知道讲解员是观众了解那段历史的重要窗口。为了让观众更清楚那段历史，她一遍遍地背诵讲解词，一次次地练习走位，用心讲述那些受害女性的故事。

每次穿上志愿红马甲，就扛起了一份责任，大三时她带领校"小金橙"志愿服务团队参加"江苏省庆祝中华人民共和国成立 70 周年成就展"展会，2 057 名"小金橙"共服务参展观众 200 万人次，在 180 个小时里，她坚持早出晚归，负责对志愿者进行分工、引导游客入场、保护展品等工作，用实际行动诠释了新时代青年的精神面貌。

向下生长，不心浮，不气躁；向上成长，蓬勃发展，积极进取。她将以实干笃定前行，以奋斗开启美好未来。

人物简介

刘寅飞

中共预备党员,南京理工大学紫金学院电子工程与光电技术学院2017级本科生。曾获校特优奖学金、2020年"恩智浦杯"全国大学生智能汽车竞赛一等奖、江苏省机器人大赛二等奖等,被评为江苏省"优秀学生干部"等。

青春紫金,融理于实

一滴水渺如尘埃,但当它融入海洋便可获得无穷的力量;一个人弱比微草,但当他找到适合生存的那片土地时,也可以蓬勃生长。在南京理工大学紫金学院三年多的时光里,刘寅飞体会"励学笃行"的深刻底蕴,一路探行大学之道,于不知不觉中留下踏实的足迹。

学向勤中得,萤窗万卷书

有一种人是行动派,哪怕愚公移山也要向梦想而行。刘寅飞,就是为了理想不断奋斗的人。步入大学以来,他充分认识到大学与高中的不同,自主学习更多,没有老师的严厉督促,只有自己严格要求自己,日积月累,才能收获成功果实。对于工科类课程他在课上紧跟老师的教学步伐,抓住每一个知识点,课后反思自学把每一个疑问及时解决;对于偏文科的专业课程,他还是用"笨方法",多看、多记、多背,细心梳理知识点的内在联系,将知识碎片织成知识网络。当别人外出玩耍的时候,他认真整理笔记;当同学们开始复习的时候,他翻开已经梳理好的知识点,开始第二轮复习。当期末考试临近的时候,他笃定从容。注重平时,听起来很简单,长期坚持却需要十足的毅力。勤思、多问、坚持不懈,在不断学习与温习中他对知识点的掌握逐渐加深。他总是适当地给自己留下独处的空间,沉浸于学习和思索的过程中,"学向勤中得,萤窗万卷书",无数个日夜的坚守,最终他实现了自我的沉淀与升华。

博观而约取，实践觅真知

作为新时代的青年学生，刘寅飞明白"两耳不闻窗外事，一心只读圣贤书"是无法适应快速发展的社会的，要把自己置于一个开放的环境中，积极投入社会实践，参与校园活动，才能将知识转化为力量。

2020年"恩智浦杯"全国大学生智能汽车竞赛开始了，刘寅飞和伙伴们进入紧张的备战状态。整整两个月他们都在学习敲代码，调试着从头构建起的车辆仿真程序。由于疫情原因，预赛改为线上比赛，赛题量较往年更大，全新的仿真竞赛内容，让刘寅飞一时间手足无措，对于该干什么完全摸不着头脑。但是他很快沉下心来，开始各种尝试，配置运动控制器、设计控制算法、和队友们联机调试。编程中往往会遇见一些捉摸不透的错误，就算他们进行长达几个小时的调试都毫无进展。距离比赛的时间越来越近，刘寅飞没有放弃，他和队友们尝试换个角度看问题，一点点分析、研判，最终团队脱颖而出，顺利进入全国总决赛。总决赛的备赛时间只有一周，刘寅飞在实验室里搭建赛道，和队友们连续好几晚通宵解决技术难题。比赛前一天，因为电源接口松动，工控机突然断电，电脑进入保护模式，瞬间锁死，所有努力化为乌有。面对突如其来的打击，他沉默了一会儿，再次冷静地走向岗位，在进入赛场前解决了问题，最终他们获得"恩智浦杯"全国大学生智能汽车竞赛一等奖。实验室里的刘寅飞就是这样，一旦进入学习和工作状态就会如痴如醉。同学们担心他的身体，劝他差不多就行了，他却说："没事，我再看一会儿，还可以更好一些。"这种认真的态度、追求完美的精神正是他成功的秘诀。

甘于奉献，奋楫勇争先

刘寅飞在思想上积极要求进步，是同年级学生中第一批成为预备党员的。学生工作中，他处处对自己高标准严要求。大一，他竞选成为团支书，大二被选为班长，大三当选为电光学院学生会副主席。对待工作，他秉承严谨细致的作风，脚踏实地、勤勤恳恳，有着极强的服务意识与奉献精神。他筹备组织了电光学院学生骨干培训、策划了主题团日活动设计大赛、参与统筹了电光学院迎新晚会等活动。在培训学生骨干过程中，他精心组织讲座，每一个细节亲力亲为，从确定时间和内容，到安排教室、联系老师、准备好多媒体设备，每一个环节都追求完善。培训中他认真检查每份笔记，耐心地指导学员，细心指出他们工作中存在的问题，培训工作有序高效，获得同学们的好评。三年来，刘寅飞甘于奉献，在实际工作中不断探索、不断进步。从青涩懵懂到成熟稳重，从上台讲话时怯懦紧张

到从容沉稳，刘寅飞走出了自己的舒适圈，在挑战自我中蜕变成长。

"路漫漫其修远兮，吾将上下而求索"，奋斗的青春最美丽！在接下来的日子里，刘寅飞将以过去的成绩为起点，坚定"仰望星空"的理想，秉承"脚踏实地"的态度再出发，迎接新挑战，不负青春、不负梦想！

人物简介

由 佳

江苏师范大学科文学院2018级日语专业本科生。曾获国家奖学金、校一等奖学金、院长奖学金、第四届"普译奖"全国大学生翻译比赛三等奖等，被评为江苏省徐州市贾汪区"优秀共青团员"、校"军训优秀学员""优秀共青团员"。

行走在通往山峰的路上

千里之行始于此

走进大学的第一天，我觉得一切都是新鲜的，那时的我对一切都充满了好奇。在进入大学前，我便对自己的大学生活产生了美好的憧憬——不负韶华，扬帆起航，成就梦想。

进入大学之后，我成了班级负责人，主动协助老师完成班级工作；面试学生会和社团，努力为自己创造丰富的课余生活。我明白真的优秀不仅仅是埋着头"两耳不闻窗外事，一心只读圣贤书"，在获得"军训优秀学员"称号后，我决定竞选班长。当我听到自己被老师和同学们信任，顺利成为班长后，当时的那种兴奋激动，不是三言两语能描述出来的，像是久旱逢甘霖，内心因高考失利而产生的阴霾消散了。人都是逐渐成长的，眼下大学时光已过去大半，我想感叹一句"岁月不待人"，可我又想起木心先生的下半句话：而我亦未尝饶过岁月。

看着那些在自己人生舞台上绽放光彩的同学们，我不禁开始寻找属于我的那盏耀眼的聚光灯。成为班长、社团干事之后的生活很累，学习、工作把每天挤得满满当当。对于我来说，那段忙到没有时间吃饭、睡觉的日子是一场莫大的考验，但是生活会记住我们所有的努力，并报之以歌。大一下学期，我便获得了贾汪区"优秀共青团员"、校"优秀共青团员"的荣誉称号以及其他各类院级比赛的奖项。

行走在通往山峰的路上　　由 佳

欲穷千里目

记得大二刚开学时搬新校区，我在宿舍和大巴车之间来回穿梭，帮同学们拖行李——她们惊讶地看着我，夸赞道："那个瘦弱的小女孩的影子已经在你身上消失了！"看着她们眼神中流露出的赞叹，我笑而不语。"时间就像海绵里的水，挤一挤总会有的"早已成为我的座右铭，不断地给予我力量。工作多，课程多，大一这年，我就是"跑"过来的——跑着去吃饭，跑着去上课，跑着去开会。

我一直都记得大一刚走进校园时萌生的信念——有多自信、多自律，那就有多自由！我希望有一天，我能为自己骄傲！我能有底气地说："十年寒窗无人问，一朝登榜天下识。"而不是默默叹息："我生待明日，万事成蹉跎……"

"书山有路勤为径，学海无涯苦作舟"，学生的天职就是学习，这是实现人生梦想的基本途径。大一时我勤奋刻苦，努力钻研，为自己的专业知识打下了坚实的基础，我经常向老师请教，请他们帮我解决难题，并且在空余时间泡在图书馆学习。同时我也会取长补短，和优秀的同学们一起交流，从而共同提高知识水平。

在工作方面我也因为工作效率高、工作能力强得到同学和老师的认可，具备了一定的能力与经验后，我又担任了人文与艺术学院团学会组织部部长、多国语言协会部长和2019级日语班班助。

随着眼界的开阔，我的目标也变得越发高远，我开始思考人生的意义与个人价值的实现。大二下学期，由于疫情，我们不得不在家学习。我充分利用这段时间，撰写并发表了2篇学术论文，参加国家级翻译比赛并获得三等奖。

回眼望神州

当我已是大三的学生，就成了学弟学妹口中的"学姐"。他们这样叫的时候，刚开始我感到有些生疏与奇怪，分明我们的年龄也就相差一两岁，可是他们很依赖我，这让我感受到肩上的责任，渐渐地我喜欢上了这种被需要、被认同的感觉。

大三的我，是班长，是两个班的班助，是学生会主席，也是社团社长。老师有时候会很心疼地问我累吗，我通常都是笑着说句："不累啊，练出来了！"我不再是以前那个什么都不会的小姑娘了，我变得更加优秀，做到了无愧于青春。

这两年，我获得过校一等奖学金、院长奖学金、朱敬文奖学金，很荣幸这次还获得了国家奖学金。这两年里，虽有过泪水也想过放弃，但我还是咬着牙坚持了下来。这些努力终究没有白费。

八千里路云和月

　　周总理曾言：为中华之崛起而读书！我一直铭记于心，在这个新时代，我还要做得更多，做得更好！我希望未来自己可以成为一名优秀的人民教师，为祖国的繁荣发展贡献一点点力量。

　　时光飞逝，岁月荏苒，只有自己拥有更高的追求，人生才会更加精彩。只有不断努力，才能够获得更加丰厚的回报。三人行，必有我师焉。不断汲取别人优秀的经验，必能有所裨益。我知道，那片看着离我很近的云朵，还离我远着。我在向上攀登的路上，看到许多奇崛的景色，便不愿再停下。我已经明白，虽然离真正的顶峰不知还有多远，但时间与努力，终将带我越靠越近。

人物简介

费宗岳

中共党员,江苏科技大学苏州理工学院机电与动力工程学院能源与动力工程专业2017级本科生。曾获国家奖学金、校人民奖学金特等、永钢奖学金、第十三届全国大学生节能减排大赛一等奖、第九届华东区CAD应用技能大赛三等奖,被评为江苏省"三好学生"等。申请发明专利2项。

红枫经霜赤,蜡梅沐雪馨

苏轼云:"古之立大事者,不惟有超世之才,亦必有坚忍不拔之志。"勤奋、坚持,是费宗岳一直以来对自己的要求,也是他身上最宝贵的品质,更是他成长的"法宝",支撑着他在丰富多彩的大学生活中,不断蜕变,不断进步,点亮自己的青春梦想。

打破自我,深研专业

刚踏入大学校园,费宗岳还是个"憨憨"的小伙子。来自农村、性格内向的他在第一次班会上做自我介绍时,紧张得语无伦次,几句话就草草结束。班委竞选时,他更是连台都没敢登。看着同学们一个个自信从容的样子,他暗下决心,一定要突破自我,使自己变得优秀。虽然没能竞选上班委,但他慢慢找到了自己的方向,那就是沉浸于专业学习,深研自己热爱的专业,大一结束时,他的学年绩点排名专业第一,还利用课余时间自学 Solidworks、CAD 基础二维、三维建模软件等课程,在专业知识学习上早早领先了其他同学。

教研室的老师注意到了这个突飞猛进的"小学霸",腼腆的他在老师们的鼓励下,勇敢地迈出了一步,选择加入实验室基地。在基地里,他找到了自己努力的方向,开启了更加多彩的大学生活。对知识的渴望和对科研浓厚的兴趣,成为他坚持不懈学习的动力。不久后,学校举办第七届节能减排大赛,初来乍到的他还是个"小白",但他鼓足勇气报名了比赛。赛前，他充分准备，遇到难题，不仅虚心向专业课老师请教，还挑灯夜战查阅文献资料，反复修改项目作品。同时，为克服答辩紧张的问题，他还精心准备了答辩讲稿，并配合 PPT 反复演示了十几遍，最终他的作品"基于拉曼光谱的智能垃圾箱"获得了三等奖。他意识到只要足够努力，一定还可以走得更远。

塑造自我，厚积薄发

"宝剑锋从磨砺出，梅花香自苦寒来。"学习让费宗岳增加了自信，更让他认识到自己的不足，他暗下决心要塑造更好的自己。大二下学期开始，无论是工作日还是节假日，他每天早上 6 点起床，6 点半出现在食堂，7 点到达实验室，三点一线，雷打不动。付出终有收获，积累了一定基础后，他成功主持了江苏省本科生创新项目"余热回收换热取暖"，并参与"CDI 海水淡化装置"项目。为了完成项目的研究，他每天和项目组的同学探讨研究方案，查阅文献清除知识盲区，反复演练复杂的热力学计算，甚至有时他的梦里都会出现仿真处理后的云图。苦心人天不负，最终他主持和参与的两个创新项目都顺利结项。这一次的成功虽然饱含艰辛与付出，但收获后的喜悦让他更加坚定了自己的理想与追求。

大三下学期，他再一次突破自我，参加了专业领域最顶尖的比赛——全国大学生节能减排大赛。比赛时间是 8 月，他和小组成员从年初就开始精心准备，几乎每天泡在实验室，到了赛前的关键时期，他连睡觉都在实验室。为了将论文润色打磨得更精简、更凝练，最后半个月，费宗岳又自学了数据处理的 OriginLab、流程图绘制的 Visual、视频剪辑的 PR 等软件。通过不断钻研，小组作品"粮食保障的第一道防线——基于秸秆焚烧回田的谷物烘干车"荣获第十三届全国大学生节能减排大赛一等奖，同时还申报了两项专利。

超越自我，全面提升

在老师和同学们的眼中，费宗岳是"文武双全"的人。三年多的大学生活，除了学习和科研外，他还坚持体育锻炼。他认为，锻炼和学习就像太极图的两部分，不是对立的，而是和谐共生的。锻炼，可以让一切变得简单而纯粹，肌肉的酸痛带来头脑的清醒；学习，让一切变得复杂而深刻，头脑的高速运转带来精神上的喜悦与豁然开朗。也正因为拥有良好的身体素质，大三下学期费宗岳才能"多线作战"，既参加比赛又积极备战研究生考试。天道酬勤，他不仅获了奖，也考取了扬州大学的研究生，未来将在能源与动力工程专业继续深造。这一年，他凭借优异的表现被评为江苏省"三好学生"。

"枫叶经霜艳，梅花透雪香。"困难和历练，犹如人生旅途中不可绕走的驿站，是成功道路上必须爬过的山坡，只有知难而上，战胜困难，不断超越自我，才能绽放人生的光彩。生命不息，奋斗不止，费宗岳也将朝着自己的奋斗目标继续前进，不懈奋斗！

人物简介

吴星星

中共预备党员，南京财经大学红山学院国际经济与贸易专业2017级本科生。曾获国家奖学金、校学习优秀一等奖学金和二等奖学金、素质拓展奖学金，被评为江苏省"优秀学生干部"、校"优秀大学生"等。

一颗星的闪耀

仰望星空的时候总能不经意间发现最亮的那一颗星，它在黑夜的衬托下散发出耀眼的光芒，像一股精神指引力量。我低下头轻轻地环抱自己，若有所思，其实我也可以成为那一颗明亮的星。

一颗内心炙热的星

怀着对大学新奇生活的向往，我迈入南京财经大学红山学院的校门，憧憬着在这里收获一段充实而又值得回味的大学生活。我始终把学习放在第一位，看着校园卡上"0001"的号码，才发觉原来我是以第一名的成绩进入国贸专业的，学习自然不能松懈。大一期间，我获得了校学习优秀一等奖学金和二等奖学金，还有素质拓展奖学金，同时还是班级第一个一次性顺利通过英语四、六级的学生。

"在你的眼里我好像看到了星星"，这是一位学长对我的评价。做一件事，我就要把它做到我能力范围内的最好。在大一忙碌的生活中我有些迷失，在学习上动力稍显不足。大二时，我把重心放在了提高学业水平上，以优异成绩通过了计算机二级考试和证券从业资格考试。在大二第二学期共9门的公共基础课和专业课中，我有7门获得了班级第一的好成绩。我也积极参加课外活动，在社联读者协会"留·放博物馆"演讲活动中荣获个人一等奖，在学生会实践部"模拟联合国"大赛中我以第一名荣获一等奖。勇于突破舒适区，是我的特点。受三江学院同学邀请，我参加了全国大学生信息技术安全大赛，经过多轮技术对抗和团队合作，我们最终获得全国三等奖。"明者因时而变，知者随事而制"，认清自己的优势并充分发扬，了解自己的短处而不断弥补，是我的学习态度。

一颗多彩灵动的星

或许是骨子里热爱语言艺术，我通过多轮面试成功加入了演讲与口才协会的辩论队和学生会广播站，成了一名口若悬河的辩手、柔情温润的主播。

作为校辩论队的一名辩手，我的成长离不开学长学姐们的悉心指导。起初，我就像是一颗暗淡的星，那么多优秀的辩手，我不如他们那么有能力可以打好每一场比赛，心中充满了不自信。但在辩论队我逐渐有了家的归属感，我被认可、被赞赏，逻辑思维能力、语言表达能力得到了很大提升。后来，我参加第十五届南京财经大学校园辩论赛并获得"最佳风度辩手"的称号；参加南京财经大学红山学院的专业辩论赛，一路与队友披荆斩棘获得团体季军。在自己更自信的同时，我学会了团队协作、同舟共济。

在广播站实习的日子是我最快乐的时光，我与搭档们一起度过了历时一个月的艰苦训练，终于圆满完成终极 PK 赛，成为一名正式的主播。在这里我一次又一次地挖掘自己的潜能，不论遇到什么难题，我都能自信从容地化解。

团支书，这是我最为骄傲的一个身份。"我想用我的能力和责任意识团结班级同学，增强集体的凝聚力和向心力"，这是我当初竞选时的发言。现在，我能拍着胸脯自豪地说："我确实做到了！"开始时，接二连三的班级活动令我分身乏术，我甚至怀疑自己是否有能力带领班级同学做好相关工作，但"在其位，谋其事"，我必须迎难而上。我在深夜编辑活动内容、总结实践体会，经常伴着晨光完成任务。班级取得"道德小品"大赛一等奖时，大家兴奋地抱作一团庆祝成功，我在一旁喜极而泣。正是有着较强的领导能力、沟通协调能力以及良好的自我调节能力，班级同学才会发自内心地信服我、认可我。

一颗照亮社会的星

"世界是美好的，所以你是美好的"，实现个人价值的最好途径就是回馈社会。除了参与学校青年志愿者协会和爱心社团组织的多项公益活动外，我连续五年作为志愿者参加高中母校发起的"赤子之心，守护母亲河"公益活动，这项活动被当地电视台多次报道，具有较大的影响力。2018 年度，我获得"优秀志愿者"称号。从公益服务中我受益匪浅，清楚地认识到只有更好地帮助他人，爱护我们生存的自然环境，才能够更好地散发自己的光和热。

2019 年，我成了大众点评官方认证的评审官，我个人账号上发布的内容拥有超过 14

万次的阅读量，收藏量过万的点评文章近十篇，因对美食的点评文案真实有感染力，我多次受商家邀约前去宣传店铺文化，也受大众点评内部团队邀约与各类商户洽谈推广活动，让更多消费者能用较低的价格体验到不同菜系的饮食风味。

马克思说的"实现人的自由而全面的发展"，不仅是指人的体力智力得到发展，各方面的才能得到发展，也是指社会联系和交往能力得到发展。我虽是茫茫人海中微不足道的一个，但我抬头望望天，总有一颗星在为我照亮，仿佛在告诉我，我也可以成为它。

2019—2020学年度江苏省国家奖学金获奖学生名单

南京大学

孟一霖	苏洪萱	殷俊超	赵澜卜	蒋一菲	郝 琦	高山林	章君政	代明哲	刘扬帆
张 笑	朱铭昱	吴可玉	洪永升	杜浩宇	吕 晟	王 雅	郭雨维	税涵月	郑耀杰
李梦欧	冉雨茹	王美欣	郭照楠	潘 垚	哈嘉祁	姚楚涵	王泽宇	姜玉骅	林星妤
张紫宣	尤 易	郑 斌	任 晗	李 轶	魏亦婷	肖 和	张子瑄	温家琦	马国淞
朱晨宇	范雅轩	周榆杰	宋斯涵	王月涵	张 雨	王宇烽	王瀚霖	杨晨源	易舒舒
周 彭	陈欣澜	邢尚禹	许嘉禾	苏嘉威	李逸凡	林馥雯	邱雨婷	胡俊豪	徐 洋
吴启龙	叶添羽	吴佳熹	廖淑婷	韩天乐	郭彦喆	陈 烽	饶睿策	巢凝静	陈培鸿
孙逸伦	程荣鑫	李俊杰	秦锐鑫	奚志恒	薛宗耀	张洪胤	朱金宇	徐 琪	周子杰
楼 澜	林懿心	王 璇	吴 婧	刘玲馨	李冰玉	周立人	孙浩维	陈佳怡	高 元
林子晔	田长青	王雨儿	徐诗语	陈文龙	戴静怡	费 蔷	解安怡	许文琛	周芑卺
薛雅文	朱靖涵	陈昕怡	王峥妮	刘颖凡	徐中奇	马杉池	张 浩	柯志发	程宇骞
杨亦宁	张 涵	张启帆	仲扬铮	张子健	邓云未	张欣悦	张修竹	邱炳阳	段景文
蒋博放	汪峥嵘	刘存钰	刘丽蘅	吴鸿雨	曹铃悦	王 楠	范科苑	吴沂蓁	朱明艺
侯仲舒	杨利宁	王众伟	宋成治	陈书华	徐 豪	徐萌婧	任谏正	李金泽	盛天爽
占 浩	李孟灏	李辰美	朱 栋	齐 乐	王茂森	范文君	张伟杰	郭琦璠	彭润秋
戚新源	覃周亚	程 珂	张盈瑄	白雪童	高 政	王演怡	李卓远	郜 澍	吴翔宇
李鹿晞	苏呈祥	王宇帆	林钰丰	王雨仪	潘 颖	周熙宜	贾子群		

东南大学

何宇皓	黄 玥	张煜童	杜 舰	余 典	刘天韵	郭楚怡	冯 春	殷 悦	茅子仪
林子琪	刘 能	赵起祥	季 睿	秦楚晋	巫明蓉	张紫涵	许成奥	马 康	马开元
刘君雨	王 粤	谢连城	张 婧	刘锡慧	刘恺晅	罗池旭	张 杰	范世腾	唐铭希
沈吴双	于 千	钱缪峰	张一凡	姚志伟	顾 昊	伍诗语	叶育琦	邓皓鹏	孙玉泰
马庆银	季姜晗	林先捷	冯效贤	刘洋艺	邓 颖	朱雪融	赵 灿	王瑞时	王业腾
周之皓	徐立华	马可心	郑晓峰	李清阳	田栋宇	买毅博	徐步青	钟汉峰	宋星慧
邓李硕	许璞凡	厉楚航	董方圆	王浩至	张作为	韩础均	顾 昊	汪宇惠	朱 珺
胡江勇	蒋世戬	李锦坤	焦可意	赵佳恒	陆祖兴	王 超	陈 曦	高圣沂	喻慈舟
胡洪达	南芊如	李春澍	邵一展	牟 倪	卢昊飞	梅洛瑜	梅 磊	王 然	朱嘉梁
王心悦	胡思危	王宇昕	张 赫	段文凯	白昊民	李翔菲	杨懿昕	王子熙	王严增

王亦叶	杨其凡	刘安晗	刘正迪	林泽楷	周正华	唐淑琰	胡诗雨	肖媛媛	刘广沛
刘天语	周午凡	胡琬易	杨正轩	冯玉颖	邵毅飞	刘珂昕	陈思宇	林志宇	高诗凝
荣宇鹏	王思齐	王雅妮	成佳怡	刘一夫	何鑫豪	张仕卓	杨嘉畅	段潇涵	徐定宽
徐梦瑶	张伯儒	董 琛	卞子悦	符张旸	张岱凌	郭振川	张 晶	黄海昕	吴熠丹
顾 迅	刘昕彤	浦斯茗	张西辰	聂文慧	田尹潇	李梦芸	徐泓基	李昊洋	朱 宇
马欣怡	李菲菲	王大中	任小乐	付楷森	武文杰	贾 舟	于诗渲	李佳雯	岳伊扬
沈维滢	谢昕博	钟志伟	宋怡晨	凌 力	孙 岚	崔筱曼	严秋杻	陈 果	王心怡
楼上华	宫 琦	张雅杰	王 琪	董鑫波	王健力	李佳欣	赵双雨	骆辰姣	卢轲泽
李 晨	格桑卓嘎	丁佳伟	黄淳淳	江雨昕	陈 嵘	马 睿	丁子豪	王笑瑷	
池佳宇	孙培琳	刘 佳	王铭悦	王珍玉	陈 佑	梅 昊	王星宇	陶博文	范之闽
袁童鑫	王 琰	刘子易	花雨童	姚嘉铖	江笑然	王开晨	汤雯婧	王彦博	

中国矿业大学

刘怀东	董亚男	谷晓航	杨 阳	赵庆新	韩学森	王 颖	蒋子越	张钧彦	毛严楷
李 涛	杨丛鑫	王嘉伟	施 宇	李逸舟	毛佳伟	袁 满	罗劭翔	梁琛裕	陈迈微
董心同	杨晨明	查富海	张杨杨	章绪森	李庆华	王 腾	卢艺文	张宏宇	杨晨瑶
王清乾	赵 烜	杨俊程	裴 俊	张宇航	薛恺文	孙伟豪	张 念	高瑞齐	于毓琪
朱家烽	李恒明	井晓琨	王瑞辰	孙正阳	陈 曦	王杰永	徐鸿阳	张琨泽	张 亮
刘一雄	黄子政	孟子杰	文梓棋	张学仕	周鹏飞	姚 越	董运龙	张卓旸	李 进
岳心怡	刘广义	焦睿轩	吴天泽	卢琪荣	万庆超	陈薪硕	王璇尧	马帅帅	丁晨龙
杜明泽	赵茂智	许万鹏	岳鸿宙	白泽文	菅静睿	刘瑞华	裴鲁超	秦宇翰	李 欢
刘 群	方小霞	齐华东	孙国龙	李卓雅	贾继风	王留涛	李智超	耿午珺	申倩倩
胡钧耀	祝潇扬	黄宇轩	齐宝业	卢 汐	郝子傲	黄秋瑛	朱美国	陈 臣	刘龙敏
李斐然	李尨辰	张普玲	张雅洁	孙森山	石宁钰	陈程远	谭本慷	卢庆辉	高 钉
黄腾龙	黄 杏	张 旭	郭丰硕	李佳伟	曹书乙	高楷清	王开春	吴一尘	王德龙
武文韬	盛昊昊	朱惠敏	吴 璇	卢天田	陈锐杰	朱丽涛	林业超	魏梦杰	朱怡杰
王 晓	胡杜楠	陈咨谕	曾琬胭	王鹏勇	殷 皓	陈 晋	关乐晨	司竣仁	陆玺文
于 磊	袁孝健	孔德鑫	徐子康	刘浩钰	孙 莹	闫法人	柳勋涛	王唯一	周黄鑫
罗敏行	刘严颐	步 艺	陆 颖	王 燕	殷心怡	杨锦潼	翁诗雨	汪舒怡	胡梦凡
许 玥	龙雅诗	郑书青	丁毅梦	侯佳欣	陈越凡	张语宸	赵芷萱	施 磊	林智浩
王雨欣	罗贻文	郭梦洁	韩译心	陈奈儿	姚可欣	郭 朋	李由杰	黄成成	王定轩
孙一暄	曹星煜	张震宇	钱 然	曹嘉文	陈开颜	张文玥	聂启星	李慧瑶	潘翠羽

张晓玉 许若轩 刘艳萍 杨聪聪 李高航 吴 蕊 李国耀 李炳宏 王英超 徐俣璠
高宇航 张妮婧 李沛瑶 张玉杰 孙启明 赵泽程 孟 栋 赵 飞 张 腾

河海大学

李虹彬 徐嘉远 蔡昊天 王小林 纪 璐 潘晓龙 夏一凡 张梓棉 李玉霞 卢 彤
牛笑笑 宋缜蛟 李柯雅 王必磊 渠谢雨 李炜栋 杨润祎 胡昱琳 张颖男 孙思晨
杨蕴涵 樊 煜 杨沐盛 徐友哲 张祎阳 嵇广宇 吴其海 朱宇晗 喻 言 李般若
谢文剑 龚晓芳 申 珂 唐柏杨 李晓瑛 吴双琪 于 越 贾丽晴 郗瑞雨 曹怀玉
程 琛 毛诗洁 姚文亮 石 朔 闫晓彤 张 睿 陈浩然 李承澳 王 雯 徐宇航
李 涛 张 晓 郑壹飞 姜寓心 孙煜景 周佳妮 潘艳玲 沈俊儒 刘靖辰 宋昕宁
徐佳俐 牛潞东 戴宇晗 沙海潮 何瑾雨 李嘉辉 王涵博 苏心玥 纪世豪 龚聿枫
陈 晨 冯 森 黄晏程 秦 嘉 曹婉清 蒋佳豪 周博文 郭松源 王小雨 黄婧雯
江龙韬 陈心玥 芮正恒 汤羽遥 张 阳 沈斌锋 杨 帅 王泽文 潘 雯 王孟亚
李 垚 张凌远 陈霄颖 韩 阳 丁耀宗 韩佩霖 何纪琛 王小涵 高 键 高明逸
周心怡 芦治宇 钱煜晖 李孟员 石 浩 王嘉晖 唐嘉薇 王诚昊 陈欣玥 胡 锴
刘思沾 彭浩天 秦 骁 曹心悦 宋亚轩 周倩雯 丁 斌 李云峰 肖炜霖 郭仔佚
王 妍 蔡梦圆 张宇锋 张怀嘉 张静娅 姚可越 苏 彤 王新昕 郑馨羽 朱 雨
谈 赟 李沁如 戴芷歆 张 畅 朱文丰 李嘉欣 代耀彬 马絮冉 古家乐 吴 慧
曾心韵 蔡钟瑶 韩刘璐 麻特立 朱梦婷 焦媛婕 徐 龙 戴梦圆 张承琪 徐涯昕
刘玮琪 程 欣 陈一禾 赵 熙 石 师 张腾姣 吴舒心 房牧云 董欣怡 刘金科
李若凡 范梓幸 李语嫣 陈斐然 黄亚萱 张逸凡 黄子杰 俞 杰 解明明 袁海钰
王暄宇 钱竹隐 郁张睿龙 孙云儒

江南大学

许佳玮 张艺龙 金文华 孔 婕 李靖雯 姚鉴芯 王 欣 魏 来 王博文 吕和霖
吕铃怡 滕佳璐 毛昶淘 秦晓龙 潘子嚚 陶贞妍 朱雨婕 郭 钰 朱小青 杨谨宁
王心怡 龚梓琴 高鹏翔 王婷婷 吴采芩 王文婷 刘 帅 王 烁 胡洪寅 程 琳
夏宇轩 赵学志 潘 越 桑静婷 姜贞伊 韩 茹 陈梦瑶 王 琴 李博宇 任舒阳
孙亦昕 张默涵 钮丹丹 孟令钦 朱逸鹏 侯宇杰 邱宇超 张 函 何丁赋 李梦晗
叶芝蓓 王懿瑶 仝子涵 任天晴 金 戈 吴 忌 辛娇杨 吴朕恺 闫光昊 娄昕骐
王少快 叶好焰 朱程程 王姝涵 王凯月 王彦达 张楚凡 戴安妮 陈则霖 韩赛鸿
王文君 段玉晓 张哲婳 王亚娟 陈家奇 张能静 樊 简 石祥翔 王秋爽 檀小琳

2019—2020学年度江苏省国家奖学金获奖学生名单

王 璐	倪澄澄	李金蓓	赵婧肖	房灵聪	何卓琳	袁天豫	刘朝虎	邵 婕	刘沐涵
赵亚东	陆雨洁	刘 颖	曾 俊	王家怿	李智慧	郭建康	张 捷	沈 熙	朱 萌
夏普松	胡 阳	王 佳	潘智炜	李逞龙	孙 义	刘文捷	罗 璇	王思睿	王必亮
赵梦怡	贺奕薇	刘倚伶	贾晨祺	陶雨筱	袁 睿	刘辉超	卓子晴	冯 玺	刘一伊
苏思薇	张若涵	蔡雪岩	王一帆	麦诺文	孟子蕴	王 冰	王昊远	葛倩曦	刘春芳
邓红莹	孙 莹	左 静	谢丁祺	纪星名	李艳婷	王纪新	孙佳雪	唐义慈	沈晓臣
虞昕培	马超群	朱葶昕	侯文雯	马 颖	何明昭	汪 静	李 想	穆艳阳	盛晓妍
常依娜	文 璟	杨清妍	宁梓含	包佳宁	冯小宸	王一禾	陈杨洋	欧雪芳	马晟誉
于艳欣	龙 腾	李 欣	翁诗浩	赵子成	黄一骏	李 新	资 源	毛辰露	吴朵朵
袁 悦	柏安妍	帅 薇	李 逸	丁思琪					

南京农业大学

乔立源	蔡宇澄	高 睿	黄 薇	王柯岚	马洵轶	王海旭	巩元洲	张 璀	樊佳一
崔敏蓉	武颖珂	吴闻澳	顾成语	李雨浓	张 滢	陈慧婷	李雪琪	裘晶晶	楼馨元
谢沙岑	赵晓璇	王艺蓁	李江妤	黄欣虹	高 莉	李鑫垚	沈书钰	田 源	龙虹郡
朱 祯	李晓彤	孙 露	徐 毅	郭 琦	马家瑶	戴奇彤	辛怡静	杨 川	王雯昊
杨雨岩	童慧宗	张国淼	徐子龙	王馨儿	李梦玥	俞思勇	唐 琦	陈伟叶	杨依晨
冯 慧	谭立恒	陈芊芊	贺美美	应可沁	王绣珊	陈美汐	王宇轩	忻启谱	陈昱成
张杰越	高昊宇	秦婧雯	钟佳晨	胡 楠	郑子洁	林宇杰	齐芳萱	葛碧妍	周慧馨
曾 迅	汤淑娟	王哲涵	张申申	杜 典	解欣然	张合澋	唐雨馨	袁 朝	王孟柔
续文刚	蒋世晨	施敏娴	顾文清	朱俊如	杨心怡	吴雅雯	俞超芝	李海龙	宋子龙
陆雨楠	陈 敏	郑奕彤	何明哲	肖泽玲	王婧淇	章雨婷	杨 悦	庞凌霄	郑玉秀
张 桐	刘 琦	陈梦涵	张宇晨	徐子杰	谢雨蓉	刘奥然	李 源	王禹博	郭旭阳
公 菲	王茜格	张 妮	李璋浔	王琬婷	熊黄瑞	杨瑞敏	王 晨	熊辰鉴	赵一凡
何子健	俞灵淳	纪伟茜	姬莉莉	陶昌平	胡浩辰	龙泓帆	欧阳宇航	段宇洁	
黄嘉鹏	邬伊浩	王婕妤	翁亚宁	王 术	吴梓玉	于佳睿	刘兴业	侯 培	张 慧
郑之鹤	徐 瑾	谢朋朋	陈坤鹏	张 颖	赵春雁	王淑雅	郭心颐	张斯羽	王文韬
颜禧妮	王 珂	李宇翰							

中国药科大学

安柔锦	汤迎琦	陈智洋	樊 夫	刘 燕	胡馨元	赵 淼	邓 玥	何梦娇	王 智
张楠欣	汪诗琪	张佳玮	沈诗怡	袁文慧	包亦凡	胡润婧	贺伊静	王子桐	张心也

李镒博	傅云涛	贾宜霖	周　晨	姜佳彤	李婧妍	赵翰卿	陈姗姗	母永康	李明熹
化丽雯	胡海洋	贾晓雨	迟百怡	丁　梦	高世玺	孙　珺	华文恬	余可鑫	李　婷
李　赟	谢　越	薛仁亮	张　悦	赵晨静	崔梦袁	周　雯	李　尚	张韵凯	陈志秀
陈　颜	谢季瑾	张赟量	叶　芝	刘月月	郭安杰	侯祥云	王子祺	丁子怡	傅薇澄
胡乐怡	史君竹	唐雨虹	李　灿	张　婧	杨伊凡	田　萄	杨文千子	李文爽	
倪彗彤	余俊璇	孙庆冉	王　悦	周丽勤	尹　林	罗佩仪	曹玉丹	侯成宸	李瑾若
牛步盈	裴　雷	黄淑婷	范中姣	付家祺	朱浩文	徐锡杭	诸佳民	卜莉莎	董　潇
范钰婧	朱炤熙	戴仕炜	陆　浔	经鸿雁	谭怡清	胡嘉宇	上官陪城	赵枝萍	

南京森林警察学院

林伊娜	冯湘茗	金　韬	张梓涵	叶龑啸	赵思尧	程璐瑶	肖玉晨	罗玄佩	周在斌
李宛儒	蒋　清	张馨月	朱梓镝	谭　蕾	郑　盛	陈　毅	陈翔煜	林肖燕	陈　雨
金卢悦	刘　真	谢佳宁	周慧颖	江卓欣	宋　健	张艺轩	史宇琳	陈　玉	林家文
周卓盈	郁雪璐	潘馨怡	祁明晓	施雨时	杨绛芸	罗佳雯	陈杨雨	陈胜涛	田越翎
黄　珏	庄丰源	赵瀛滢	毕志杰	毛　瑭	叶冰滟	邹　婷	郭晨晨	马舒涵	刘亦木

南京航空航天大学

潘　洋	公　鑫	陈　萱	许以欣	廖紫默	袁　杨	郭昱均	吴哲铭	张煜宸	杨宇泽
高辉遥	唐振家	何　坤	张　波	王海涛	许耀宇	王少鹏	张鑫泽	邓　冲	储雨凯
刘宇轩	白林玲	李维泰	杨雪凡	薛　涵	张　旭	孙　窈	陈舒帆	朱倩倩	孔子涵
杜辰韬	何雨骁	李文元	陈　仪	茹赛颖	王增茂	王华艺	路明威	鞠沅良	姚一可
傅宇涵	张仲彬	曾诗琪	李岳恒	王思晗	吴怡凡	彭昱捷	余天洋	余　智	孙　浩
张楚欣	金峥嵘	刘　硕	杨飘若	高　傲	吴海涛	孙琦瑞	李　睿	李奕星	刘奕辰
杨　楠	周征西	邬起云	姚媛圆	周博恩	王里庚	王子轩	毕　博	杨夏傲	戴冬睿
阮晓语	吴骏驰	龚志仁	檀晨晨	靳佳怡	郝乐乐	周婉仪	戴锦华	吴宸如	顾宇诗
李星达	王葛琛	徐小凤	王　非	吴佳琦	郭子逸	秦　岩	刘　静	陈昕冉	徐浩天
雷世龙	黄江洪	祖文杰	王佳伟	万昊东	张　帆	缪文韬	刘逸凡	张正航	黄邹洵
张博昱	赵家辉	汤子宁	施王磊	盛弘熙	刘力铭	赵　稀	张肖纬	朱林昊	章海昕
党红亮	谭雅宁	张　慧	陶倩如	徐淑雅	吴泽民	李腾蛟	胡悦芝	王志琦	吴　晴
焦奥奥	周思彬	许仁静	史皓然	王梓熠	郭小凡	徐思怡	刘清洋	韩　悦	陈雨菲
陈婉柔	柯龙婕旻	魏　嘉	董明月	范栋钰	郑　怡	仲启贤	翟耀伟	田士瑛	
张　煊	王创新	刘庆星	王子鸣	王长欣	蔡月啸	陈　伟	梁　爽	李　韵	刘振龙

杜懿轩 宋鹏霄 唐 娇 蔡妙盈 时玄卿 颜宇明 杨志鹏 李英健 孙海龙 任文婧
陈逸菲 付 越 杨昭宇 王志豪

南京理工大学

任行宏 李致远 孙运江 张咏渤 姜晓慧 朱静静 陈瞻怡 盛思龙 王金堤 刘迎广
叶美如 刘可昕 徐子放 邹时越 王禹淏 孙 琦 黄 州 王泽辰 蒋泽人 张钊荧
郭子豪 李溥滢 张家骏 但雨欣 何天乐 周沁怡 李 鑫 赵金欣 程雅淇 王子豪
赵 琪 周 顺 周静雯 郑 健 过之阳 付允哲 顾 菲 朱宇轩 夏薇宜 王子傲
傅玉洁 潘宇昂 王越超 李 尹 蒋煜恒 高 悦 李晴航 李成冉 胡可傲 王烨欢
许力丹 唐 程 曹水荣 陆宗泽 滕依筱 李广泽 高俊尧 赵凯辰 周芷萌 孙亦刘
汪乾傲 谢石林 鲁婧语 冯筱曼 陈丹蕾 谭思铭 冯 蓝 赵雨奇 张思卓 姚舒宁
秦嘉伟 周文静 戴心乐 刘诗雨 莫正阳 王辰星 孟 倩 王鹤婷 李新竹 汪秉桢
沈 聪 矫 阳 孙康廷 赵栩鹤 孔维一 李佳羽 袁雪宜 邬莉莉 曹 越 马云飞
顾 成 岳照坤 郁思杰 高雨洁 付博宇 赖立钊 杨明博 李 想 王耀仑 董悠然
朱宝龙 亓泽宇 甄博涛 袁鼎立 丁俐文 朱钰佳 金宇璇 杨彬禾 曹粤茗 胡子彤
陈崇宇 马旭阳 张怡临 廖 阳 李嘉雯 徐睿劼 林若浩 李辰豪 许怡岚 宋紫燕
张 钰 辛姝琪 任婷蓉 林晓莹 赵苏艳 孙彦捷 戚煜格 何学聪 王语嫣 高薛雯
沈 畅 魏柯杰 杨颜如 王 淇 张 鑫 陈依雯 白之韵 赵洪烨 丁之悦 魏一鸣
章亦然

南京师范大学

尹谭皓 曹李馨 王亦孜 杨 洋 廖佳荣 沈 康 向程琳 李子凡 张婉婷 田静怡
刘宇晴 高 远 陈繁强 糜昊衡 李可妤 张靖梓 邓力克 徐 什 王姝妍 刘 娴
殷 悦 葛兰凤 王 紫 范梓安 葛子琪 董林玉 刘敏婧 朱 林 牟嘉和 常静宜
封可心 刘 卓 徐 晗 胡馨芳 朱姿颐 徐 莉 张雯婷 马嫒嫒 陈文丽 张永康
徐冰心 吴启宇 尚 瑜 钱 煜 罗仁杰 张美琪 曹军晓 周晓涵 王羽萱 储 逸
陈志磊 吴 雨 王智洋 尹芙蓉 陈佳涵 姜雨欣 党馨逸 吴季纯 宋庆男 陈立人
戴玉玲 郭 昕 韩明亮 何 振 李江才 黄明姝 王一典 陈可馨 崔国琪 张晓铭
叶 蕴 蔡文玲 何修豪 冯 笑 李 智 蒋卓宸 柯艺伟 秦 莹 巫祖钰 陈 钰
黄竹鋆 蒋浩天 李 坪 李瑞杰 逯鑫淋 苏和生 杏稼龙 李秋明 马广程 何晴晴
袁萌晗 詹萌萌 金羽西 李晓萱 薛亚静 李秀梅 易素萍 张琳琳 胡翰林 刘晓红
顾 慧 张 卓 苏 琪 成 然 孔家幸 施晓珏 朱博文 蒋竹霖 杨雅丽 朱屺锐

杨 森	严艺婷	吴 狄	王施伟	虞汪星	鲍 璐	戴长婷	杨 宇	梅 婕	侯淑贞
李 梦	孙立智	张启成	钟秀丽	张晓瑞	曹雪颖	何梦元	林 琳	秦珊珊	吴 梦
诸爽爽	胡 婷	陈招兄	梁七丹	戴子扬	李玲玲	罗兰花	赵 亮	方 洁	卢淑莹
贾铠阳	周静怡	戴楚雯	倪 军	夏安琪	陆 彪	刘禹江	刘祎杰	杨 帅	王义波
王茜雯	贾红红	孙 畅	周宸宸	辛利柯	贾金萍	黄 琪	王亚兰	王珍珍	吴 宙
陈朝月	王晓晶	周安娜	鲁 雨	韩 暄	卓思琪	锁缇莹	刘记新	刘金杭	强翔宇
孙 文	周苗涵	王怡忱	曹 威	王懿雯	李梦琦	姜 帅	何华社	马陈城	王 蒙
陆文雅	孙欣桐	周 安	厉俊帅	魏雨婷	徐宏程	孙培栋	周丽莹	孙家齐	成丽珉
程 明	滕 起	吴时丰	刘 影	陆 方	季芳洲	华乐菲	李佳欣	陈梦麟	张旭彦
单晓莉	张 磊	蒲嘉浩男	戴晓玲	徐杰杰	马成功	王 鑫	肖 容	姚 瑶	栗智宽
谭书先	马琳娜	宋凯艺	孙彦婷	张沿沿	白 倩	刘彩霞	张东秋	李 华	陈华若
谢万里	朱云会	俞 珏	李一峰	刘晓倩	王蕴萍	谭 悦	施仙庆	李俊瑶	徐 干
周祺鸣	秦士杰	黄 靖	李恩康	张国飞	苗 松	毕 顺	于 峰	吴志建	赵 亮
常蕴玮	张 跃	陈 雪	王 东	季秋忆					

南京工业大学

靳晓雨	王祥祥	宰天明	姜娇娇	安 晨	王新雨	朱莹莹	杨钰涵	王新迪	符传杰
孔 帅	曾庆锋	刘科众	曲雅婷	王子露	陈 杰	王子杰	吴佳昱	李建证	王婉秋
白赵强	蒋 旭	李正茂	仇家鑫	余俊贤	魏亚迪	王远航	许荣玮	潘 全	陶李岩
董小钰	陈 晨	史佳遥	郑皓洋	周 晨	王开睿	霍如元	尚亚杰	许佳妮	杨 澜
李沼岐	朱雯雯	李 浩	段雨婷	姜玉洁	宗小艺	张 倩	徐子鉴	朱继阳	高亭超
吴梦倩	葛 婧	庞 然	李思林	郁程博	胡 月	沈 莹	曹峻盛	王志超	刘香君
贾 婧	高吉刚	华 银	叶 悦	蔡 晗	范知行	吴 越	马小龙	许震宇	赵美玲
岳 旭	周 翰	陈 航	李浩然	张 赟	刘智豪	郑依琳	王序涵	钱铭欢	周贤东
周鹏宇	徐 爽	石云飞	于安栋	曹佳凯	丁鹏飞	曹家磊	滕 月	杜 妍	陈 笑
嵇书伟	陈 茹	严文倩	杨冰倩	杨张滨	王晓康	江 幸	董 野	李 阁	王开杰
邱 慧	唐铭健	陈 曦	陈 曦	王行远	于晓晴	陶应乐	何 帆	蔡 静	陈 缘
刘漫漫	宋二悦	朱家宝	李爽爽	沈振尧	徐 敏	宋轩笛	郑 玥	陈 跃	赵蔚雯
许 翔	顾 阳	陆卢珩	马天昊	胡智威	王 航	董辈辈	于 笑	何爱霞	熊小松
刘 琳	王 俊	姜 亮	葛恬旖	丁 娜	赵丽君	王雨桐	吕庆文	赵玲玲	李子越
鲁利洁	贾易臻	杨晓煜	李 谦	褚天舒	林鑫鑫	李银超	黄曼虹	秦梦漪	覃龙州
王凯峰	邓真梅	郑 洁	吴钱御	王 敏	戚洪辉	杨 晨	谢 忠	陈志林	杨致远

包锋铃	吴 玲	张 姗	周海军	许鑫洁	吴艳霞	鲍 俊	杨 靖	高 峰	薛钦培
丁 阳	张成玉	杨 楠	王晓鹃	曹长宇	吴 蓉	赵 雯	贾文永	刘 超	韩倩倩
陆 凡	栾笑阳	周 超	苏志斌	陈 思	刘泽尧	潘锦楠	刘雨晨	李沁哲	吴金浩
樊佳炜	孙 宁	章 杰	刁 旭	金奇杰	方姣姣	于亚伟	高旭宇	陈智豪	程 龙
陈大鹏	卢 千	茆羊羊	陆家声	谷 琛	汪艳秋	王冠杰	管大秦	陶 平	朱锦娇
张 婧	陈继业	孟凡辰	张 东	陈雨凯					

南京邮电大学

周星宇	许丹宁	王喻星	郑佳琳	周晓萌	任益慷	白瑞昕	王 晨	孙茜茜	任子昂
赵雪辰	吕丁阳	洪宗涛	王 健	张佳玲	陈雨桐	贾世龙	段靖海	步嘉慧	李筱萌
周慧婕	桂 婕	刘鑫宇	翟 旭	孙 娜	赵志浩	沈 昕	方书行	陈祖杰	李 敏
闫 兴	刘 丽	陈雨昕	黄备倍	张思梦	陈 旭	王晓嘟	张琬佳	贾晶晶	吴若瑄
薛煦尧	钱宁馨	潘逸非	卢志强	董江伟	刘 艺	赵丽萍	王逸秋	卞雨轩	周沁彦
周雨倩	孙雨萌	戎贝妮	李 雪	郑 妍	宋 君	施明旻	王新国	梅 杰	王仲阳
张文京	范晓雪	刘小婷	赵 妍	梁逸秋	凌雅文	阎庆昕	吴志芳	顾雯莹	李 潇
尹 悦	赵 羽	周 天	赵志宾	赵家林	刘晓丽	吴沛达	张凯旋	陈志敏	吴文哲
季飞燕	吴铭骁	朱 盼	曾 骏	樊广辉	葛子瑞	王 娟	宋晓众	石莹莹	毕振凤
陈柏茹	邢秀琼	马好好	吕智超	汤平川	刘中沛	田星亮	朱思慧	袁博成	陈静怡
刘 云	鲁继远	张 捷	刘小曼	马 宇	刘丹蕾	秦 琦	何东强	佟 诚	韩 冬
王纪涛	黄庆龙	蒋 帅	白宇轩	顾 康	林皓伟	焦利红	方垣闻	韩高榕	张佳雯
姚开明	邵逸飞	司雪峰	李焱飞	孟显海	章子健	王 璐	刘奇东	江丰友	李一晨
李汝琦	臧必鹏	孙 毅	汤 蓓	金 欣	李 韦	王大江	孙语蔚	董端阳	刘 影
熊诚冲	王亚仙	王天昶	楼鑫雯	江 唱	张菁芮	闵陈震	梁青青	马玉东	周琪缘
王 兵	高 原	唐乐乐	周严莉	羿应伟	万 玲	李进翔	陈田田	张森宇	高 赟
张昌伟	王 禹	张万平	李涵轩	汪文明	陶斌斌	郭政鑫	江晶晶	张晶晶	吴 琦

南京信息工程大学

甘雪冰	高远昕	邵宇行	陈蕴川	石梦荧	高 颖	黄意晚	郭 湘	杨 柳	关浩然
王越峰	叶志祥	姜其敏	林 好	潘龚喜	周睿哲	胡宸铭	程梦琦	王露薇	方新竹
殷凯杰	陈苏华	王 健	朱静雯	冯潇潇	朱临千	路家琪	王金岑	薛 原	陈 啸
顾恩明	徐 通	曾 实	陈 凯	黄祺赫	方子介	虞千迪	王天宇	徐文豪	倪桑语
王宁远	刘 畅	陈怡芳	韩天晟	王 恬	陈灿杰	魏远航	杜贤睿	王钰森	张 月

陈强	陆旭	汤天宇	周姝彤	史逸兴	姚佳颖	朱妍烨	杨森森	刘弈扬	胡东熠
王欣雨	张茹	强晨雪	李薇	胡顺	宫海星	刁晨昊	郭志宇	李思媛	李安琪
李家艺	张盛	张一帆	牛媛影	周思节	闫嘉琪	高俊	曹不凡	杨颖	宋子祎
吴芳营	陈平	吴悠	胡炎阳	张春燕	庞宇婷	黄未杰	刘敏芝	王鼎	赵剑琦
刘淑鸿	刘安康	张曼婷	梁传壮	吕嫣冉	文一朵	刘宏苏	刘莹莹	陈黄蓉	吕楚菲
朱嘉威	任晓毓	苏凡	吴限赟	钱俊豪	闫朝阳	陈晋	陈伟	马可	巫江涛
王乐萱	刘威	夏金锋	张鑫	孙佳钰	张露瑶	顾加成	郭彭浩	包志伟	吴丽丽
王瑾	侯天浩	戴腾飞	刘康	孔维纹	苗田田	许垠松	吴韵清	安雁宁	高羽飞
张启航	南通	郑露露	袁丽	高敏	郭卫卫	杨君良	仲钊强	岑珊	傅浩
魏竹涵	吴懿凡	秦洪扬	郑文杰	王宇浩	姜枫	刘超	齐道日娜	徐超	
沈利娟	沈吉	严殊祺	范胜任	李文婧	郑超予	徐晓霞	周峰	王晨	

南京工程学院

杨秋锋	何光洪	赵梦妮	高伟	董立康	张晓凡	郑星雨	沈磊	李康	施敏
宋晨雪	汪奕彤	陆牧君	王玥	朱翔	王涵立	吴咏祺	杜锐	沈业辉	戴静怡
何子恒	金绪鹏	吕泉润	丁乐	刘家乐	吴晨露	苟鹏飞	姚舒越	居可欣	黄鑫
姜志炜	简烨	陈洁	李丽	卞雨辰	吴燕萍	纪宇	马思宇	薄华商	朱冠瑜
苏琪	范行知	尹伊琳	王星宇	王浩祥	任飞	卢乙	朱金	许祥威	邵琪
朱爱华									

南京林业大学

吴玫仪	王安清	吴志霞	胡莹莹	朱志立	王鑫	夏宇航	朱琪	张梦叶	戚天赐
王韵	唐傲然	陈玉娇	许景琳	张敏	叶楚琪	卞秋睿	薛若禹	戴昊霖	陆雪缘
邸少宁	庹菁	周驰	陈安娜	周子妍	叶晓宇	彭佳妮	张砚宸	范瑞懿	李珵
史亚东	顾燕宾	李志伟	王冬举	陆天一	刘美琪	卢星昊	吴语婧	朱佳依	陆滢之
赵一霏	庄茗	张夏	刘逸徐	胡辰菀	唐熠	吕蕊汐	胡云超	程龙	吴成炜
黄晨玥	王子豪	李鸣燕	江逸华	文问	巴文婷	陈启运	鲍颢之	夏红萱	黄为正
叶静雅	杨偲越	李瑾瑜	赵文卉	黄璐瑶	俞子洲	董帅	薄维昊	周青青	张静怡
王嘉怡	毛宇恒	袁梦孜	张知祺	李让	徐楠	徐仲	吴斐	李敏	江皓
居悦	孙建炜	彭凌云	杨俊杰	林文倩	卜重阳	崔佳欣	郭健铭	谷娜	卢心予
朱圣臻	倪陈	王林康	陈甲伟	石佳浩	葛诚	陈敏峰	岑珂慧	龚轩昂	梁睿
黄爱香	付海燕	袁杨	吴霜	丛静	潘文琦	陶梦妮	郭语	陈思	陶正凯

曹 伟	张 欢	全千红	田梦秋	曹 磊	岳 佩	董芊里	周珍琦	徐子涵	杨海林
沈培宇	苏申阳	周 文	周秋璐	严 妍	王 玟	申 辉	李丰旭	王 琳	常意娟
董慧玲	马清如	范平平	吴晶晶	邹敏敏	褚友露	王羽尘	王安晨	于 阳	丁 洋
刘 慧	戚蓝月	唐天豪	宋宇宸	华景秋	任 艳	孔维亮	李盈昌	叶友菊	闫 明
徐 杰	孟祥太	华 夏	孙 翔	赵国敏	周维君	吴 琳	鞠泽辉	胡智慧	丁文杰
毛菁菁	唐 卫	孙 源	魏 辉	张凯璐					

南京医科大学

王沁昕	杨媛杰	何思颐	何虹霄	陈一萌	张晓娇	陈帅州	姜芳芳	陈 瑶	吴青蘅
叶小楠	王斯宇	马海峰	王庆雷	冯紫怡	陈婧璇	蒋 楠	滕媛媛	孟祥宇	赵冠杰
张煜涵	李天玺	倪乙洪	徐芊昊	王舒宇	羊俊亦	曾梓昱	尹思梦	耿 頔	李 响
刘开森	翁晨园	陈攀攀	王锦程	吴智鹏	周 燕	钟海权	郑 芬	林彤彤	戴飞月
靖鑫铭	李萧萧	甘彩婷	方 圆	聂思佩	吕建成	孔思雅	金 铭	徐其兰	冯一鸣
尹启明	王利利	薛 晨	徐陈欣	温少迪	黄 可	戴诗琪	沈佳娣	颜 越	吉 幻
吴 祥	朱俊豪	袁 康	周 静	孙梦悦	聂 贺	杨雪晶	程 凯	许涵洁	刘亚峰
刘懿娴	程 烨	张爱凯	方 祥	傅严航	顾婧瑶	朱汉龙	钟 源	孙艳君	朱雨蕾
朱涵菲	刘志鹏	范云鹏	虞英媛	季承建	隽雅丽	周含煜	王家兴	陈佳禾	王瑗瑗
丛 戎	朱 萍	周子健	崔岩康	肖 健	张懋晨	赵 思	李桠如	王可欣	孟令东
徐康菁	顾长江	王茜茜	吴 晶	刘佳烨	毛 磊	高 远	张君宜	梅 杰	陈红丽
郭 蔚	梁金花	邱怀德	程 霞	陈 申	陈正新	马 嗒	李亚飞	周 正	刘 蔚
范 赟	谢梦燕	张袁光炎	陈洪涛	李楚翎	陈臻瑶	周云帆	田 婷	王晓伟	
岳冰清	蒋东冬	苗陈尚	李子龙	陈保羽	李来花	陶仲浩	张明智	杨 闯	佟 影
王儒法	陈良键	陆 霞	李从杨	王思炜	娄 姝				

南京中医药大学

张 寒	陈芊宇	时艺榕	李昀昊	许思妍	吴蓓蓓	许 愿	杨逸轩	陈 双	焦乐静
叶玲钗	戴明珠	朱媛媛	韩浩天	苏飞宇	王嘉儿	谷宇琛	徐元歆	吴晓薇	谢尧臣
孟 娟	王蓓佳	刘文静	谢 芳	裴依斐	金泓丞	余 成	傅中添	丁梦清	高佳奕
曹慧娴	顾敏之	刘力嘉	陈俊燃	张海楼	郑亚威	黄雯洁	吴承杰	廖太阳	沈丹丽
单祎文	杨思琪	杨皓然	王梦玺	周国威	王欣如	魏小曼	潘晓葶	辛 陈	姚文强
郑诗雨	许 骞	张智慧	王福林	韦小燕	李维佳	程 瑶	仲 悦	蒋桂枝	李余佳
赵 磊	金 春	李章昊	杨 颖	罗子宸	周雅倩	杨玉洁	梅余琪	魏丽芳	陈 露

苏敏艳 陈风琴 薛梦婷 周春根 张 琪 石佳勇 林 祺 王 楠 刘婷婷 周 鹏
钱宇章 刘晓桐 王雨轩 严 玲 钱 玺 李 煜 朱 丽 卞慧洁 丁园园 卢桂林
孙子荔 戴宇祥 仇雅岚 许苗苗 黄朝英 胡刘宇 张梦晨 夏晨洁 王开源 朱力立
张栎婧 任 帅 司誉豪 王礼宁 王志超 裴颖皓 周 胚 张 力 白 桦 吕建璐
徐秋月 卞勉励 孟庆海 张志强 徐 柳 张 毅 徐 泳 陆 跃 卢冬雪 梁 波
相萍萍

南京财经大学

宋蒙蒙 尹丽萍 刘佳欣 李 洋 张灵灵 雍雨凡 吴雨琪 武紫璇 邵淑玲 魏 澜
曹心如 林羽凡 任雨洁 沈熠鑫 周 珊 沈 妍 林铄腈 桂玙琛 孙 宁 陈庥帆
周思妤 赵颂威 赵雅致 刘 悦 刘雨鑫 黄 蕾 满田雪 王赛旎 李懂文 王庆玲
徐冬婷 戚宇柯 杨瑞琪 郭 欣 钱非非 刘依凡 艾玮炜 张元凤 宋安悦 沈胤鸿
陈 佳 杨 露 徐彩霞 郭丽佳 刘业深 厉庆云 陈寒醒 张艺晨 罗 兵 赵 萌
潘蒙蒙 左常洲 王鹤潼 唐 慧 丁 达 伏世静 田 欣 杨 倩 张志卓 陈莹莹
申超红 陶元婧 项贝贝 彭 丹 周琦宇 韩 冬

南京审计大学

王 颖 宋双琳 丁 锐 钱志祥 朱思琪 胡佳敏 孙邦媛 贺子涵 俞文捷 王雨晨
罗美红 林舒淇 邵晨露 钱雨萌 顾翔宇 陆纪一 姚西芫 蒋宇佳 仇 晶 李超一
王雨宁 张 杨 金姝彤 史思雨 徐抒思 陈泳欣 王星懿 白若琪 许玲玲 李雪颖
杨博涵 沈 敏 张紫璇 李佳林 程琦炜 应天慧 张 鹏 王如雪 沈佳倩 陈 坤
张雯涵 刘瀚樯 薛 婷 盛丽博 王鑫之 陈少颖 周 洁 张陈雨 镇 昊

江苏警官学院

韩 旭 陶盈盈 侍子淼 石子乐 王玉良 周 扬 张尧尧 潘周昊 吕金浩 陈 晨

南京体育学院

吴 桐 沈 璇 孟婉莹 毛奕成 李 燕 袁 梦 刘子恒 王 佳 仇 犇 张轶成
刘亚竹 刘 露 徐 琳 张清悦 王宇笛 魏 敏 潘 登 刘浩升

南京艺术学院

张六逸　叶子衿　陈玉婷　陆杨添　唐世坪　鲍晓雨　王格萱　王子粤　王　菲　刘紫娴
岳春晓　罗瑶珉　张　艺　刘雨铭　李昱銎　严　莹　何　浪　毛玉扬　陶乐行　杨　赫
王　栋　夏　慧　李俊杰　李丽佳　戴燕怡　刁卓越　冯文婷　何　悦　杨雨星　王琬卓
钱彦云　张源康　张德威　于　帆　赵　舒　周　璇　金　淼　沈佳楠　高　见　申小龙
卢　珊　樊雪崧　李梦媛　丁治宇

南京特殊教育师范学院

王　晴　邢梦琪　周文晴　杨咏琪　梁如雪　陈雪儿　孟庆庆　尹飞龙　高　越　王聪玮
孙宏宇　施一鎏　冯　江

金陵科技学院

施雨涵　江　恬　蔡明亮　邵颖琛　万冰彬　刘升姗　仲敏瑜　刘思琪　顾泽文　成　晴
王　玮　石周翌　张好杰　戴　懋　陈曹镇　李東昊　宋杭天　辛培远　张　旺　董　飞
丁　聪　王　艳　朱玉灵　胥传坤　刘致远　王佳玉　陈烁文　刘佳欣　马瑞龙　庄晓宝
孙逸伦　余　静　李　晴　周健杰　戴亦然

南京晓庄学院

王思琪　朱　明　周梦娇　饶雨桐　赵恒毅　戴韵吉　刘智萌　韩朋朋　潘静怡　吴杉杉
卜蕊蕊　许　彤　华顺洁　高瑜越　朱　洋　潘　润　乐　振　刘亦心　颜习玲　曹苏玉
徐凌云　徐秋雨　臧　露　石雨晨　石　豪　黄媛媛　张韩悦悦　许炜婷　蔡　雅
周　璇　刘　佳

三江学院

密晓艳　陈逸龙　戴步旺　张宇亭

南京大学金陵学院

姚东舜　杜雨轩　袁子雯

东南大学成贤学院

廖仁芳　王　聃

南京理工大学紫金学院

刘寅飞　严昕然

南京航空航天大学金城学院

孙怡佳　芮雨田　刘子俊

南京工业大学浦江学院

陆　洋　杨雁玲

南京师范大学中北学院

王振威　刘　颖

南京医科大学康达学院

刘雨馨

南京邮电大学通达学院

单　宇　孙宇飞

南京财经大学红山学院

陈雨萌　吴星星

南京中医药大学翰林学院

宋文沁

无锡学院

李欣雨　胡竞文

南京审计大学金审学院

傅一佳　蒋　硕

中国传媒大学南广学院

褚晓迪　郑锦厚　张轩硕

江苏第二师范学院

陈　楠	毛晨晨	田静逸	杨雨欣	米家欣	谢雨真	秦晶晶	赵浩宇	彭宇驰	韩静怡
李卓云	王思凡	余　佳	顾　晟	羊佳瑶	杨辰光				

江苏大学

宋宏磊	曹　赟	尹小丹	苏安邦	贾鑫龙	陈梦妍	宋晓妮	吴凯进	石舒可	朱顾宇
周星妤	丁雨晴	李怀龙	董星雨	李伊莎	潘逸轩	卢宏平	陈　倩	韩茂修	蔡思琴
杜　甜	朱　尧	王伟吉	王诗婕	陈彩霞	楼志宏	周　童	朱新宇	张闻祺	吴　越
高　恺	杨　阳	陈　笑	刘梦阳	刘思纯	杨慧敏	荣嘉祺	牛世婧	台颖娣	李培君
曹　程	董宇航	何章成	郑曰文	祁义恒	吴　楚	周　立	陈　鑫	张雨清	周若雨
吕金月	冯李瑶	张晗玥	陈韵秋	王立玮	蒋文昊	郑瑞淇	逄明昌	冯　蕾	刘倩怡
周飞晗	陆定坤	张珂宇	陈尚仪	周　瑜	胡炜钊	蒲彦儒	李亚博	王梓旭	任　辉
徐　帆	余文春	冯啸尘	徐星雨	杨　帆	郭一晗	邹洪宇	孙禹州	张金殿	刘阳光
吴予澄	刘怀乐	刘庆军	金啸鹏	陈　浩	黄　蕾	张　旭	韦宏博	陆家鑫	李　宇
彭海涛	张　运	陈　倩	魏亚州	颜　龙	王为凯	袁秋奇	茆　浪	赵　楠	杨　军
李幸军	倪　靖	王远光	胡栓虎	王其锶	张翠娟	周子翼	喻桢璐	杨光宇	关　凡
李佳伦	刘孟豪	史玉露	杨　蕊	刘　通	陈　璇	钱　勇	顾理成	薛　瑞	俞俊杰
曹　硕	丁　一	吴文杰	李家珩	盛　任	刘　超	杨永存	刘二蒙	陈文庆	王明明
荆　卉	韦　梅	王　舒	吴　敏	毛丹妮	孙伟峰	王宇轩	殷志昆	方　升	陈海波
吴越枰	边　敏	杨慧贤	袁友文	徐　靖	岳鑫鑫	宋　锦	吴　成	王璐璐	杨　成
邱智伟	顾　斌	程来相	尹世康	洪士欢	潘蓉蓉	谈少鸿	吴思远	黄　曼	秦　琳
王　玥	王儒奇	汪　静	王　冬	钱璐欢	王　婕	吴琳华	吴　瑶	蒋欢星	赵芮辰
顾章红	李　月	毛芳怡	曲洪川	缪英洁	张雨晗	袁海涛	唐银炳	丁小鸽	林　莉
杨　阳	李　雪	陈妍珂	郭美娜	张佳音	吴琪炜	黄佳彬	李亚兰	王　敏	张　玥
刘朋飞	黄　威	任思如	姚吉成	郭瑾楠	王金辉	张乾坤	宋海勤	程秀珠	马禄玥
张贵香	吴旻凯	邬江陵	张　健	卢海飞	杨　兵	罗莉君	马国鑫	罗　丁	陈　彪
张　伟	宋　鹏	刘锡清	侯海港	陶　涛	周　鑫	文超婷	徐雪超	冯亚斌	宜坚坚
蒋　京	陈　悦	陆　伟	汪　涛	景立权	李星苇	李　娟	欧阳晨慧	张婷娟	

陆　健　纪　成　季磊磊　安　策　汤胜楠　陈　特

江苏科技大学

陈　宇　杨宇航　高浩然　骆汉轩　孙　梦　黄国栋　史鑫磊　黄曹辉　吴津瑶　安瑄瑄
马肖岩　牛文慧　蒋华明　陈　涓　郁登宇　王程程　骆海华　徐　璐　江　珂　康　宇
张友好　王　杰　张人杰　朱信龙　施　杰　唐良秀　何　静　张晴晴　丁　昊　张　洁
吴　丽　曹学珅　王秀飞　姚　鹏　段玉响　唐练洋　姜雨默　钟　林　王　正　王　林
王明明　孙存思　杨红洲　王浩陈　江　峰　李维燕　高　婧　陈学志　何康宁　杨　柳
陈　葳　陈家乐　薛艳春　李俊毅　刘　琴　王　欣　张艳琼　周佳惠　李　鑫　李如俊
赵　波　祁正阳　景道月　王　成　冯晓钰　姜泽华　王楠楠　卢冬冬　陶雨吟　袁鑫悦
董　颖　章佳辉　尹嘉雯　杨　磊　孙　泽　郭月姣　骆泽威　张笑綦　王　娇　徐义超
彭　琛　黄杨成　丁　夏　陈来媛　张云露　薛强胜　胡　俊　黄　婷　邵作敏　杨玉雪

江苏大学京江学院

王化佳　曹一波

江苏科技大学苏州理工学院

费宗岳

常州大学

顾志远　闻　薇　颜　猛　韩　梦　俞滨烨　王忠聿　季　媛　陆钰佳　张怡丹　宋　悦
陈苏粤　胡凯旋　刘欣蔚　万　婕　蒋佳一　陆颖男　韩　拓　陈　珂　许艳蕾　许心恬
明　月　常荷媛　吕宇杰　胡文政　康婧淇　方久飞　徐　笑　杨　爱　高可欣　赵　景
李静娴　周　聪　黄　晨　张彤彤　吴珊珊　王　慧　陈丽娟　许光洋　朱仕超　宋梦杰
潘　菲　仲文雅　何杨静秋　邬芳艳　胡　波　周嘉利　师诚承　童永祺　余志康
王　翔　戴远哲　王鑫雅　张　高　王奕雅　陶正旺　毛长军　蒋彩荣　何瑞钰　杨建超
刘　芳　李　敏　张　凯　宗玉清　肖费雨　许　筠　孙梦颖　郑　玮　张金永　叶　亿
侍伯山　杨天金　巢　新　陈小雨　江昕意　包希慧　季盼盼　孔　婧　常林林　王　茜
顾磊磊　李智伟

江苏理工学院

房鸿旭　刘文强　陈子玉　黄心怡　程翔宇　邵烨楠　刘佳莹　顾心妮　张　倩　张晓威
王立生　颜　开　张籽恬　毛　婷　李　婧　李泽亿　张　旭　张　洁　刘婧婧　仇明胜
吴　烨　李　艳　邹宇洲　杨浩悦　徐紫玥　周蕴苇　马素婷　陈淑敏　汪海荣　浦鑫鑫
陈彦彤　苏　蕾　黄琳娜　薛　冰　马梦琪　顾杰宁　朱敏浩　谢超祥　倪　伟

常州工学院

张　龙　王　昊　王璐瑶　杨　秀　王玉凤　王翔宇　辛晓梦　张　琦　顾佳明　孙蕊钰
苏斌浩　徐圣悦　王芝婷　夏玉洁　张慧婷　李　蕾　卞如玉　唐舒静　岳晓玲　郑伊敏
桑育媛　石朗杰　顾　瀛　叶雪宁　何夏利

常州大学怀德学院

浦莲青　杨华鑫

无锡太湖学院

黄星星　沈　阳　方　舒

苏州大学

吴秋阳　郭婧祎　刘　洁　曹　薇　陈依柠　柳嘉憨　吴　霜　沈晨跃　黄凤仪　王圣云
陈　恬　周婷月　郭旭峰　易彦知　李莎莎　袁　婷　徐一帆　刘芝钰　赵一丹　王婧雯
杨筱丽　黄　莹　赵思琪　吴筱瑶　沈黎珂　何艳艳　熊齐扬　刘　会　顾政昇　柏　静
孙庆颖　谭洽菲　马越纪　陈泓媛　张　越　黄千益　杨庭妍　张胜寒　钱伊琳　王亦陈
严逸舟　田新宇　章　岳　陈可迪　徐卫伟　庄　悦　赵文翔　李开映　刘文齐　敬诗呈
王凯威　李　怡　白雪菲　薛萧昱　吴昕蒙　孟靖达　李一凡　丁雅雯　吴志豪　徐　颖
刘婕妤　张　瑾　张　娟　孟云鹤　谢陈瑶　王翔宇　张　恬　沈志佳　胡彦宁　杨　春
姚怡辰　赵悦宁　府　凯　何欣怡　于雅淇　杨思璇　方可可　刘雨欣　张敏娜　刘文萱
罗丹岑　唐　宇　马怡宁　张元元　吴佳辰　陆佳田　宇　李思洁　孙　霞　徐　颠
袁　也　付秋玲　王艳梅　田　毓　张　旺　赵　上　纪诗雨　周　祺　刘　辰　汪子璇
李　荣　马玉杰　卜鹏程　张咪咪　晏　闪　徐亚宁　张洁钰　成贤婷　夏　爽　许冰超
黄　睿　颜　蓉　侯雅婷　马旻敏　熊　璇　刘逗逗　孙旭安　徐树奇　徐逸骢　邢焱鹏
梁晓莹　赵方铃　卢　菊　李俊泽　黄一豪　李　村　周彦旭　华婷婷　聂春阳　李晓晟

谭子妍	左晓扬	印 苏	谭成慧	马铁亮	王胜伟	梁宝莹	朱松岩	李奕霖	翟嘉艺
陈 琦	郭子明	梁心慧	任园园	潘善瑶	周 晟	姜静远	周 悦	龚惠莉	蔺 鹏
徐家明	薛苏岳	吴科科	朱雨姝	戚良玮	任 杰	闵亮亮	黄钊锋	丁悦然	陈 林
胡 骏	马鸿晨	梅 颢	施佳成	江均均	孙雅雯	张文珺	吴思捷	陈潇斌	廉鹏程
耿燕娴	宋童欣	周 倩	李雪晴	晋美和	赵子青	王萌萌	陈春艳	刘 硕	张朝军
朱一鸣	叶 文	郁 闫	陈 会	查金平	文 超	余 悦	李虹成	周炫坊	黄思益
翟宁宁	魏国庆	孔宁宁	罗安靖	张 宇	陈昕宇	许赛君	李显圳	季佰军	王福成
葛洋洋	陈 潇	张宁宁	张永亮	吴 倩	罗高辉	陈国娟	陈乐凯	陈言言	陈 龙
车浩池	方一凡	李 奇	付晓凡	杨 明	李光强	施嘉伦	方翠翠	汪 屹	王丽君
吴 优	王 倩	张慧梅	彭子操	徐晶晶	花泽晖	李仕俊	袁桂强	杨雁博	吴 永
孙拾进	李梦雪	陆政廷	方羿龙	董 璇	张 宇	王 慧	陈俊畅	梁城瑜	程丽葳
吴晨晨	章 宏	卫昕童	冯贵娟	涂佳林	王维维	邱飘飘	王一菲	陈 磊	徐庆峰
张伊洁	董 贝	朱灵江	张谨瑜	牟玉洁	李翰文	梅晓飞	王 庆	魏毅君	吕 欣
薛 韬	王 伟	张梦玲	苏虹宇	钱慧雯	盛祖凤	纪逸群	田小洁	赵 梦	李 欢
葛高然	韩 未	张懿恋	张淑晨	李俊彦	翁程骅	马 超	吴 涛	王文佳	高光宇
吴思伊	孙喻晓	王娜娜	高振鹏	陈 霞	韩 炜	黄小丽	晁 策	端家豪	李 璐
明子奇	张 晶	孙崇明	梅阳春	李 佳	黄文瀚	赵 源	杨雅茜	蔡朋龙	于 佳
徐 辉	雷东霖	孟林兴	王 孟	安怡澹	易雨阳	马 勇	张顾平	曹文斌	王 娟
冯勇刚	包淑锦	程笑笑	凌旭峰	王咸文	巩 飞	吴林忠	张 妍	吴婷婷	高承永
郗焕杰	戴 俊	章礼炜	张云山	杨娟娟	徐术娟	杨 森	王 进	李占辉	吴芳霞
刘雪莲	苗 迎	王 银	吴 亮	辛天闻	王若沁	刘延平	张 辉	孙莉莉	

苏州科技大学

顾瑜雯	刘聿星	王澜静	薛东鑫	董子硕	杨汉清	李思佳	李子阳	沈 一	刘德政
陈钰溁	冯誉莹	李煜震	唐 榛	魏清高	田 甜	张 涵	黄贤明	宋雨桐	陈小宝
张 文	沈芊好	倪 月	陈 吉	吴昱洁	钟 意	梅彦杰	刁丹梅	滕其良	张 怡
丁娟娟	马 海	马 敏	邓衍博	代梦玲	包 春	仲雨晴	许顺杰	许智琪	孙玉京
严 俊	杜 健	李绍南	杨依芸	杨 爽	吴方意	沈美彤	沈婷悦	沈麟枫	宋正伟
宋家俊	张林彬	张星星	陈少鹏	陈 成	周 正	荀宝银	胡月华	查振龙	夏 敏
钱 斌	徐天鸿	徐楚天	殷文彧	凌华靖	常雪梅	蔡晶晶			

常熟理工学院

李　佳	林亚兰	柳宋慧	夏强强	刘思维	沈欣冉	周雨薇	田丽悦	金　禧	史　凡
詹婧栩	胡绮文	王可儿	冯禹博	钟　倩	徐敏芸	杨致尧	魏涵玥	盖鹏龙	李海璎
叶建民	章天舒	陈玉敏	吴思怡	隋江锋	牛浩霖	施佳妤	成　然	陈　曦	桑智灵
计兆麒	李馨雅	梁艺瑶	杨大伟	陈　缘

西交利物浦大学

朱文怡　郑梦瑶　张雨心

苏州大学文正学院

项舒琪　席学志

苏州大学应用技术学院

虞伍峰　郑天忆

苏州科技大学天平学院

李　冉　黄怀晶

南通大学

谢欣彤	杨钧舒	董　柯	杨子童	陈添灵	俞晶晶	武　杰	王　洁	邱　曼	许　金
沈一丹	陆温婷	苏文雪	黄金欣	王　忆	郝艳丽	董蓓蓓	陈楚琪	王　程	汤　点
吴若欣	杨援军	赵莹莹	任庭鸿	徐红娟	戴苏皖	邵心依	朱心慧	冯志聪	曹　毅
刘鹏飞	陈悦寒	管明浩	王润宇	吴　涛	曹埔铭	葛　骅	胡　涛	王晓凡	林　浩
王清永	徐逸凡	杨　晨	吴超男	张宇妍	言淳恺	张泽众	朱颂海	刘凯文	赵怡欣
李春梅	邓思慧	蔡小斌	吴　凡	吴英成	吴芸妤	顾朝宇	钟人昊	陈泽雨	史沐奇
冒　纪	刘一廷	杨成凤仪	谭英伦	张　玉	姚佳玲	朱小琪	高小倩	高　远
陈方馨	张悠悠	柯苏慧	袁大伟	蔡梦芸	李袁洋溢	杨　苗	戴铄蕴	蒋函静
范家欣	杨苗苗	王瑶瑶	杜若琳	张馨月	端木嘉欣	解雨琪	刘鑫慧	陈瑶瑶
曹星晨	胡丹青	朱　彤	吴健文	路玉婷	欧昱宏	吴春颖	居　妍	仇江燕	陆　超
郭颖颖	单婷玉	张加俏	陈金海	李鑫睿	宋帅迪	王雪颖	唐世昌	孙　颖	任晓琳
曹礼勇	肖　瑶	王　纯	宋依平	孔　姗	季　洁	李　祎	虞子良	朱鹏元	陈佳男

吴晋楠	李 晗	赵 宇	赵玉洁	蒋依憬	胡 月	陈 凯	李宇晴	孙 杰	左冰清
江 明	罗春海	王 磊	蔡赟赟	刘振华	刘颖琪	徐郑成	王玉姣	王 娟	吴聪颖
杨 霄	徐 金	姚 珂	何兵强	胡佳楠	王 磊	王斐然	吴小龙	张锐锐	严莹莹

南通理工学院

张 冰　钱娟娟　石 腾

南通大学杏林学院

宋威满　王海燕　柯姝安

扬州大学

孔韦鑫	窦凌妍	陶逯秋	黄作银	朱子悦	袁沐苒	卢蝶兮	崔心怡	王雨萱	柳春莹
陆佳兴	刘家琪	徐 莹	黎思越	刘 敏	王昶力	吴 捷	夏旻凯	张 玥	钱欣雨
王 露	闫芃霖	王文清	蒋一鸣	宋彦琳	温佳康	袁天怡	尤 倩	平嘉蓉	杨昕业
刘 源	牛恺锐	魏子涵	蒋金杏	许一诺	张宇翔	姜晓惠	陆月馨	王泽宇	王清霞
宫溢乐	赵凡宇	张 洁	刘嘉玲	巢佳悦	徐双依	蔡雨婷	吕金鑫	周雁南	陆晟慧
刘 杏	张 望	唐家辉	刘 玉	毛欣宇	黄 治	刘莹莹	徐凤凤	马逸姣	徐思蝶
徐嘉曼	陈晓坤	郭翔宇	姜 惠	王 黎	汤祎纯	侯卓然	严雯静	朱晨旭	沈沁文
吴慧敏	郭炤含	刘娟娟	段雨晴	叶琳菲	姜钰灵	刘荣泽	吴金鑫	邸明珠	彭 权
徐小奇	彭益松	杨文英	朱田园	朱春辉	吴玉佳	蔡非凡	何敏敏	王 思	张 丽
吴佳华	孙 颖	沈浩东	陈笑羽	陆晓晖	尤 游	沈青青	黄苏丹	叶敏芝	蒋洁梅
吴昊桢	王 莉	王 珂	鲍 洁	冯雪勤	李赟赟	杨 帆	梁 晨	朱家桢	王星驰
丁 鹏	王成忠	郑 倩	刘春林	包玉菲	周会杰	崔冉冉	胡 俊	李如意	吴孝余
刘 慧	顾晓丛	武佳欣	赵 希	鲍玉新	谢 瑶	韩 悦	孙晓露	李亚南	周岩岩
时智慧	李晓慧	郭 浩	朱 昊	吴子今	徐金勇	环瑀淳	刘可为	顾宸嘉	周 叶
马春燕	郑晓晓	何 杰	姚 洁	刘 森	张 晨	沈 楸	胡文竹	林 慧	韩笑天
周 敏	陈文瑄	屠欣悦	唐 赟	戚华晨	史新星	刘震宇	毛雪芸	张中伟	梁 鹏
杨天乐	范添乐	张 尹	陈 旺	杨雪梅	方紫雯	朱鹏翔	刘雪丽	杨天宇	胡俊涛
周静鹏	于海亮	梁静茹	桑亚通	姜姿妍	张振斌	贾瑜倩	彭 凯	武琥琮	李 岩
白亚南	李树滨	杨 阳	贾梦蝶	冯有为	程 璐	黄文敏	王志豪	王 媞	姜壮壮
朱雨婷	曾慧敏	李 聪	张爽爽	许亦男	用慧敏	毕凤宇	秦 燕	刘 晶	靳薇弘

顾文杰　李　成　孙　津　邵克金　王　丹　许　强　周申倡　刘　莉　周宇霆　赵　娟
许倩婷　汪　玲　刘英伟　郭笑天　徐志龙　郑莎莎　刘　宗　吴化雨　仇亚昕　张煜桁
陈　诚　王　珏　陈　静　王文婷　武　威　高晓建　靳　锴　戴超辉　吕晓阳　蔡国栋
王　波　郭亚鑫　刘开拓

扬州大学广陵学院

李志杰　高　函

泰州学院

朱玉娇　刘琪琪　胡瑞玉　汪莹莹　梁秋雨　娄　宇　姚　鑫　吴　晨　刘　磊　于　姣
王玉如　陈浩铨　俞家耀　陈亭宇　朱荣蓉

南京师范大学泰州学院

计欣莼　李明啸

南京理工大学泰州科技学院

吴高峰　韩春波

盐城师范学院

毛小丫　张淑娴　黄　影　陈天乐　郭壁绮　陈家伟　唐宇航　张　磊　蔡　迪　王　浩
张庆然　赵胤鹏　戴莞颖　林青霞　黄　馨　胡心怡　崔曼君　顾明婕　姬广超　吴　涛
倪亚军　肖文娟　丁　巍　罗加威　王　静　唐云豪　于佳桐　冯瑞琪　王乐天　印华秀
宋春艳　杜佳倩　王诗尧　胡婷婷　朱禾雨　毕瑜杰

盐城工学院

薛　莱　顾海成　李波漫　徐　扬　陈　宇　唐熙智　王　伟　孙　龙　王　勇　刘　袁
王志江　葛冯珏　何心怡　刘　玉　赵燕萍　阙思琦　吕相雨　张诗怡　吕雯欣　宣景然
何乃昌　周雨婕　何　森　梁　耀　张思婕　孙圣杰　徐俊豪　高　婷　蒋祖耀　杨　影
徐韵淞　张　建　符　庆　茅好婷　汪梦丽　雍雨婷　朱　杨　狄思彤　吴玉森　王　艳
施　雯　徐亚萌　金梦兰　张杰群　徐　璐

淮阴师范学院

耿韵惠	卞辰冉	汪　婷	褚心怡	刘　畅	陈梦昕	左圣杰	徐金梦	殷　明	吴　静
张宇志	周　璇	黄纤纤	王书豪	陆安永	董芮宁	陈可莹	李　倩	毛仪婷	薛冰雨
陆樱丹	徐旭秋	刘雯悦	蒋俊慧	颜嘉琪	刘桂初	叶冰晶	白　雪	邹惺辰	柏之千
龙昕媛	张　冉	戴希文	潘　永	冯　浩					

淮阴工学院

骆小雨	单浩峰	李永昌	裴学峰	陈志坚	张世健	曹　猛	杜　壮	田冠群	张璐艺
李紫妍	安少珂	戈铖琪	陈乐敏	邹林颖	李东生	沙子琳	米　鑫	朱焕婷	王景文
姜开欣	许淑迪	任欣荣	王晓莉	史文云	于　斐	梁晓岑	叶志泉	董　雪	冯梦瑶
徐　奎	范馨月	陆梦铤	段　坤	王　鑫	刘永涛	金子亿	乐倩云	邱笑阳	叶棋伟
杨　月	蔡创新	成洁怡							

江苏海洋大学

张　翔	王　宇	刘　岩	李加虎	王加伟	何豆豆	田俊龙	张新第	王三元	王思静
刘欣磊	汤雨婷	董　杰	高琳清	王思佳	蔡朵朵	卢盛泰	史承静	赵菲艳	王　迅
张舒舒	徐李铭	陈美淇	孙　颖	吴雨含	高　硕	仲金璐	王仔慧	王诗璇	胡廷辰
张　敏	仲美静	赵雪雪	周俊栏	杭加豪	吴新财	徐　晔	孙一鑫	曹泽强	朱　鹏
张正阳	孙　权	汪秋玲	葛云路	汤　帅	刘　艳	王　乐	潘守昊	徐　帅	王鑫彤
邵仲柏	刘丽娟	顾　敏	赵晓琳						

宿迁学院

杨春梅	蔡黎明	田　蔚

江苏师范大学

吴沐旋	肖　筱	方雨宁	陆海铭	邵　淦	袁　月	钟一然	陈慧敏	吴雅妮	江松泽
陆玉旻	顾熠敏	孙英楠	张　露	黄韵孜	孙景露	魏　斌	王　蕊	方　旗	黄　云
范雨欣	陈雨杰	陈　轩	孙诗旭	何家琪	杨棹歌	侯佳敏	唐　洁	孙洲龙	丁　楠
朱笑语	何雪怡	王　妍	左宁冲	吴　垠	张加加	张梦茹	刘团团	王　露	石翔宇
黄春瑜	郭　洁	鲁旻荟	范益瀚	黄　今	张润钰	张志城	冯　军	邹文萱	张一凡
廖倬语	陈　佳	蒋竺宴	王　玮	王涵宇	黄庆香	雷　悦	徐浩然	陆瑜莉	董秀秀

2019—2020学年度江苏省国家奖学金获奖学生名单

郑 净	申丽媛	曹梦雨	闫晓彤	刘 玥	朱平平	靳 莹	周 青	褚丹娜	孙 易
陶思远	孙 婷	杨 洁	张秀秀	许 堃	王蓝晨	吴 亚	顾秀文	章 茜	樊璇玥
过灵瑜	赵小丽	魏予昕	王 辉	王晓晓	周佳琳	鞠璐蔓	黄晓敏	朱家豪	牛玉婷
周丽丽	王胜家	林舒怡	屈紫阳	杨顺顺	谷 池	房青云	盛凤涛	张亚东	徐 婷
李腾杰	王 琪	王 笑	田志凯	吉晗毓	韩 非	马 进	李方刚	魏中胤	周 珂
杭 峰	史迪雅	籍苏静	刘 露	庞嘉婧	刘旭昶	徐婕妤	孙 洁	周慧颖	张 博
贾 倩	宋苏轩	顾 晴	张宝仪	赵利波	胡雨婷	陶化文	屠蔓苏	霍如雪	李宗兵

徐州医科大学

赵玉箫	王 欣	吴 丹	马琳慧	朱仪章	张 珂	吉炜琦	王 玥	陈佳宜	江雨露
罗 振	李厚轩	李雨伶	姜宏伟	林媛媛	马 赫	郭 琼	张呈冉	李雨辰	张 强
蔡晓迪	王 蓉	王霞敏	刘 聪	田伟平	张 龙	高 君	李子祥	孙健宁	张 羽
罗选翔	阚 懿	张 野	陈雨洁	韩 啸	张永康	陈 曦	许牧臣	王佳琦	杨栋梁
张 帅	蔡璐璐	刘鹏来	吴 晶	林丹鸿	陈海苗	李笑笑	周 康	吴 可	刘天雨
朱 贺	刘佩玉	王 蕾	周晴晴	朱 亮	王萌萌	沈福志	李超凡	程 晨	周王琛
马晓晨	陈 婷	王 莹	夏苏晖	陈菲菲					

徐州工程学院

桑成杰	张 哲	唐欣雨	马瑜崎	姜 茵	顾玉婷	周之茹	闵雨晴	韦 嘉	袁诗奇
周苏云	董蓓蕾	周靓卿	蔡朱丽	张 月	赵美茹	王大庆	惠 雨	潘锦程	王 昊
宋吉群	刘子毅	王 鹏	黄登伟	周智存	吴光亮	孙久洪	姬文轩	张智程	陈定超
韩雨珩	丁 逸	安天一	尹娴婷	张浩赟	笪 威	吴雯婧	管瑞林		

江苏师范大学科文学院

由 佳　潘子丰

中国矿业大学徐海学院

江 斌　陈俞润

昆山杜克大学

吴天语

江苏城市职业学院

吴竹青　刘国龙　顾结鹏　董　蔻　许　洁　郭　旻

江苏海事职业技术学院

张　妍　吴苏鹏　陈　毅　侯鑫宇　王鹏翔　刘　畅　尹子悦　包楠欣　韦志雯　洪慧君
胡书宁　陈雨辰　汤彤彤　胡艺乐　刘恒远　叶　磊　邱鹏辉　贺艳强　刘珊珊

江苏经贸职业技术学院

俞泽玮　王佳涵　朱嫚嫚　顾枫秋　齐昉祚　朱可欣　田婉婉　张金松　汤月龙　李　贤
崔子金　束亮月　郭婷婷　张帆之　王昭杨　王　佳　聂俊恒　吴　博　朱陈娇　李梦艳
刘　璐　侍明珠　王子安

江苏卫生健康职业学院

包周妍　武　双　郭娅林　钟婷玉　蔡精彩　胡秋雨　胡子涵　崔文慧　盛扬扬　刘子凡
周　颖　金肖奇　花　悦

南京工业职业技术大学

程　华　王元朋　倪荣广　张钦泉　张修瑞　陈　兰　窦鑫宇　常　祎　黄鑫权　黄宝阳
俞家晨　张晓燕　张　亚　赵　鹏　陈天昊　梁宇恒　伍文毅　刘汉平　张梦洋　卞贤兰
侯姝妍

南京交通职业技术学院

迟文俊　程凯文　郭绍想　殷文涛　衡思江　陈　媛　张津瑞　戚梦寒　韩夏洁　崔书宁
楼子晨　吕文龙　乔佳乐　李近勇　戈珺玮　吴　琴

南京科技职业学院

吴晨雨　刘伟刚　郝婉婉　陈维宏　吴继国　鹿壮宇　夏英豪　袁静雨　渠顺利　王　净
李春兰　雷　晴　吴松元　钱君力　王　月　杨梦露

南京信息职业技术学院

潘晓勇　王思成　刘铭宇　张　旭　卢仁菲　王何煜　李树盟　杨　森　付坤鹏　郁兴和

樊乘煜　周振旗　赵　龙　麻卜文　夏雨晴　石初菲　杨　硕　陈桢钦　陈志磊　李梦蝶
李　想　史天意

南京铁道职业技术学院

吴佳成　彭朝欢　袁正龙　刘　露　张许诺　王为宇　刘家琦　戴蓉蓉　马凡凡　蔡东然
张洪刚　项　政　张　毅　杜赵杭　王羿霖　张宇恒

南京旅游职业学院

谭雅琪　须雯婷　巩家齐　沈　艺　杨绵飞郁　刘茭莹　伏静轩　周小凌

南京城市职业学院

胡慧敏　王诗怡　于洲雨　李新程　许嘉晨　何沛峰　严玲晶　杨　猛　王浩浩

南京机电职业技术学院

丁嘉铧　阮忠锋　叶华澳　张　弟　徐锦达　李宇通　黄龙辉

钟山职业技术学院

朱勇安

江苏农林职业技术学院

梁　潇　周青青　方欣烨　杨婷婷　汤李红　董　书　张超越　周瑒怡　解文慧　张容彬
周广帅　陈玉凤　张红梅　赵玉娇　卞雨梦　吕　竟　王　硕　王湖静　刘　沛　於　兰

镇江市高等专科学校

朱国栋　刘　琦　祁艾欣　谢修之　丁柏林　王　瑶　谢婧怡　肖雨晴　郭斯颖

常州信息职业技术学院

钟志强　李莉莎　邱心怡　秦心影　顾月敏　徐　楚　傅　航　罗邹晨　庞云昊　丁运驰
李文杰　陆　涛　樊苏扬　陈一啸　彭成博　尹　琴　杨思晨　朱雪丹　孙忠孝　黄　荣
周博文

常州工业职业技术学院

张 硕　朱 晨　于相瑞　朱珈玲　郑敬栋　万世豪　鲁 怡　周 琪　万智强　景志敏
李文科　韩鑫萍　蒋澳庆　张梦楠

常州纺织服装职业技术学院

卓嘉鑫　刘佳媛　黄梦迪　孙 凡　王梦情　纪厚安　赵佳慧　顾希源　薛田浩　周旭东
周 涛　龙 维　朱瑀钦

常州机电职业技术学院

徐 瑞　晁 鹏　张逸雯　马新新　季志昊　戚忠康　邓 文　曹炳炳　尤华伟　叶文静
季天凯　任佳红　王 锴　蔡梦迪　魏延峰　贾 翌　倪 慧　王子琦　温 馨

常州工程职业技术学院

杨福文　孙紫微　杜 翔　徐 妍　杨政红　王成杰　冷 盼　马潘流　后满正　张朱杰
康玉娇　赵 宇　项 英　麻慧美　王 畅　奚佳晗　吴子旋　刘馨羽　曹佳燕　陈梓桦
王 丽　万曰洋　施云婷

江苏信息职业技术学院

刘乃闯　李 静　叶 嘉　吴 振　崔锦涛　李楠楠　蔡波涛　吴健宇　潘 丽　侯淳怡
严超越　俞 颖　尤紫莹　吴泽强　潘嘉昊　司 宵　印水晶　尚御轩

无锡职业技术学院

张 宇　侯星宇　刘 缘　王家骐　卓世林　李 杰　蔡华翔　韦云峰　马 睿　廖群峰
吴佳雯　丁玉环　智新宇　杨庭蔚　韩 鹏　张炳欢　李九秀　阮瑶祝　严静丰　俞 畅
李 婷

无锡商业职业技术学院

石 玮　高 敏　杨 洋　徐加杰　冯新宇　凌希婕　彭文婕　童 运　李 程　刘苗苗
任思璇　方子豪　陈桢杰　高 映　王 奎　陈雨晴　刘 薇　宗 雯　陈 锦　陈奥丽
贾文韬　张康康

无锡科技职业学院

吴钦渊　李　烨　史卫琴　王慧芬　樊　赢　林德龙　黄建超　郑兰艾　张舒然　王　禹

无锡城市职业技术学院

徐天爱　方倩雯　林益峰　朱　浩　陈银行　韩燕虎　汤茂洁　傅成龙　林薇薇　狄　佳
周治成

无锡工艺职业技术学院

高瑞晗　李子艺　马　群　徐　祯　李芙莹　陈　琪　李苗苗　金随兴　郭苏杰　张书雅
靖　晶

江阴职业技术学院

黄楚雁　吴凤云　金　晶　王　闯　沈禛尧　王继平

苏州工艺美术职业技术学院

刘汉岭　张　岚　方　涛　许砾冉　周和雨　范丽聪　曹艺钦　邵振江　李亚飞

苏州农业职业技术学院

张　晨　王思思　季玉娇　王　湘　路明霞　唐思怡　王　珍　卞　愫　蒋永飞　邓梦露
陈行行　戚龙迪　朱　跃　杨　阳　尹汉祺　李楚楚

苏州工业职业技术学院

罗炫艺　严铭辉　朱柏成　丁夏鑫　施嘉伟　钱俊伟　侯玉婷　胡贤德　甘毅敏　殷秦雨
夏　冰　王梦宇　夏倪煊　丁伟德

苏州卫生职业技术学院

杨　婕　陶炫冰　唐剑民　张　浩　蔡　方　徐　薇　于可可　王淑晴　蒋欣悦　孔新雅
王子瑞　许文远　陈　鹏　樊昌盛

苏州经贸职业技术学院

李 超　范铭真　张文莹　杨叶纪娜　胡 越　范升添福　王园园　陆 恬
周佳美　张耀文　刘甜歌　陈春光　高 远　赵晓凡

苏州工业园区服务外包职业学院

吴 迪　刘宇恒　马腾宇　邱雨彤　朱淑勤　苏永兴　杜 艳　高巍巍

苏州信息职业技术学院

张如意　杨佳涛　陆永先　朱一中　丁小丁　刘 奎　郑 堰

苏州健雄职业技术学院

姚 伟　孟南方　张添伟　张璐瑶　徐炯炯　陆泽健　刘 宇　唐方塘　付彬泉　杨 磊

沙洲职业工学院

冉东东　郑 振　李营华　陈 果　姚昌昕　史九龙　施柘阳　肖马丽

苏州市职业大学

徐雪峰　李 慧　周心怡　李 康　杨一鸣　韩仲洋　孙 影　刘会泽　杨秀强　顾瞿薇
曹季欢　倪 倩　王梓璇　林仇倩　靳 轩　刘晓燕　孙 静　何斯凡　李佳志　祝子晰
范昱娜

江苏工程职业技术学院

吴佳芳　姜 琦　张 晴　林慧如　王琳琳　欧阳鑫　周 怡　庞春莉　琚欣瑶　常英杰
田胜杰　肖 瑶　王 珺　伊 波　金志超　季佳丽　王晋晋　蔡金伟　罗天磊

江苏航运职业技术学院

张元清　王璐琪　李嘉航　陈欣云　王 晗　张漫妮　张正阳　王海洋　王 鑫　吕鹏飞
郭默琛　李永豪　徐广泽　吴文旺　张 新

南通科技职业学院

陆薛琳　邹 杨　常金财　吴吉仁　沈佳璐　沈 恺　施 炜　赵志畅　许雅珩

南通师范高等专科学校

谢雨蒙　刘铭芮　林天琪　季偲倡　李万菊　吉宇佳　张映雪　田欣怡

南通职业大学

丁夕虎　强　玺　符承慧　李晓麟　董勇承　纪方圆　黄庆华　韩　莉　蓝宜琛　高建敏
邓　琪　徐　震　田　淇　段小琴　朱晓玲　高　凌　孟　可　许晓雨　王　淞　梅佳琳
黄轩宇

江海职业技术学院

裴乐乐

扬州市职业大学

陈　康　纪雅炜　刘震升　顾明雯　孙　裕　吕　昊　林涵斌　陈　岩　孔德靖　蒋　琦
张　琳　金姝言　高天瑶　邢　洁　陈　浩　孙雨清　潘俊超　倪宣洁　李婷婷　王郭倩
尹一帆　徐婧悦

扬州工业职业技术学院

徐雨歌　景佳琦　陈彦丰　陈海荣　李佳慧　何慧莹　师　慧　王中蔚　王振国　吕彦龙
陈添乐　叶林静　金永昌　石金司　刘　超　陈星达

江苏农牧科技职业学院

鞠鑫蕾　祁玉茹　邓妞妞　梁月莹　吴佳俊　陈思雨　桑　浩　丛海茜　燕施雨　黄　辰
高欣雨　朱青青　王文君　王　邦　叶丽青　程　瑞　朱雪妍　陈　銮　芮雯静　樊　菲
张济安

泰州职业技术学院

关鸣九　梅诗雯　张鑫鑫　陈雨嫣　沈文昌　王文龙　包佳梁　陈庆鹏　丁文秀　吴　丹
徐祖敏　李玉青　朱亚鹏

盐城工业职业技术学院

张子健　唐诗雨　刘树立　祝　慧　梁　巧　刘文燕　陈翔翔　颜廷军　常子文　王　宁
王　泽

江苏医药职业学院

顾秋雨　王　萍　连　朵　祖　惠　徐晓帆　杨尚杰　刘君钰　高志顺　吕世贤　胥姝雯
沈越扬　马　扬

江苏电子信息职业学院

孙晓冬　郭　丹　贾丽萍　杨新志　王琛强　倪　媛　张启锐　邢昊雨　金美兰　盛梦蕾
蔡家星　豆琼森　柏贵友　刘雨璇

江苏食品药品职业技术学院

曹佳敏　于若男　李　孟　洛松成来　丁文怡　陈望龙　苏品卉　侯静宇　邵长芝
李雪儿　刘佳妮　杜文文　孙志国　代浩男　次仁加布

江苏财经职业技术学院

周珊竹　李尚轩　姚贵彩　李立鑫　张欣欣　郑金宜　毛心慧　张家健　王诗淇　李　龙
李　林　黄袁媛

连云港职业技术学院

汪雨晴　丁佳慧　张坤倩　晏　琳　程　苗　魏　芳　李雪辉　翟曰琪　薛百合　庄　勇
秦亚敏

连云港师范高等专科学校

刘　倩　马珮尧　褚紫硕　黄维莲　罗皓洁　陈　凤　靳凯萌　任慧洁　毛义填　冯　香
姜俊羽

徐州幼儿师范高等专科学校

张鸿雨　徐敏轩　袁　柳　马　骏　朱　迪　卢慧瑾

徐州生物工程职业技术学院

李双腾　俞　佳　徐王波　杨定旭

徐州工业职业技术学院

沈　宣　李奥晴　王子祥　侍会声　王　刚　黄雨石　陈晓凤　吴　顺　李　硕　马明明
董洪瑞　杨加连　马传辉　李　洁　武雅楠　伊　潇　孙　杨

江苏建筑职业技术学院

刘子爽　庄晓迪　朱广豪　吴雨航　马　驰　胡蔓婷　石帅帅　谢　瑶　冯竣凯　梁前成
闫　欣　徐　可　张志同　王黎绪　李　艺　朱悠悠　王　艳　张学晋　单晓雯　鹿梦圆
彭　可　孙荣耀　乔莲蕊　常茜源　马玉龙

江苏商贸职业学院

吴广雷　俞佳鹏　周婷婷　刘玉莹　崔雨婷　杨　艳　刘芷毓　孟子钊　杨　欣　王雨晨

江苏财会职业学院

徐丽敏　孙嘉慧　徐　洋　张春玉　李文轩　苏润泽　李国朋

江苏城乡建设职业学院

何　凡　韩鸿雨　陈　康　龚　茜　巢嘉怡　程　丽　汤珺竹

江苏护理职业学院

杨　霄　林　晴　李　潼　石靖雯　毛潇聪　秦仔健　李玲利　吴　琼

江苏航空职业技术学院

张首奇　曾智龙　张鑫峰　宋承轩　曾　杰

苏州幼儿师范高等专科学校

华雯艳　吴笑语

盐城幼儿师范高等专科学校

胡　月　倪肖茹　刘良月　王清云　吴怀玉　潘　皓　朱　琳

江苏安全技术职业学院

孙娇娇　赵跃友　刘　克　徐如佳　杜　赛

建东职业技术学院

倪晨昕

江南影视艺术职业学院

李鹳鲛

金肯职业技术学院

周梦晴

金山职业技术学院

曾　唯

九州职业技术学院

赵高莉

昆山登云科技职业学院

晏凌峰

明达职业技术学院

周莹珍

南京视觉艺术职业学院

刘子建

苏州百年职业学院

罗云浩

苏州高博软件技术职业学院

束馨怡

苏州工业园区职业技术学院

王子予

苏州托普信息职业技术学院

赵义乔

太湖创意职业技术学院

刘孝廉

无锡南洋职业技术学院

孙晋虎

宿迁泽达职业技术学院

茆志轩

宿迁职业技术学院

付萌萌

炎黄职业技术学院

蒋雯静

扬州中瑞酒店职业学院

陈世豪

应天职业技术学院

江文慧

正德职业技术学院

吴　凡

硅湖职业技术学院

焦倩文

江苏旅游职业学院

杨　妍　朱　赢　黄渝净　许敏亚　杨　宇　马清华　王　威　徐玲玲

中共江苏省委党校

陈　钢　郑祖昀